U0943241

现代学校发展新视域

Xiandai Xuexiao Fazhan Xinshiyu

陈向阳／主 编

北京师范大学出版集团
BEIJING NORMAL UNIVERSITY PUBLISHING GROUP
北京师范大学出版社

图书在版编目(CIP)数据

现代学校发展新视域/陈向阳主编.—北京：北京师范大学出版社，2011.1

ISBN 978-7-303-11997-4

Ⅰ.①现… Ⅱ.①陈… Ⅲ.①学校管理-研究 Ⅳ.①G47

中国版本图书馆CIP数据核字（2010）第260341号

营销中心电话 010-58802181 58808006
北师大出版社高等教育分社网 http://gaojiao.bnup.com.cn
电子信箱 beishida168@126.com

出版发行：北京师范大学出版社 www.bnup.com.cn
北京新街口外大街19号
邮政编码：100875
印　　刷：北京中印联印务有限公司
经　　销：全国新华书店
开　　本：170 mm × 230 mm
印　　张：19.25
字　　数：305千字
版　　次：2011年1月第1版
印　　次：2011年1月第1次印刷
定　　价：30.00元

策划编辑：祁传华　　责任编辑：祁传华　郭　瑜
美术编辑：毛　佳　　装帧设计：毛　佳
责任校对：李　菡　　责任印制：李　啸

版权所有　侵权必究

反盗版、侵权举报电话：010-58800697
北京读者服务部电话：010-58808104
外埠邮购电话：010-58808083
本书如有印装质量问题，请与印制管理部联系调换。
印制管理部电话：010-58800825

编　委　会

主　任：杨伟嘉

副主任：何锡光　梁家斌　刘　冰　韦昌勇

委　员：陈向阳　李文红　张　旭　张曦艳
陈丽萍　蒲　雯

主　编：陈向阳

序　言

每当人们谈到“学校发展”问题的时候，往往容易首先想到硬件，比如校舍面积、教学设备等，接下来就是经费的问题，认为只要有了钱，学校发展面临的一切问题都会迎刃而解！这是一个比较普遍存在的误区。

实际上，学校发展是个复杂和长期的过程，而且必然是个系统工程，是多方面因素综合作用的结果。在不少地区，特别是贫困农村地区，基本教学条件的匮乏使得人们经常把学校硬件条件的改善作为学校发展的第一选择。这种倾向无疑是可以理解的，但显然是有失偏颇的。硬件其实只是学校发展的一部分，而且不是最重要的部分。学校发展的关键在于“人”：校长、教师、学生、家长、社区成员、教育管理人员等。近些年来，国家在改善农村地区学校基础设施方面的投入是巨大的，但如果不注意使相应的软件（也就是使硬件设施发挥最大作用的能力）得到相应的提升，就会在很大程度上影响硬件投入的效果。因此，广大中小学必须重新建立一个新的发展观，要以全新的视角全方位地审视和引领学校的发展。由中国教育部和英国国际发展部合作实施的“中英西南基础教育”（SBEP）正是基于这一认识，把着力点定位在提升西南地区广西、云南、贵州和四川省区27个最贫困县教育系统人员的能力，从而通过学校的发展为弱势儿童提供公平而有质量的教育，并为上述省区引入现代学校发展的新理念。

《现代学校发展新视域》比较全面而系统地总结了SBEP项目中开展学校发展计划（SDP）、督导创新和校长管理能力建设等活动，并在多年项目实践基础上，进一步提炼、挖掘和提升这一过程中所蕴涵的现代学校发展意涵。该书释放了诸多重要的学校发展新理念，如以学生的发展为出发点和落脚点的学校发展理念。学校首先是因为学生而存在，这应该是一个基本常识。学校的发展首先是学生的发展，而这在很大程度上取决于校长的教育理念和管理能力，同时教师的教学能力和参与程度也是十分重要的因素。比如，提出了一个非常有冲击力的学校领导力概念，学校领导力不仅仅是体现在校长一个人身上，而且表现在学校所有利益相关者，即学校管理主体的共同努力上。又如，在较为详细地阐述了学校发展计划（SDP）的基础上，介绍了发展性学校督导，即通过以学校发展计划为基础的督导，确保教育行政部门了解学校发展的实际状况和水平，从而有针对性地提供支持，这对促进学校的发展无疑是十分有益的。全书给人一个强烈意图就是围绕学校发展这一主线，努力把影响学校发展的校内外因素最科学有效地整合起来，以形成促进学校发展的最大合力。

陈向阳教授作为“中英西南基础教育”（SBEP）广西壮族自治区教育厅项目办产出三负责人，具体承担了广西在SDP、督导和校长能力建设培训方面的具体工作。在他的引导之下，各个项目县非常好地完成了项目在这个产出的具体活动。不仅在项目县取得了良好的效果，而且结合其他项目（如中英甘肃基础教育项目、西部贫困地区基础教育项目等）在这个领域的经验，进行了很好的提升和拓展，并且逐步在更大范围的地方推广和扩散，堪称SBEP项目的一个优秀范例。广西在SBEP这个领域的成功，有效地提升了校长的管理能力，改进了学校层面的管理水平，以学生为本的管理理念和行动已经逐步成为项目学校的一种常态。他们不限于项目本身，而是跳出了项目，从实践平台走向理论的高度，更前瞻更高远地为广大学校提供了一个现代学校发展的新视域。本书正是广西团队在这个领域各种尝试的系统提炼和理论提升。作为SBEP项目国家专家组负责人，我见证了陈教授及其团队艰苦而卓有成效的努力。能够与这样的团队一起工作，我深感荣幸！

是为序。

中英西南基础教育项目专家组副组长

英国剑桥教育集团

胡文斌

2010年12月8日

·前　言

我国改革开放的几十年以来，教育投入大幅增长，办学条件显著改善，教育改革逐步深化，办学水平不断提高。但是面对前所未有的机遇和挑战，必须清醒认识到，我国的学校，特别是广大农村学校还不完全适应国家经济社会发展和人民群众接受良好教育的要求。正如《国家中长期教育改革和发展规划纲要（2010—2020 年）》指出的那样：要“创新人才培养体制、办学体制、教育管理体制，改革质量评价和考试招生制度，改革教学内容、方法、手段，建设现代学校制度。要把提高质量作为教育改革发展的核心任务”。要“树立以提高质量为核心的教育发展观，注重教育内涵发展，鼓励学校办出特色、办出水平，出名师，育英才”。

邓小平说过，“发展是硬道理”。学校的办学也是如此，学校需要发展，因为只有不断的发展，在发展中不断提高教育质量，才能确保学校适应快速发展的时代对学校的要求，才能更好地迎接各种竞争和挑战，才能更好地满足广大人民对优质教育的要求，才能更好地生存和发展。

在政府的投入和社会各方的支持下，在近年教育行政部门对学校的规范要求下，很多学校的办学水平有了长足的进步，特别是在硬件建设和常规管理上，学校之间基本上到达了同一个相对水平上。如何谋求更好更快地发展，以期在同一起跑线上最先脱颖而出，这是新的历史时期摆在广大学校面前的一个新的任务。

那么，现代学校应该怎么发展呢？如何理解现代学校的发展呢？现代学校发展的方向是什么？这些都是学校面向未来必须深思熟虑而清晰明确的问题。

本书正是基于这样的背景，想把我们历经五年时间，在主持教育部“中英西南基础教育项目”过程中所承担的“学校管理”模块当中“学校发展计划、校长能力提升与学校督导”三个领域的研究与实践成果，把我们接触到的当今国外最先进的中小学的办学思想和技术，特别是关于现代学校发展的理念，结合我们在研究与实践过程中的本土经验加以提升和提炼，以一个全新的视角推介给广大的中小学校。

全书围绕着“现代学校发展”这一主题展开，以全新的视野解读现代学校发展的意涵、现代学校发展的内驱力、现代学校发展的技术支持平台、现代学校发展的有效监督、现代学校发展的理想追求等多个角度的问题，为现代学校的发展提供一个新的理念和方法论体系。本书共分五章，第一章“现代学校发展的意涵”，主要解决的是关于对现代学校发展的理解问题；第二章“现代学校发展的内驱力”，提出了一个全新的关于“学校领导力”的概念，并以此阐述学校发展的内动力问题；第三章“现代学校发展的技术支持平台”，详细介绍了一个为世界诸多国家认同并广泛应用的有效支撑现代学校发展的“学校发展计划（SDP）”基本原理与操作技术；第四章“现代学校发展的有效监督”，则介绍了在英国运用得很广泛并且很成熟的“基于发展的督导”理念与技术；第五章“现代学校发展的理想追求”，阐述了现代学校发展中的关于教师专业发展、资源有效配置、学校与社区关系以及学校文化生成等重要问题。

本书的阅读对象可以是广大中小学校长教师，可以是高校教育专业的本专科学生，还有教育科研工作者、教育行政干部以及一切研究教育的人员。

由于水平有限，书中还是存在诸多不足之处，恳请读者批评指正。

编　者

2010 年 12 月 8 日

•目　录

• 第一章
现代学校发展的意涵

第一节　当前学校发展的困惑与反思

时代迈进了一个新的历史时期，在这社会转型的关键时刻，我国教育领域尤其是基础教育领域的改革如火如荼，广大农村学校在经过了普及九年义务教育验收工作后，学校在总体面貌特别是硬件建设上发生了根本性的变化。2010 年 7 月 29 日国务院颁布了《国家中长期教育改革和发展规划纲要（2010—2020 年）》，更为基础教育的发展带来了又一个新的春天。然而，当人们为新的教育春天到来而欢欣鼓舞之时，我们却冷静地回到微观层面，看到不足，比如教育发展的不均衡问题、教育的质量问题，等等。就学校层面而言，学校的可持续有质量的发展问题是今后相当长一段时间必须从根本上解决好的问题。从总体上来说，当前学校发展中的问题就是缺乏目标感和方向感。在中小学校长培训中我们发现，校长们普遍感到“刚当校长时，什么管理理论和经验都没有，唯一有的就是敬业精神，也没感觉难当，可近几年愈来愈感觉校长太难当了"①。他们为民族的教育和学校的发展思索、困惑和痛苦。仔细分析起来，校长们的困惑主要是对所要做的事缺少明确性，或是没有明确的目标，或是目标定位不当，或是不知道怎样达到目标，以至于在困难中不知所措，在模仿中丢失自我，在探索中迷失方向，这主要表现在以下几个方面：

1. 学校管理理念的缺失。经过多年的"洗脑"，不少学校校长话语里新观念、新名词比比皆是，层出不穷，诸如"人本管理"、"校本管理"、"人性化管理"等，但现实的情况是相当大一部分学校还处于一种凭经验行事，对学校管理的理念缺乏整体认识或处于缺乏把握的状态之中，很少有真正理解了现代管理理念的本质又能结合自身的实际融入管理行为中得以体现出来的。多半是处于理念模糊，或以上级指示、命令替代办学理念，有的是随大流，流行什么就跟着做什么，有的虽然似乎有自己的理念，但由于理解上的片面，也难以达到以理念指导实践的效果。没有理念就没有了学校价值追求，也就没有了属于学校自身的办学定位，也就没有了能让学校凝聚人心，使学校全体员工心往一处想、劲往一处使的感召力，没有了让学校持之以恒的"定海神针"。

2. 没有明确的发展思路。学校的工作是简单的任务式的，因而学校的工作计划往往是短期的，以完成工作任务为主线，而非按照办学的目标和清晰的发展思路去设计工作，走一年算一年，追求平稳地完成工作任务，不求有功，但求无过，保持一种维持性的工作状态，缺乏发展的可持续性。很多学校校长对以下几个问题的答案几乎是一片空白的："学校从何而来？怎样走过来的？现在走到哪里了？要到哪里去？怎样知道是否到达了要去的地方?"校长尚且回答不出来，何况教师们。大部分学校的教师不清楚学校年度工作目标和学校的发展方向。因为不明确方向，从校长到教师几乎都处于一种个体单干的松散工作状态。

3. 缺乏全局的发展思想。偏重于某一方面的工作，对学校的发展缺乏整体谋划，缺乏一盘棋的思想。于是出现了"创收校长"、"分数校长"、"公关校长"、"安全校长"等。这样的校长管理学校必然是顾此失彼，缺乏全局统筹。此外，工作上经常是各自为政，各职能部门之间的工作计划是"互不干涉内政"，各自出台自己的计划，各行其是，"老死不相往来"。

4. 缺乏发展的内动力。学校发展多为外部驱动为主。因为缺乏学校价值追求和办学思路，没有学校共同愿景，教师们没有目标，缺乏主动参

---

① 陈向阳：《学校发展新动力》，3页，桂林，广西师范大学出版社，2009。

与学校管理的精神，各自为政地工作，没有主体意识，被动地完成任务，也体会不到自主和自觉的状态，缺少有凝聚力的团队力量。

5. 学校发展的重心偏失。很多学校把学校发展的重心放在了硬件上或规模上，而放弃了学生的发展、教师的发展和学校管理的变革，造成学校发展的内涵和质量受到严重影响。

要解决上述当前学校发展中存在的问题，必须重新界定学校发展的概念，以全新的视域来重新审视我国的学校发展。

第二节　学校发展的内涵

一、发展的内涵

根据《现代汉语词典》的解释，发展就是“事物由小到大、由简单到复杂、由低级到高级的变化”；而《韦氏大辞典》对“发展”的解释是：一个成长、变化和进步的过程。

发展成为专门社会术语可追溯到第二次世界大战期间，战后掀起了民族解放运动的高潮，获得独立的亚非拉国家，急需解决本国贫穷落后的问题，要求尽快发展生产力，提高经济水平，解除贫困状态，增强综合国力。这些第三世界国家的发展问题，不仅成为国际学术界的研究热点，也作为迫切问题提上了联合国的议事日程。1960 年开始，联合国先后推出了许多发展研究项目，制订了大量的国际发展规划，这进一步推动了各国的发展实践及相关理论的发展。

由于最初人们关注的是经济的增长，发展的概念也就等同于经济增长。随后人们发现单纯追求经济增长，虽然一些国家获得了经济的快速增长，然而，不但没能很好地提高人们的生活质量，还带来了一系列严重的社会问题，如严重的分配不公、社会腐败、政治动荡等，作为所谓“经济增长的代价”，还牺牲掉了国民教育、就业保障、社会福利、医疗卫生、文化建设等方面的发展，导致了一种“有增长无发展”的结果。

经过深刻反思，人们对发展的含义有了转折性的认识：

1. 发展不能仅仅理解为一种经济增长的结果，而应是经济、社会、环境等方面之间综合、协调进步的成效。经济增长固然是社会发展的基础，但发展不能仅仅着眼于物质和经济方面，只有当社会的各个组成部分协调发展，才能促进社会的稳定与全面进步，同时保证经济的健康发展。

2. 发展必须是可持续的发展，必须是既满足当代人的需求又不损害后代人满足其需求能力的发展。

3. 发展应坚持以人为中心。发展的目的是社会进步和人的发展，经济增长不是发展的终极目标，而是实现人类生活质量的提高和人的发展的手段，人不是发展的手段，而是发展的根本目的。

二、学校发展的内涵

根据上述不同的发展观，学校发展的内涵可概括如下：

（一）学校发展的中心目标是人的发展。以人为中心的发展强调，学校不是以学生的知识增长为核心，而是以促进师生的可持续发展为目标，即师生的协调发展，既能满足当时的需要，又能保证其身心和谐、均衡、持久的发展能力不受损害。主要体现在三个关注点上：一是关注生存，学校的发展要关注师生的生存条件，包括衣食住行；二是关注发展，学校的发展要关注师生的发展条件，为教师的专业化发展创造条件，为学生的个性化发展提供条件；三是关注生命，学校发展要关注师生的情感、态度和价值观，关注师生的精神和心理需要，关注师生生命的质量。

（二）学校以发挥其功能而实现发展。学校为了满足个人和社会的需要，不断地调整和改造自己的功能，从而获得发展。学校的功能主要有五个方面：一是教育功能，学校是提供系统的学习、教学及传播知识的场所，是学生学习成长的摇篮，是教师专业发展的土壤，是教育教学改革实践的基地；二是经济功能，学校帮助学生获取知识及技能，使其能于现代社会或竞争中生存，同时为社会提供经济人才，促进社会的技术或经济发展；三是文化功能，学校系统地传递人类文化，在继承的基础上，整合和发扬人类文化；四是政治功能，学校通过帮助学生塑造正面的公民态度、掌握履行公民责任及权利的技能，形成一定的人生观和价值观，并培养学生参与政治发展的能力；五是社会功能，学校是一个由不同人际关系组成的社会实体，学生在学校中认识社会，学习与人合作，发展人际关系和社会关系，逐渐社会化。

（三）学校发展与社会的政治、经济、文化、科技密切相关。社会环境对学校的发展有着重大的影响，政治决定着学校发展的方向，经济决定着学校发展的程度，文化影响着学校发展的理念和价值取向，科技推动着学校发展的步伐。学校的发展必须与其外部环境相适应。

（四）学校发展是其内涵和外延的协调发展。学校的发展应该是数量和规模的扩张与质量的提高相统一。

（五）学校发展必须是可持续的发展。学校的发展既能够满足学校当前的需要，又为学校的进一步发展奠定基础，不能以损伤学校发展的长远利益为代价来换取当前的短期利益。

（六）学校发展是一个动态发展的概念。学校的发展是一个持续不断的过程，随着社会的发展变化，学校发展实践的进行，学校发展的内涵将不断丰富。

综上所述，学校的发展是指学校由小变大、由简单到复杂、由低级到高级的变化，反映的是一所学校的积极成长、变化和进步的过程。从管理学的意义上则强调要立足于学校层面，通过强调计划管理，完成目标来实现上述的发展过程。

学校发展从不同角度涉及多方面的内容，从发展的主体来看，学校发展可以指学生发展、教师发展、学校领导者发展等。从发展的方式来看，学校发展可以有外延式发展与内涵式发展。外延式发展，就是主要以增大学校办学规模为主的发展，如校园硬件建设、生源数量和教师队伍人数等。学校内涵式发展一是相对于规模发展的质量发展。强调提升学校的办学质量，提升学校的“软实力”；二是相对于粗放发展的精细发展。将学校中教学、德育、师生互动等作为学校改革与发展的关注重点，在事关学校发展的每项工作上都力求精雕细琢；三是相对于同质发展的特色发展；四是相对于模仿发展的创新发展。从发展的具体内容来看，学校发展可以指硬件发展与软件发展，软件的发展是指社区儿童入学率和学生巩固率的提高、学生学业成绩的提高和综合发展、学校教与学质量的改善，学生关爱程度、学校领导和管理等方面的提高；硬件的发展是指学校办学环境和条件的改善和更新。特别需要指出的是学校的发展最终是为了学生的发展，学生的发展是学校发展的核心和本质，无论是教学水平的提高、教师队伍的建设还是办学条件和环境的改善都是为学生发展服务的，没有学生的发展，学校发展便失去了意义。

从上述分析来看，学校的发展不能只是局部或片面的。它必然是全局的全面的，涉及学校的各个方面。但学校各个方面的发展归根结底是要落实到育人的目的上。因此，学校的发展最终是为了学生的发展，这是学校发展的根本宗旨。

附件：学校发展路线图

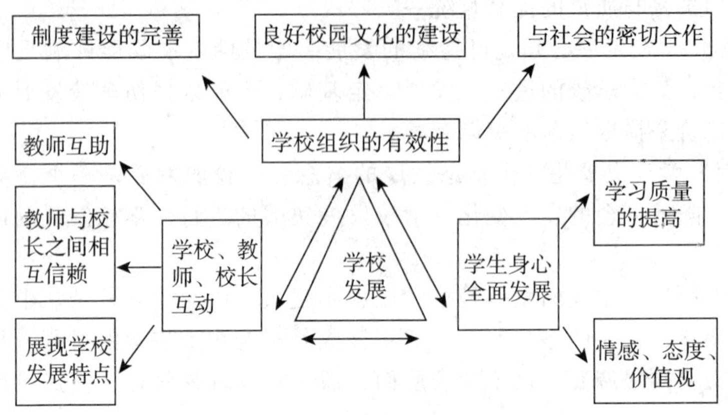

第三节　学校发展的现代意涵

一、学校的可持续发展

可持续发展是20世纪80年代出现的一个新概念，它是在传统的发展模式暴露出多方面弊端并再也难以为继的情况下提出的。传统的发展集中在经济领域的产值增长、速度加快、规模扩大、人均GNP提高等意义上，各国对经济高速增长目标的努力追求，对自然资源掠夺性的开发，导致了全球性资源短缺，以及与此相关的生活环境的严重污染和生态环境的严重破坏，危及了人类本身和人类后代的生存与发展。人们在对现实深刻反思后，形成了可持续发展的思想。

人们从不同的角度对可持续发展进行了界定，已出现的定义有几百条之多，采用最多的是1987年世界环境与发展委员会在《我们共同的未来》报告中的定义："既能满足当代人的需求，又不致损害后代人满足其需求之能力的发展。"其核心思想是：发展要以资源的可持续利用和良好的生态环境为基础，以经济可持续发展为前提，以保证世界上所有的国家、地区、个人拥有平等的发展机会，保证我们的子孙后代同样拥有发展的条件和机会为目标。

如今，可持续发展的概念，已不仅仅是涉及经济发展的战略思想，它已成为指导人们的生活、工作的一种战略思想和行动策略。

将可持续发展的思想运用到学校发展中，其核心是学校的发展要既能够满足当前发展的需要，又不损害学校长远发展的能力，其内涵包括以下几个方面：

（一）以人的发展为中心。人的可持续发展是学校发展的核心，学校的发展要围绕着师生的发展进行。

（二）追求公平发展。学校不能为了某一群体的利益损害其他群体的利益，不能为了某一群体的发展侵犯其他群体发展的权利。

（三）学校发展是连续性和继承性相结合的发展。学校的发展是在继承基础上的发展，每一步都是下一步的基础，不能为了眼前的利益损害长远的利益，不能为了本阶段的发展破坏下一阶段的发展资源，不能为了数量的增加牺牲质量的保证，不能为了发展某一方面的素质危害其他方面的素质，不能为了发展某一阶段的素质破坏其他阶段素质的发展能力，尤其是学校不能为了升学率而牺牲师生的身心健康。

（四）内部和谐发展。学校是一个由人、物、组织、文化等不同部分组成的有机整体，各组成部分之间相互依存、相互支撑、相互制约，是共生共荣的关系。合理分配资源，调整组织结构，积极协调内部关系，各部分和谐共荣，学校才能实现健康发展。

（五）与社会和谐发展。学校是社会这个复杂大系统的一个组成部分，它与社会的其他组成相互联系、相互作用、相互促进、相互制约，没有学校的发展，社会发展会受到严重的影响，而学校发展既需要发挥学校自身的主观能动作用，更需要社会各方面的理解、支持与合作。因此，学校发展必须与社会诸方面改革步调一致，协调发展。一方面，学校要不断地调整发展目标和组织结构，调动学校内部各方面的积极因素，适应社会发展的需要，同时，努力优化社会环境，改善学校周边的社会环境、社会风气、经济水平和文化氛围，实现学校发展与外部环境的良性循环。另一方面，任何一所学校都不可能孤军作战，大学、职校、中学、小学、幼儿园等多种类型的学校相互联合、协调发展，学校教育、家庭教育、社会教育、自然教育、人的自我教育等多种教育形式相互融合、共同发展，学校才可能完成培养人的使命，获得生存的能力和发展的能量。

学校的可持续发展不只是一种概念，它是一种思维方式，要求学校以可持续发展的思路去办学、去做事。

二、学校的内涵式发展

在我国，从学校发展的方式和途径来看，学校发展可分为外延式发展和内涵式发展。外延式发展是指主要依靠增加人力、财力、物力等的投入量来发展学校的方式，主要表现在学校数量增长、规模扩张、结构转换、条件改善等方面。内涵式发展是指通过依靠学校内部的力量，挖掘内部的潜力，建立内部发展机制，提高现有学校的内部效率和质量来推动学校发展的模式，其内涵包括以下几个方面：

1. 内涵式发展是一种追求质量和效益的发展。它强调提升学校的办学质量，把注意力集中在办学水平的不断提高上，使得规模与质量、效益达到有机的协调统一。数量与质量是学校发展的两个重要指标，学校的数量指标包括在校师生的数量、经费投入、设备的数量与先进程度等。学校的质量指标主要是学校的办学质量和效益。内涵式发展以质量和效益作为追求目标，这并不意味着不要数量的增长，而是要以质量保证为前提的扩张，其实质就是反对盲目的数量扩张，反对把数量扩展作为绝对目标，要求在质量、规模、效益和速度之间实现均衡、协调发展。

2. 内涵式发展是内驱力推动的发展。它强调学校发展不受特定外来干预而自发进行，是以学校内部的矛盾为根据，以学校的环境为条件，学校内部条件和外部环境的交叉作用的结果。也就是说学校不是被动地依靠外力推动，而是通过对外部环境的主动、能动的作用，汲取有利于自身发展的资源和力量，在与环境的相互依赖中保持自身的独立性、个性以及活力，谋求自我发展的空间和条件。它要求学校管理改变自上而下的垂直化管理模式，走向自下而上的民主化管理轨道。

3. 内涵式发展以提高人和物的效能促进发展。它强调学校发展不是靠增加投入，而是通过挖掘现有的内部资源，优化整合并充分发挥现有的人、财、物、时空、信息等资源作用，构建积极向上、文明健康的学校文化和育人环境，提高教育质量和办学效益。

4. 内涵式发展是一种可持续的发展。它强调学校发展要重视学校自身的发展机能，增强学校对外部环境的适应和反应能力，使学校内外和谐发展，并获得持久的自我发展的能力。

5. 内涵式发展实行精细式管理。管理有粗放和精细之分，粗放式管理是放任性小作坊式管理，是一种经验型的管理模式，这种模式的管理没有严格的管理制度和周密的管理计划，管理的随意性很大。精细式管理是将管理的计划、组织、控制、领导等工作细化，通过具体的细节操作，有序地按部就班地实施管理，实现管理的无隙化的管理模式。其核心思想是在事关学校发展的每项工作上都力求精雕细琢。比如，在学校发展中，既作战略性的思考，又以精致化理念来设计、规划；既要形成自己的办学理念，又要有发展定位、发展目标的规划，还要有发展环境、发展策略、保障机制的策划；既要有全局性、创新性、特色性，又要有操作性、可行性；既要有发展的愿景，又要有内容细节化、具体化的方案。

6. 内涵式发展是一种特色发展。学校要实现内涵式发展，需要根据社会的实际需要、学校的客观基础和现实条件，遵循办学规律形成自己的办学理念，创建自己的办学模式。由于各个学校的外部环境有差异，内部环境也不同，每个校长各有个性，所以，每个学校的发展都应具有自己的特色。

2006 年以来，学校的内涵式发展成为基础教育改革的关注重点。一方面，传统“发展”的内涵主要指数量的扩展，规模的扩大，包括总体规模的扩大和单位规模的扩大，以入学机会提供的总量作为发展的衡量指标。改革开放后，教育在国家发展中的战略地位日益突出，各级政府都重视将教育放在先导性、战略性地位，从中央到地方都加大了教育投入，掀起了新建扩建学校的热潮，在校学生的人数不断增长。随着学校规模扩大几近极致，这种外延式发展模式的问题逐渐暴露出来，最突出的问题是办学质量难以保证，学生的素质整体下降。人们认识到外延式的发展已不适应于现阶段学校的发展，在对学校格局进行调整后，在新的发展阶段，需要更多地将质量提升当作学校改革的重要方面，于是，提出了内涵式发展的概念。另一方面，我国教育发展的政策保障日益健全，校长负责制逐步落实，改变了学校完全由国家行政控制的局面，学校由无权的责任主体逐渐转变为有一定权力的办学主体，学校可以在政府的宏观调控之下，自主地根据社会环境的变化、自身的条件和需求作出如何办学的决策，形成办学自主、责任自负、条件自创、发展自求的机制。学校办学自主权的逐渐扩大，为学校关注自身发展提供了强有力的支撑，为内涵式发展提供了必要条件。

学校内涵式发展的核心是依靠内部力量提高办学质量，因此，培育和挖掘学校的内驱力是关键。

三、学校的自主发展

政府在向学校下放一定的管理权限后，使学校在一定程度上走上了自主发展的道路，虽然这仍然是一种政府主导下的有限的自主，但在一定程度上学校的命运和前途都掌握在自己的手中，办学个性化的因素日益突出，学校的独立决策职能也日趋强化。

学校自主发展，简单地说，就是指学校自主性的发挥过程，就是指学校自觉、自动地利用自身内外条件，独立支配和合理调控自身行为的过程，即学校独立开展教育和管理活动，并合理进行自我设计、自我组织、自我活动、自我评价、自我调控、自我教育的过程。

学校自主发展，首先集中表现为学校将外部环境对自己的制约置于自己的控制之下，并自觉、主动地对外部环境加以利用、选择与改造的过程；其次表现为学校作为自身活动的主人，独立、合理地实行自我支配、自我调控，以促进学校自我发展需要满足、学校自我实力提高、学校自我潜能开发的过程。

（一）学校自主管理是时代发展特征的体现

21 世纪是一个创新的世纪，江泽民同志在北京大学百年校庆讲话中就指出："创新能力是一个民族进步的灵魂，是国家兴旺发达的不竭的动力。"当今世界，一个国家竞争力和综合国力的强弱，并不取决于自然资源的多少，而从根本上取决于该国科技知识发展水平，尤其是知识创新和技术创新的水平。欧美发达国家之所以能称雄世界，根本原因之一是这些国家有较完善的国家创新体系，国民的创造力水平高。而人才作为知识的载体和创造者，是创新的主体。中国正处于一个不断改革、不断发展的国际环境当中，在这种激烈竞争形势下，谁拥有了一大批高素质人才，特别是创新人才，谁就能在当今的国际竞争中取得优势，立于不败之地。当前各地校本管理改革鼓励学校根据自身特点追求自己的发展目标和教育特色，努力建立学校自我约束、自我调控机制，促进学校自主发展，发挥办学的主动性和积极性，这已成为社会发展和时代特征的体现。

（二）学校自主管理是学生自主发展客观需要

学生的自主发展是学校自主发展的时代要求、逻辑起点和本体价值，学校自主发展必须以学生的自主发展为本。

学校人才自主培养模式的确立必然要求学校具有办学自主权，学校只有拥有了办学自主权，才能从培养创新人才的活动特点出发，充分发挥教师和学生的主体精神，提高人才培养质量。一所学校只有有了办学自主权，教育者才能根据学生的个性与掌握知识和智力发展的基础，学科知识发展的实际以及学校的办学条件来确定培养方案和培养方法，因材施教，使学生得到全面的自主发展，塑造个性得到全方位培养的创新人才。

（三）学校自主发展是学校创办特色，不断发展的必然要求

学校自主发展，是学校能动性和创造性得以发挥的前提。学校不能实现自主发展，就会失去活力，就会僵化和封闭，就会失去主动性和创造

性，就会在与社会及人的发展互动过程中处于落后或停滞状态，也就不可能培养出不断适应社会发展需要的现代化新型人才。

我国学校长期以来缺乏特色，一个重要的原因就是我国的教育管理体制强调的是高度集中、强化的行政手段。要求整齐划一，缺少鼓励创新，因而学校的活力难以发挥，个性也就难以展现，使学校领导者求静畏动，求同避异，造成整个教育出现千校一面、万人一书、色彩单调、缺少生机的局面。学校要生存、要发展，就必须从“外控型”管理走向“内控型”管理，获得办学自主权，按照自己的特点办“活”学校，办出特色。特色学校的创建不是沿着已规定好的路线前进，而是根据主客观条件大胆、灵活地进行探索，寻找适合于自己的方向。只有有了自主权，才能有探索的空间，才能根据本校实际情况自主改革课堂内容和教学方法，才能自主选择教师，优胜劣汰；只有有了自主权，学校才能发挥主体精神，创出特色，提高教育质量和办学效益。

特色学校的本质是学校的个性化，这种个性化首先体现在办学理念的个性化。一所一流的学校一定有自己鲜明的办学理念，它凝聚了这所学校的个性风格、文化品位和人才培养等特色。适合本校特点的鲜明的办学理念一经确立，并成为全校师生共同追求的奋斗目标，学校就有了自我超越、追求特色的可能，学校的凝聚力、吸引力、向心力和感召力也会得以增强。因此，选择和确立办学理念是学校实行校本管理、追求特色发展的首要任务。

案例：

让“绿色学校文化”成为学校跨越式发展的助推力

——柳州市二十八中“绿色文化行动研究”剪辑

柳州市二十八中原来是一所企业办的九年制学校，由于受企业经济效益的影响，学校发展十分艰难，一度成为柳州市的薄弱学校之一。教师待遇低、人心不稳；优质生源流失严重；办学思路不清、发展目标不明。1997年学校划归柳州市教委直接管理，各方面虽有一些改善，但是由于受多方面原因的制约，前些年发展仍然十分艰难，学校的面貌也还没有根本性的改观。我的导师，广西教育学院陈向阳教授第一次来我们学校时就曾说过这地方是“老少边穷角”。一个“角”字，形象地概括了柳州二十八中的处境：进校要拐弯抹角；生源不尽如人意；教师队伍整体年轻但缺乏经验和领军人物，尚未形成明显的共同的价值取向。没有天时，没有地利，人心曾一度松散，学校发展缺少明确的目标和方向。

2007 年 9 月，喜欢挑战自己的我竞聘到二十八中担任校长，我和新领导班子的同志们一起重新思考和谋划学校的发展。我们深知，角落更需要阳光，角落更需要春天。责任和使命叩问我们二十八中的每一个人：我们想要一所什么样的学校？未来如何谋划？发展之路在何方？开局又如何走？阳光在哪里？春天在哪里？一个又一个问题摆在我们面前，等待着我们去回答！

二十八中生命的春天和阳光，其实就在我们身边：那就是让我们教师“动”起来，让学生“乐”起来，让校园“活”起来！建立一所校园外在生态葱绿，内在人文和谐，师生共生同长的具有生命质感的真正意义上的绿色学校。在这样的学校里就能孕育和焕发生命真正的力量，实现绿色环境、生态课堂、人文师生等目标，让学校、教师、学生的生命都和谐发展。这就是二十八中的希望阳光！

怎么把这缕阳光播撒在这渴望春天的校园上呢？我们确定了这样的思路：就是用校园文化引领学校发展，用办学特色打造学校品牌，用共同愿景凝聚教职工人心，用团队精神提升核心竞争力。

更幸运的是，2008 年 10～11 月我有幸参加广西初中校长高级研修班学习，这为我提供了一个极好的系统学习、全面思考的机会。在高研班学习期间，我结合我校实际，选择了以陈向阳教授为导师的学校文化研究的主题，确定了《构建柳州二十八中“绿色文化”行动研究》的课题，在导师的精心指导下对学校的发展进行了系统的战略思考，并初步制订了行动方案。

一、“SDP 行动”为学校发展添翼

在导师的指导下，我确定了以“SDP 行动”为学校发展的抓手，认真组织实施“SDP 行动”。首先明确了这样的工作思路和工作程序（工作流程）：

析校情以明理念——建队伍以聚人心——寻价值以成愿景——
(2007. 9～12)　　(2008 全年)　　(2009 上半年)

铸文化以谋发展
(2009. 7～2012. 7)

通过这四个环节完成柳州市二十八中跨越式发展的第一个《学校三年发展规划》。

（一）析校情以明理念

1. 借三次活动明理念

（1）从2008年11月在南宁参加高研班至今，陈教授就给予我启发式的指导，不管是书面的、面对面的还是Q聊。

（2）2008年11月28日，我们邀请陈向阳教授到校开展学校发展计划（SDP）项目培训，我校全体校级及中层领导参加培训。

陈教授简要介绍了项目开展的背景、意义、内容和步骤。通过这次培训，学校管理层认识到制订学校发展计划的必要性和紧迫感，也获得了开展工作的基本理念和方法。

（3）2009年2月13日，学校邀请陈教授到校进行第二次培训讲座。上午，陈教授以《做自由的自己——借古人慧眼，找一副隐形翅膀》为题，结合《论语》、《庄子》等儒家、道家、佛家经典感悟中华传统文化，鼓励教职员工们修身养性，作好人生规划，做最好的自己，做自由快乐的人。

下午，陈教授具体介绍了SDP的工作流程，并就学校价值观、学校愿景及SDP相关技术问题进行了详细解读。经过这次培训，我校全体教职员工更深刻地认识到实施学校发展计划的重要性和具体操作流程。

2. 借三次活动析校情

（1）2008年11月28日陈教授第一次莅临我校进行SDP技术培训，莫雅玲副校长引领校级及中层领导回顾历史。

（2）2008年12月9日SDP启动仪式上莫雅玲副校长引领全体教师回顾学校发展历史。

（3）2009年2月13日陈教授第二次到我校进行培训，借此机会开展头脑风暴大讨论。

每次活动在莫副校长深情回顾了我校42年的发展历程后，全体教职工都在思考：我们从哪里来，现在走到了哪里，将要往哪里去，进一步讨论明确了学校的历史和现状、优势和劣势，大家即时抒写了感言，积极参与头脑风暴大讨论。

（二）建队伍以聚人心

我曾经跟老师们说："在不占天时、地利的情况下，唯有依靠'人和'来创造辉煌，二十八中要为老师们的成长创造条件，要为老师们实现人生价值拓展空间。我不能提供优厚的物质条件留人，但我要通过发现价值、成就价值来留住大家的心。"（培训提升建团队　创新活动乐满园　绿色文化谋发展）

1. 培训提升建团队

阅读，将阳光洒满“角落”。2008 年，我们遇到了一个很好的契机——柳州市教育局组织开展“2008 年教师阅读年”活动。这无疑为我们的教师队伍建设注入了生机和活力，当然这也是我们学校发展的内在需求。

我们开展了“开卷有益，书香满园”主题系列活动（三种阅读方式：自觉读　引领读　展示读）。为了给教师全员培训以及阅读心得体会提供更加广阔自由的交流空间，今年 4 月份，我校先后构建了二十八中校报《蒲公英的微笑》和都乐网“柳州市二十八中”博群两个读书平台，传统纸质媒介与现代网络载体相结合，使得我校教师的阅读心得体会能够得到充分的展示与共享。至今，我校共有 42 名教师建立了读书博客，撰写发表读书心得体会文章多篇。博群目前已有成员 52 人，撰写博文 1342 篇，回帖 1182 人次，其中精华 30 多篇，发起两次主题探讨（个性化读书方案、推荐一本好书），就阅读年活动中的热点问题进行了跨时间、跨空间的集中研讨。通过教师阅读年的学习和反思，我校大多数教师增强了学习意识，增长了教育教学和实践研究能力，提升了综合素质水平。在柳北区教育局年度总结暨教师阅读年表彰大会上，我校师生共有 65 人次荣获各项读书活动奖项，学校也因此荣膺“教师阅读年标兵学校”称号。

自 2008 年 2 月至 2009 年 4 月，我校投入大量经费，共组织教师赴山东杜郎口、济南、长沙、广州、香港等地学习观摩培训 152 人次，在柳州市参加各项教育教学研讨活动 380 人次。培训经费近 7 万元。

再者，我校强调“培训是最好的福利、学习是教师的责任”的理念，通过多种方式开展培训，提升队伍。我们在确保全员参与培训的同时，还有针对性地组织分层培训，包括管理队伍的培训、骨干教师的培训（教研组长、班主任队伍）、中老年教师的培训（容易被忽视的盲区）等。

为了在培训制度的规范和强化执行力的基础上追求培训效益的最大化，我们的每次培训都布置个人作业与思考，参与培训或外出学习的教师回来，一定要在全校，通过教师沙龙，或移植课，或专题汇报的形式对其他教师进行辐射和引领。

四届教师沙龙

12 月 12 ~ 14 日，学校派 SDP 行动核心小组的 6 名成员赴广州中山大学参加了“三名”（即名师、名校、名校长）工程实战论坛，学习名校发展经验。回来后，他们组织开展了第一届教师沙龙，以对话的形式，结合具体案例，深入细致地畅谈学习收获，并联系学校实际对学校文化发展工作提出具体构想。最后，与会教职员工也积极参与讨论，共同憧憬学校的美好未来。

一句冯小刚式的流行语是这样说的：21 世纪什么最重要？——和谐。是的，在一个团队中，和谐是激励一个团队不断前进的润滑油。我们在日常工作中，倡导相互合作，相互理解，相互欣赏。在理性的背后，有感性的滋润。寒假里，我们给全体师生布置了一份特殊的寒假作业——写写《我身边的榜样》。我希望大家在挖掘彼此亮点的同时走进彼此的心灵，学会珍惜和感恩。2009 年 2 月 24 日（开学不久之后的一个业务学习时间），全体教职员工齐聚学校阶梯教室，隆重举行"我身边的榜样"主题征文比赛颁奖典礼（第二届教师沙龙）。此次颁奖典礼的各奖项由文章中书写的榜样给作者颁发。在颁发各级奖项期间，还穿插了榜样有奖竞猜、三句半、群口赞、互动游戏、播放征文录音、现场采访、美文朗诵等一系列征文演绎活动。活动最后，我把特别奖献给二十八中人。

虽然没有"感动中国"人物评选颁奖典礼场面的华丽与壮观，但当时现场气氛热烈，真情涌动，感人不已。老师们在收获了奖状、鲜花和精心编印的文集的同时，享受了一顿精神大餐，充分感受到了"把身边的人都看成是天使，你就永远生活在天堂之上"的喜悦和幸福。

此后，我们陆续进行了初三英语备课组有效备课现场展示、中老年教师培训汇报等多次沙龙，中层领导学习后利用头脑风暴为老师们提供更多发言和展示的机会，也使学习收获得到更好的传达和辐射。

另外，我们在 3 月和 4 月开展的教研组培训、班主任培训都创新性地融入休闲、游戏、观摩、讨论等环节，为培训注入更多人文内涵和生动趣味，有效地提高了培训效果。

通过一系列学习培训，一年多来，我感到队伍向心力逐渐增强，"一个优秀的个人永远无法超越一个优秀的团队"已经成为共识。很多老师都以主人翁的态度去思考学校的工作，主动地、创造性地完成学校的工作。

2. 创新活动乐满园

2008 年春季学期开始，我校就积极开展"迎奥运文明礼仪千校创建"工作，师生共舞同乐的体艺节、缤纷热闹的元旦游园、"和谐校园我的责任"主题校会等系列活动，为校园增添了许多快乐。

2008 年圣诞节一早，踏着欢快的圣诞乐曲，雪白胡子、身着盛装的圣诞老人背着鼓囊囊的袋子走进教室。"哇！"孩子们看到圣诞老人，有说不出的惊讶与兴奋。他们手舞足蹈、欢呼雀跃，争着上去拿礼物（一张写着全体任课老师的新年祝福的贺卡和两包甜甜的棒棒糖）分发给同学和老师。圣诞老人还把礼物送到教师办公室，老师们捧着沉甸甸的圣诞礼物，听着年级组长读校长亲笔写的新年问候信，不禁喜笑颜开。在享受惊喜与祝福的同时，老师同学们都认真填写了《二十八中价值取向调查问卷》。

3. 绿色文化谋发展

正如一个民族有她的文化，一个企业有她的文化一样，一所学校也应该有她的文化，这就是学校文化。学校文化在学校的教育教学中发挥着不可替代的“熏陶育人”作用。那么，二十八中究竟要创建一种什么样的文化呢？我想到了“绿色”！选择“绿色”作为二十八中学校文化的主题词源于两个原因：其一，我是学生物的，对“绿色”情有独钟，因为绿色象征着生命和发展，意味着生机与活力，崇尚自然与和谐，绿色代表宁静；二是源于二十八中是柳州市第一家也是至今为止唯一的一家全国“绿色学校”！“绿色学校文化”体现了协调可持续的教育发展观，其实质就是和谐发展。在校园内，人与人和睦有序，相敬相亲，和谐共生，校园环境温暖而温馨。“绿色学校文化”体现了学校以人为本的办学理念，体现了人文关怀、和谐民主、亲近自然的特点，在践行和谐社会中，显示出时代性。

校园是学生接受教育和成长的主要场所。学校绿化、美化及人文化环境，正在为学校教育发挥着潜移默化的作用；独具特色的校本文化构建与实践，提升了学校文化内涵。用它引领我们成就自我超越。纵目远眺，却让我们多了一份自信。营造书香校园、诗意校园、生态校园，使人文教育环境化；让名家名言穿越时空，发挥“名言诵读”的育人作用。

我们举办绿色文化节，唱响“绿色文化”的主旋律。早在我在深圳外国语学校挂职时，就发出了举办绿色文化节的动议。2009 年初，在文化节筹备会上，我们敲定了以绿色教育理念为中心和快乐阅读为轴线组织开展文化节活动的构想，并选择了 4 月 23 日（第十四个“世界读书日”）召开、拟定了“阅读改变人生”的主题。以此为目标，我们相继开展了“带一粒种子回家，让芳香萦绕校园”种植体验活动、创建“阳光书吧”、“美的瞬间”摄影比赛、“我眼中的二十八中”征文评比、校园“阅读之星”评比、“书香家庭”评比、“书香班级”评比、“文化节祝福卡”评比等一系列校园文化活动，取得一定成效。

可以说，这次绿色文化节是我校校园文化阶段总结反思、展示交流、探索创新的载体和平台，通过这次活动，绿色文化得以广泛深入每一个教师、学生和部分家长的心里，在社会上形成了良好的影响。

（三）寻价值以成愿景

学校价值取向及愿景形成过程。

学校文化诊断测评及学校领导力测评结果分析。

社会影响。

（四）铸文化以谋发展

二、结语

《周易·贲》说：“观乎天文，以察时变，观乎人文，以化成天下。”美国教育家伯尔凯和史密斯曾指出：一个办得很成功的学校应以它的文化而著称，即有一个价值和规范的结构、过程和气氛，使教师和学生都被纳入成功的教育途径。而学校一旦形成了自己特有的文化，即体现为一种学校个性，它就会对学校管理发挥巨大的影响和制约作用，成为一种无形的精神力量，使学校全体成员在共同的办学价值观念、行为准则和工作作风统率下，个性化地为贯彻党和国家的教育方针而努力。

下一步，我们将进一步借助SDP技术辅导，挖掘学校文化传统，在二十八中人共有的价值取向和愿景的引领下，制订好学校的第一个三年发展规划。要用“为天地立心、为生民立命、为往圣继绝学、为万世开太平”的宽广胸怀提升广大教师的境界，在进一步提高教师的师德、师能、师格上下工夫！要让二十八中成为一所真正有内涵、有文化、有品位的学校，我们还有很长的路要走。尽管前路并不平坦，但我们有信心。再偏僻的角落，只要有勇气和信心，阳光同样洒满校园！

柳州市二十八中校长　叶丹

2009.05.14

• 第二章

现代学校发展的内驱力

我们知道，事物的运动变化都是在力的驱动下进行的，学校的发展也不例外，也需要推动力，这种推动学校发展的力量我们称之为学校发展驱动力。从宏观的角度来说，学校发展的驱动力有外驱力和内驱力之分。

所谓外驱力，即由学校以外的需求所引发的推动力。从社会组织的角度看，社会组织是为了满足某一特定的需要而形成的从事共同活动的社会团体。一方面，学校作为为满足社会培养所需人才的需要而形成的社会组织，社会的不断发展变化，对学校教育的需求也在不断变化。学校为了满足和适应社会的要求，就要不断地变革，与社会同步发展，才能实现其存在的价值。这种来自社会需求（外需）对学校发展的推动力，就是学校发展的外驱力，主要表现为社会政治、经济、文化、科技等对学校发展的推动作用，这种作用既可以是通过社会发展对学校的全面影响间接作用于学校，也可以通过社会的组织机构，比如通过教育行政部门等政府机构的行政力量直接作用于学校，当外界社会需要与学校发展条件之间发生矛盾的时候会形成一种推动力。另一方面，学校是由师生员工组成的社会组织，要通过共同的价值观和发展目标把师生员工凝聚在一起，通过目标的实现和维护师生员工的共同利益，也通过满足师生员工的需要，来维护学校内部的稳定。当学校自身的发展需要与学校的现有的发展条件之间发生矛盾时，当学校主体成员的需要得不到满足时，学校内部就会发生冲突，这两方面的矛盾都会导致破坏学校发展的平衡状态。学校要通过解决内部矛盾，恢复新的平衡，来达到新的稳定，获得进步，这种来自于学校自我发展的期望而形成的谋求自我发展的力量就是学校发展的内驱力。

纵观我国学校发展的历史，学校产生于社会需要，发展于社会需要。奴隶社会时期，随着生产经验的积累，生产水平的提高，一部分人脱离体力生产劳动成为统治阶级或脑力劳动者，统治阶级为了培养自己的继承人，把其需要的经验和知识传给后代，需要一些人和专门的机构来完成这项工作，于是便出现了学校。随着社会生产力的发展，经济水平的提高，科学技术的进步，知识的积累和复杂，社会对学校的需求不断增加，促使学校由最初的一个由兼职人员组成的单一结构的组织，逐步发展到如今有专职教师队伍、规模较大、结构复杂、制度完善的育人机构，并形成统一有序、分工明确的各级各类学校组成的教育体系。学校管理也由不自觉的人治逐步走向制度化，由完全依赖政治、经济等外部力量推动到强调学校的独立和依靠自身力量发展。

新中国成立以后，经过两次真正的放权和集权的艰难探索，在实行改革开放前，形成了中央集权的、统一领导、分级管理和中央负责的教育管理体制。学校资源完全由政府控制，学校各方面的活动也由政府事先规定并严格监控，包括学校的办学目标、教学目标等都是由政府统一规定。学校成了一个有责无权的主体，其功能与职能只是处置已经被规定好的各种资源，其发展目标是一种外在于学校和个人的东西。在这种管理方式下，学校对政府养成了强烈的依赖心理，导致学校缺少自己主宰自己的意识和能力，缺少办学的积极性，不能有效地开发和利用教育资源，缺少办学的活力和特色。

改革开放后，我国的政治经济形势都发生了很大的变化，人们普遍认识到教育不能同政治、经济一样强调高度集中管理，教育需要适应当地政治、经济、文化发展的需要。随着社会主义市场经济体制的建立，人们对按教育规律办教育的认识不断提高，认识到学校不能以行政管理的模式来管理，学校要在复杂多变的社会环境中生存和发展，不能被动地依赖政府或市场等外力推动，必须自我探索新环境下的发展道路，形成自我发展的内驱动力，学校才能具备适应和竞争的能力。

1985 年《中共中央关于教育体制改革的决定》发布，明确提出实行简政放权，扩大学校的办学自主权，并逐步实行校长负责制。十多年来，我国逐步建立了政府宏观管理、社会各界参与、学校依法自主办学的体制，改变了计划体制下政府对学校“统、包、管”，学校对政府“等、靠、要”的管理模式。但是，学校的发展还不尽如人意，存在的问题主要有三个方面：一是政府放权不足，《中华人民共和国义务教育法》、《中华人民共和国教师法》、《中华人民共和国教育法》等法律文件中规定的权利并没有很好地落实，政府担心校长没有自我管理的能力，担心放权后学校管理混乱，对学校干预依然过多，没有从根本上改变自上而下的管理方式。二是学校对依法自主办学认识不到位，一种倾向是学校仍习惯于对政府的依赖，自主管理意识薄弱，还意识不到学校自我发展的必要性和紧迫性，更不知道学校如何自我发展，学校仍处于被动、消极、等待上级指令的管理状态。另一种倾向是过分强调学校的独立自主，忽视甚至否认政府的作用，出现了学校包揽过多责任，校长不能正确地行使权力，学校自主权误用、滥用，学校内部的集权与专制等现象，给学校发展带来了更大的危害。三是强调市场的主导与控制，把学校作为企业来经营管理，依赖市场主导学校的发展，忽视学校自身的特殊性，这种简化学校管理的复杂性和独特性的管理，自然达不到期望的效果。鉴于此，从总体上观察，当前不少学校的发展更多的是关注和依赖外驱力，忽略或轻视了内驱力，处于一种相对被动的状态。

事实上，学校的发展离不开内外驱动力。这两者是相辅相成的。单一的驱动力对于学校发展来说都是不利的。必须充分发挥内外驱动力的作用，最大限度地增强学校的发展动力。在当前的状态下，要更重视学校内力的培育和发掘。现代学校管理的内在基质之一就是“动力内化”，即学校不是仅仅依靠外部行政命令、福利待遇、政策资金等来发展，而是为学校的价值观，为学校的文化，为学校的愿景而努力把校内外的一切因素加以聚合去发展学校。学校要独立和依靠自身力量发展，就要摆脱功利主义的束缚，处理好社会、政府、市场和学校之间的关系，从各种外在的压力、控制中解放出来，把促进人的发展作为自身追求的最终目标，遵循教育发展规律，确立各阶段的发展目标，形成自主发展的内驱力。

学校发展的内驱力的培育与发掘实际上就是学校内部发展需求的激发。学校内部的发展需求有很多，表现为不同的层次，比如有学校层面的，即代表学校大多数主体利益诉求——学校共同价值观；也有个体层面的，即不同学校个体成员的需求。事实上就是通过激发学校内部各主体的需求体系，即培植和形成学校共同价值观及其体系，形成学校愿景，由此而整合与带动学校整个的内在需求链，激荡起每一个个体成员的主体潜能，产生牵一发而动全身的整体效应，表现为一种内在的驱动力——学校领导力。

第一节　领导力新释义

学校领导力是领导力在学校领域中的特定概念。要认识学校领导力必须首先把握领导力的概念。而领导力概念的把握又要首先弄清其与其他相关概念比如“领导”、“管理”等的关系。

一、领导与管理

我们虽然主要讨论的是领导范畴的概念，但是领导与管理是一对既有密切的联系又有显著区分的概念，必须首先在理论上清晰地加以认识。同时在领导实践中清晰地区分领导与管理的差异，并正确地判定负责人在某一项工作或某一个岗位上是领导还是管理，有着十分重要的现实意义，因为准确的定位，决定着他的思想方法和行为方式，不同的思想方法和行为方式对领导环境中的其他人员都将产生重要影响。在领导活动的实践中，如何确保领导行为的相对独立性，使其真正从思想和行为上摆脱管理影子，使领导与管理区分开来，已经成为各级领导者做好领导工作的一个重要问题，这也正是领导科学得以诞生，并具有明确的研究对象，能形成一套独立的研究体系的根本原因。

美国著名学者史蒂芬·柯维曾形象地作过这样一个比喻：一群工人在丛林里清除低矮灌木。他们是生产者，解决的是实际问题。管理者在他们的后面拟定政策，引进技术，确定工作进程和补贴计划。领导者则爬上最高的那棵树、巡视全貌，然后大声嚷道：“不是这块丛林。”韦尔奇先生也以其丰富的领导实践和人生感悟，形象地指出：“把梯子正确地靠在墙上是管理的职责，领导的作用在于保证梯子靠在正确的墙上。”这种描述十分形象地揭示了领导与管理之间的差别。其区别具体如下：

（一）概念的不同。对于管理和领导的概念，说法不一。其中赫伯特·A·西蒙（Herbert . A. Simon）曾提出“管理就是决策”的说法；美国哥伦比亚大学的威·H·纽曼则提出：“管理是对一组个体向某些共同目标努力时进行的指导、领导和控制。”也有人认为“管理是指通过信息获取、决策、计划、组织、领导、控制和创新等职能的发挥来分配、协调包括人力资源在内的一切可以调用的资源，以实现单独的个人无法完成的目标”①。

① 周三多：《管理学》，4页，北京，高等教育出版社，2000。

从上述概念可以看出管理的载体是组织，其本质是活动或过程，对象是包括人力资源在内的一切可以调用的资源（包括原材料、人员、资源、土地、设备、顾客和信息等），职能是信息的获取、决策、计划、组织、领导、控制和创新，而管理的目标是为了实现仅凭单个人的力量无法实现的既定的目标。亨利·法约尔将管理的职能分为计划、组织、指挥、协调和控制。

美国管理学家哈罗德·孔茨和西里尔·奥唐奈对领导的定义是："一般可以简单地解释为影响力，或对人们施加影响的艺术或过程。"也有人认为"领导就是指导、带领、引导和激励下属为实现目标而努力的过程"①。

（二）任务不同。管理重在对决策的执行、实施，领导重在对决策的制定。有人提出领导是非程序性决策，管理是程序性决策。"程序化决策一般由管理人员，按照一定的规章制度来进行，领导者应当把主要精力集中在非程序化的决策上，注意发现解决各种新问题。"

领导者主要是主持组织积极变革，开拓新的局面，以促进群体或组织系统的动态演化为主，通过引导、影响、激励等方式，为群体或组织系统确立目标，指引方向，创造优势。所以，领导要求做正确的事情，知道该如何做。有关于任务的愿望，习惯从外向内看事情，喜欢深入第一线，知道该如何说。对生活充满热情。受目标驱动，关注做对的事情。而管理者则以维持群体或组织的动态稳定为主，通过经营、安排、分配等方式，为群体或组织系统活动选择工作方法，使群体或组织维持原有秩序，完成组织的任务目标。

（三）对象不同。管理的对象是由原材料、人员、资源、土地、设备、顾客和信息等要素构成的"资源系统"，领导的对象主要是人。作为管理客体的人与作为领导客体的人又有所区别。管理客体的人，主要是在工作中处于第一线的技术工作者、操作者；领导客体的人，主要是综合素质较高的，有一定管理能力的管理者。

（四）权力的构成不同。管理者的权力是建立在合法的，有报酬和强制性权力基础上，要求组织中的对应成员服从指挥，听从调度，按既定的规程办事。领导者的权力包括个人专长权，即产生于领导者所拥有的专门知识或特殊技能；个人影响权，即来自于追随者认可的由个人经历、性格或榜样产生的力量；还有领导者担任的管理岗位所赋予的管理制度权力。领导者的权力更多的是建立在个人的人格魅力及领导艺术之上的，被领导

① 周三多：《管理学》，199～201页，北京，高等教育出版社，2000。

者是自觉、自愿地跟从，并朝着组织目标奋斗。

（五）注重的内容不同。管理更多地注重具体的生产过程中的工时研究，注重正式的规章制度，强调刚性。要求有正式的规章制度来指导员工，其目的是使员工的行为规范化、标准化，从而减少日常的管理活动，使管理者能减少例性管理，而注重于非例性问题，即例外事件。这就要求规章制度的严格性。而领导则注重领导者对人的影响和引导，重视人的需要、情感、兴趣、人际关系的社会属性，强调柔性。通过运用一系列的激励理论，带领、引导下属为实现目标而努力。

（六）结果不同。管理的结果是在一定程度上实现预期计划、维持秩序，使企业能正常地运转；而领导的结果却是引起变革，通常是剧烈的变革，并形成非常积极的变革潜力。约翰·科特博士曾作过一个极为精辟的比喻来阐明领导行为与管理行为的区别及对变革的影响：在和平时期，军队需要管理来让他们能井井有条，但到了战争时期，军队上上下下都必须要有领导才能，没有人能够管理一支军队上战场，军队必须是被领导。

正因为领导与管理有着上述的差别，美国南加州大学领导学院创办人、工商管理杰出教授沃伦·本尼斯（Warren Bennis）将管理者与领导者之间的主要差别概括为：管理者好于管束，领导者善于革新；管理者是模仿者，领导者是原创者；管理者因循守旧，领导者追求发展；管理者依赖控制，领导者营造信任；管理者目光短浅，领导者目标远大；管理者问怎样做和何时做，领导者问做什么和为何做；管理者只顾眼前，领导者放眼未来；管理者接受现状，领导者挑战现状；管理者是听话的士兵，领导者是自己的主人；管理者习惯正确地做事，领导者注意做正确的事。

事实上，领导是从管理中分化出来的相对独立的组织行为，各自具有不同的功能和特点，二者的高度统一和密切配合，是完成人类群体性社会实践根本的组织保证。领导与管理具有高度的互补性、相容性和复合性。

（一）领导科学是管理科学的一个分支体系。18 世纪到 19 世纪的工业革命使以机器为主的现代意义上的工厂成为现实，工厂以及公司的管理越来越突出，为管理学理论的产生打下了基础。以 1911 年美国的弗雷德·W·泰罗出版的《科学管理原理》等一系列专著为标志，西方科学管理理论拉开了序幕，标志着西方资本主义国家的企业管理由经验管理开始向科学管理转变，这一时期的管理理论被称为“科学管理理论”。20 世纪 30 年代，梅奥等人通过著名的霍桑实验，对科学管理理论的基础“经济人”假设提出了质疑，并提出了“社会人假设”，在此基础上形成了行为科学理论。行为科学理论包括个体行为理论、团体行为理论和组织行为理论，其中在团体行为理论和组织行为理论中阐述了领导方式以及领导者应具备的品质。所以，可以说行为科学理论包括后来形成的独立学科体系——领导科学是科学管理理论以后的一个新的发展阶段，是管理科学的一个分支体系，也是西方管理理论的主流学派之一。

（二）最终目的的一致性。不论是管理还是领导都是通过一系列的努力，最终来实现组织的既定目标。管理主要是通过协调把人、财、物等各类资源合理有效地组织起来，使之正常运转，完成既定目标；领导则是通过制定目标，并通过引导、激励下属进而发挥他们的主观能动性来实现预期目标。可见其最终的目标是一致的，都要实现组织的既定目标。相对于组织而言，只有通过领导者和管理者的相互合作，通过卓越领导和有效管理来保证组织目标的顺利实现。

（三）都强调“以人为本”。管理的人性化是企业管理理论发展的趋势，企业之间的竞争最终表现为人才之间的竞争。所以，管理越来越重视人的作用，特别是企业中的人力资本，不但设计诱人的薪酬，还提供部分企业的产权，以留住人才。虽然管理的对象可以是材料、人员、资源、土地、设备、顾客和信息等，但对人的管理是中心。而作为被领导的对象只是组织中的人，通过对人的指导、激励实现组织目标。如果不以人为本，则变成了光杆司令了。所以强调“以人为本”的思想便成为领导与管理共有的哲学思想。

在实际运作中两者不可以分开。管理活动目标的实现离不开领导行为，领导行为的强化与完善又不能脱离不断深化的管理实践。缺少管理的强势领导力可能出现混乱，而没有领导力的强势管理则会把组织领入根深蒂固的僵化的官僚制中。领导需要确立目标和远景规划，并设计好完成该工作目标的一系列的计划和执行方法。然后，管理进一步设计完成任务的具体事项，重新制订计划以及有关管理和评估的措施与标准，将现有的资源合理配置，通过强制性的方式完成任务，建立并维持一个人员精干、指挥有度、积极肯干的完善的组织，并做好与成员的沟通、解释、说服工作。最后，管理要通过正式、非正式的途径，完成评估与总结工作，而领导则依据任务完成情况通过激励、鼓舞的方式使被领导者对组织目标进一步支持与理解。在此过程中，领导与管理是相互完善、相互补充的两个体系：管理进一步设计就是对领导确立的目标与远景规划的补充与完善，领导的激励、鼓舞是使组织成员沿着正确的组织目标前进的关键。下图是领导与管理关系的四种状况：

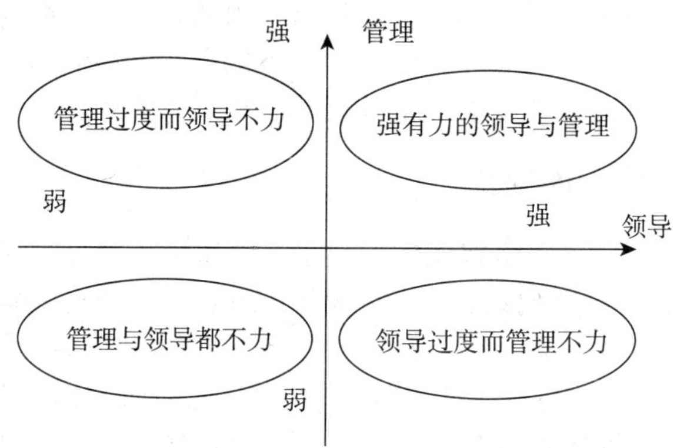

（说明：图中横坐标代表学校领导力度的强弱，纵坐标代表学校管理力度的强弱，二者在实际学校发展过程中常常相互结合，衍生出上述四种状况）

第一种即强有力的领导与管理，属于比较理想的状况。第二种情况在学校生活中最为常见，即管理过度而领导不力，在此我们作详细分析。处于这种状况的学校，人们将会看到以下情况发生：（1）过分强调短期行为，注重微观方面，回避风险，而很少注重长期的、宏观的以及敢冒风险的战略；（2）过分强调专业化，使员工适合工作岗位，要求服从制度，而不注重整合、联合以及目标的实现；（3）过分注重培训、控制以及预期性，而对扩张、授权以及激励关注不够。① 不可否认的是现实生活中确实存在不少学校没有长期的宏观的发展战略；管理上要求教职员工绝对的服从，除了经济激励外缺乏足够的人文关怀，把教师当作“工具人”、“经济人”，忽视了其“社会人”、“决策人”角色等，这种模式容易导致出现管理过程中的“内耗”，对学校的发展不利。第三种和第四种情况较少，“强有力的领导能够打破一个有序的计划体系，并破坏管理层的利益，而强有力的管理则可能会削弱领导所需要的冒险精神与激情”②。两者都容易导致学校发展的踯躅不前，我们尤其应极力避免第四种情况。通过上面的分析，一所学校要想发展做强，唯一符合逻辑的结论是第一种情况，即将强有力的管理和领导有机结合起来，应当成为一所学校努力追求的发展方向。如何才能达到这一“最佳”状况呢？综上所述，笔者认为，应当大力加强领导力的提升。

---

① 参见［美］约翰·科特（John Kotter）：《科特论变革》，译后记，胡林林译，北京，中国人民大学出版社，2005。

② 同上书，译后记。

因此，虽然我们主要讨论的是领导力的问题，只是暂时在思维上把管理分离出来。而在实践过程中，这两者是不能分割开的。当我们在讨论领导范畴的时候，思想上也不要忘记管理的范畴。①

二、领导与领导力的提出

《战国策》里有一个南辕北辙的故事，故事的大概情节是这样的：魏王欲攻打赵国，季梁劝他说："我在太行山下遇到一个向北走却要去楚国的人，我告诉他说：'你去楚，为什么向北走？'他却回答我说：'我的马跑得很快。'我说：'马好，可是路走反了？'他又回答说：'我盘缠带得多。'这位马车夫驾车技术非常高明，但是他这样走下去，只会离楚国越来越远而已。现在，大王仗着强势想称霸，你越是这样做，离称霸的目的就越远，和那个想到楚国去，反而往北走的人一样。"魏王听了之后觉得很有道理，最终放弃了攻打赵国的计划。

从这个故事中我们得到启示，马车夫的"马跑得很快"、"带的盘缠多"，是属于正确的做事，或许只能属于管理的属性。但他却南辕北辙，根本方向错了，也就是说，管理水平再高，也不能达到组织的目标，因为他是做不正确的事，也就是缺乏领导。管理是解决正确地做事问题，而领导则是解决做正确的事的问题。正如以上所述，管理与领导是密不可分的。有管理而没有领导是无法达成组织目标的，一个组织外在的力量是有限的，但是一个组织内在的力量是无限的。高效组织和低效组织之间的差距不仅是在管理上面，更多的是在领导上面。而有领导，是不是就一定能有效呢，这就要看领导的效能问题了，这就涉及领导力的问题。有领导不等于就有领导力，而领导力的状况决定了管理的有效性。

因此，领导力的提出首先是建立在对领导概念的准确把握上。领导力和领导密切相关，在英文中的对应词都是"leadership"，中文译者在翻译时习惯根据国外领导学学者对"leadership"的不同理解而选择"领导"还是"领导力"。

那么到底何为领导呢？"领导"是领导学研究的逻辑起点，1991年，美国学者 Fleishman 等人在一篇论文中指出：在1991年之前的50年，大约形成了65种不同的体系，都试图对"领导"这一概念进行解释。事实上，对"领导"这一概念的界定远远超过65种。在组织行为学中，没有几个术语像领导的定义这样不统一。有管理学家称，有多少管理学家为领导下

① 胡小坤：《管理与领导异同辨析》，载《广西大学学报》，2003，25（3）。

定义，就有多少个领导的定义。

即便如此，我们还是把这些概念罗列出来，尽量从各种最初始的领导定义表达中去感悟领导概念所应该包含的内涵。

（一）把领导看成是一个过程或一种程序

领导是对一个组织起来的团体，为确定目标和实现目标所进行的活动施加影响的过程（M. Stogdill）。

领导是一种程序，它使得人们得以在选择目标和实现目标上接受指挥、引导和影响（Haimann）。

领导是指挥群体在相互作用的活动中解决共同问题的过程（Hemphil）。

（二）把领导看成是一门艺术

领导是一门促使其部下充满信心、满怀热情来完成他们的任务的艺术（Koontz）。

（三）把领导看成是一种能力和影响力

领导是在某种条件下，通过意见交流过程所体现出来的一种为达成某一目标的影响力（Tannenbaum）。

领导是一种说服他人热心于追求组织目标的能力（Davis）。

（四）把领导看成是一种权力

领导即行使权威和决定（Dubin）。

领导是一种统治形式，其下属或多或少地愿意接受他人的指挥和控制（Young）。

以上各学者对领导的认识，尽管表述各不相同，但具有一些共同的倾向，那就是强调领导是一种影响力，是对部下在实现组织目标过程中的指导与激励。

综合上述观点，我们引用中国科学院“科技领导力研究”课题组研究结论，将领导定义为：领导者在特定的情境中吸引和影响被领导者与利益相关者并持续实现群体或组织目标的过程。

领导是一个动态行为过程，领导行为的特点在于领导行为本身只是一种“投入”，他的“产出”是由组织成员的行为得以体现的。因此，领导效能的高低，或者说领导行为的成功与失败，并不体现在领导行为的本身，而是主要通过被领导者的行为、效率来鉴定的。因此，在评价领导者时，仅仅考察一个领导都干了些什么说了些什么是不充分的，而应主要考察被领导者的工作热情、工作效果、完成组织目标的程度，以此作为评价一名领导者的效能。

作为一名领导者，不管他是否意识到，实际上他的行为时时刻刻都在影响着被领导者的行为，领导者“投入”的变化，也必然会导致被领导者“产出”的变化。在领导过程中，领导者和被领导者始终处在一种相互作用的过程之中。

再者，任何一种领导行为都是在特定的环境下发生的，这种环境可能是一种客观的物质环境，也可能是一种人文环境或文化环境。因此领导行为常常要根据不同的环境而有所变化，以适应环境的要求，这样才能提高领导行为的有效性。

因此，一个领导者的领导效能如何，不是领导者自身这一单方面因素所决定的，领导效能是领导者行为、被领导者行为和环境这三种因素共同作用的结果，有效的领导行为应当随着领导者、被领导者、作用对象的特点和环境的变化而适时改变。即

领导效能 = F（领导者 * 被领导者 * 环境）

上述公式的含义是：第一，领导行为的效果依赖于领导者、被领导者和环境这三种因素相互作用的结果，而不是领导者个人行为的结果；第二，上述三种因素之间存在着内在联系，有效的领导行为取决于领导者如何正确地认识、评价和处理这些关系，如何从实际出发，选择适宜的领导行为方式，积极调动组织成员的积极性，以提高领导者行为的有效性。

上述领导效能公式的提出表明了研究工作者开始探询“有效管理”、“有效组织”、“高效组织”等的问题。有管理无领导，等于没有方向，无法达成组织目标，有领导而无效力或效力低下同样也不利于组织目标的达成。于是人们在强调管理规范的同时，要求要有正确的领导；在确保正确领导的时候，则开始追求管理和领导的有效性和高效性。从对公式“领导效能 = F（领导者 * 被领导者 * 环境）”的意涵看，人们开始关注“领导者”、“被领导者”、“环境”以及它们之间的关系在领导效能中所起的作用，并在追求高效组织的过程中，开始关注“领导者”的范围，提出领导者的范围不应该是少数人；开始改变对“被领导者”的认识，提出了“追随者”的概念；开始关注领导过程中涉及的主体间（“领导者”与“被领导者”之间、“被领导者”之间）的关系及效应，开始关注情景领导的作用等，这一切都最终让人们将研究的视野聚焦到了一个能将上述的各种角度的关注加以统合的一个崭新的概念上——“领导力”。于是对领导力的研究成为当代领导科学研究的一个新的领域。

三、领导力研究的学术基础

领导力（leadership）一直是国内管理心理和领导科学研究领域关注的焦点之一。近年来，国内有关领导力的研究领域和层面得到较大幅度拓展；研究的方法基础进一步提升；研究的过程和成果也日益与管理实践相结合。领导力从提出到开始研究直至得到今天的研究结果经历了一定的发展变化过程。在沿着探寻有效管理和高效组织的方向中，最初是把注意力放在了组织管理的变革上，当时的重心侧重于想通过严格和规范的管理，以及变革组织结构形态，比如追求组织的扁平化，即改变过去科层制组织模式中纵向一体化的职能结构，通过破除传统组织自上而下的垂直高耸的结构，减少管理层次，增加管理幅度，裁减冗员来建立一种紧凑的横向组织，即扁平化组织，达到使组织变得灵活、敏捷，富有柔性、创造性的目的。它强调系统、管理层次的简化、管理幅度的增加与分权。应该说这些研究与实践在一定程度上比较好地改善了组织的管理状态，但仍然达不到理想的状态。人们开始把关注点转到了管理与领导的关系上，认为组织必须在有效的领导的统领下方能产生更有效的管理。于是，对领导研究的专门理论开始从管理科学中分离出来，朝着有效领导和领导力提升的方向开始了丰富多彩的研究过程，领导力的概念呼之欲出。

四、领导力的概念界定

正是基于以上关于领导理论的研究，学者们可以从多个角度来解释领导力的概念。

有的学者从领导者所具备的能力方面来界定领导力，美国著名学者詹姆斯·库泽斯、巴里·波斯纳修订的《领导力》第3版内容指出：领导力，是领导者如何激励他人自愿地在组织中做出卓越成就的能力。任真等人认为，“领导力是指鼓舞和引导他人树立并实现共同愿景的能力”。张小娟认为，领导力包括“崇高的人格魅力，精准的预见、判断能力，超强的沟通能力，不息的创新能力和持续的延伸能力”。德鲁克说：“领导能力是把握组织的使命及动员人们围绕这个使命奋斗的一种能力。”

如果非要给领导力下一个定义的话，我更愿意用比较简明的语句把领导力描述成：一种有关前瞻与规划、沟通与协调、真诚与均衡的艺术。没错，21世纪的领导力不仅仅是领导的方法和技能，也不仅仅适用于领导者，它是我们每个人都应该具备或实践的一种优雅而精妙的艺术。（李开复语）

有的学者从领导者与被领导者双方的互动关系来考察领导力内涵。王崇梅等人认为:“传统的领导力，就是领导才能。最新的观点是指获得追随者的能力。”王修和先生也认为，领导力就是实施科学领导的领导者（领导班子群体），运用领导权力影响和非权力影响在实现符合规律的领导实践中，与被领导者共同作用于客观环境并产生相应的物质力量与精神力量的总和。

有学者认为，领导力的实质是影响力，领导力发生作用的过程就是影响力产生的过程。李林等人认为，“领导力的实质就是影响力，任何人都可以使用领导力，只要能成功地影响他人的行为，就可被视为实施了领导力”。“领导力是一种特殊的人际影响力，组织中的每一个人都会去影响他人，也要接受他人的影响，因此，每个员工都具有潜在的和现实的领导力。”影响别人行为的行为谓之“领导”，影响别人行为的能力谓之“领导力”。“领导力”的本质是一种人际关系、一种影响力。

有学者从领导学自身概念范畴出发，认为领导力是综合多种因素而产生的合力。黄颖指出，“领导力是指由领导职能、领导体制、领导素质等多种因素综合作用而产生的合力，是内生于领导场并作用于领导资源配置过程的力量，是领导主体用以应对来自领导客体和领导环境带来的挑战，并引导推动一个群体、组织或社会实现共同目标的核心力量”。童中贤从领导力产生的领导场及其作用于领导资源配置过程的角度来界定领导力内涵，认为领导力是一种内生于领导场并作用于领导资源配置过程的力量，它是由多种相互关联的力量构成的一个力的集合。

显然，对于领导力的界定有很多，基于上述不同的阐释，鉴于本书的立场，我们把领导力概念界定为：某一个体（团体）借由有效的激励、沟通的过程进行人际互动，相互影响从而带动一组个体（团体）追随实现某一个目标的过程中所诞生的效力。其基本内涵有：

1. 对象的多元性，即领导力的对象不限于基于职位的领导者本身。这是一种特殊的人际影响力，组织中的每一个人都会在共同目标下去影响他人，也要接受他人的影响，因此每个员工都具有潜在的和现实的领导力，都可以成为领导他人的人。并不是只有领导才能拥有领导力。领导力是人的发展的核心内容。

2. 既关注领导者“能力”素养的角度，更重视目标实现过程中相互作用的“影响力”，即相互促进、推动人们朝向目标行动的效力，能力关注的是条件，而影响力则强调了作用的过程及效果。

3. 从“职位领导”拓展到了“自然领导”。组织中发生的领导过程

（活动）既有可能是先有领导者，再有领导；也有可能是先有领导，再有领导者。前者是职位领导的典型领导模式，后者是自然领导的典型领导模式。

4. 既谈个体领导力，也重视团队领导力。一个组织的领导力是由个体领导力和团队领导力组成的。而个体领导力是基础。

5. 不与以权力为基础的威权地位画等号，它更是一种以信念、共同价值观认同、明确的目标和结果的认同和意志导向为追随的平等参与的合力。

6. 与组织的目标追求密切相关，对组织领导效力的无限追求。

第二节　学校领导力的内涵

一、学校领导力提出的背景

（一）企业界对于领导力研究的重视

关于领导力的研究和阐述，首先源自经济管理领域。大量的书籍和文献显示，经济管理领域里领导力的研究已经很系统、很成熟。本世纪以来，领导与领导力的概念逐渐从国外和企业管理范畴引入到我国教育领域。此外，学校办学环境的日益开放，也给学校领导与管理带来新挑战，如何加强学校领导力的建设，成为当今教育界关注的一个热点。我国教育界对教育领导的关注首先从课程领导和校长的领导力等方面开始，现逐渐拓展到更大的研究范畴。自泰罗创立科学管理理论以来，企业界似乎始终是管理理论的摇篮。而教育管理理论只不过是把企业管理理论拿来，根据教育组织的特点做一些修改而已……萨乔万尼的道德领导理论却试图打破教育管理追随企业管理亦步亦趋的定式，努力探寻真正适合于学校组织的领导理论。

这一比较中肯的评判既反映了教育界研究者对于教育管理理论如此尴尬无奈境地的自嘲以及试图摆脱这种境地的努力，同时却也再次强调了这个无法回避的现实，领导力理论的发展也经历了这一过程。在企业界发起了对领导力的重视和研究兴趣之后，教育和学校领域很快有了一些回应。

（二）教育实践方面的探索

20 世纪六七十年代，学校的改革主要集中在改善教学方法、课程设计、教学设备及资源投入方面，尤其是发达国家，多是这样的取向，但不幸的是，这些改革的成果并不显著。例如在美国，即便已经投注很多心血在教学革新和学校设备改革上，但学生的学习表现和成果似乎没有显著改善。20 世纪 80 年代，随着组织和管理科学的进步及商业、工业管理发展的成功，人们开始相信，如果想要加强教育质量，就必须把焦点从教室层面转到组织层面，并改善学校的系统与管理。学校领导的议题越来越受到教育学者、研究者和政策制定者的关注。人们越来越关注学校的发展策略和取向，重视学校文化体系的构建，重视校本管理和家长与社区的参与，追求高品质的学校教育，这些都与领导息息相关。

伦敦大学教育学院院长乔夫·维提指出学校领导力可能以一种分散的形式存在，学校领导力是一个新兴的研究与实践领域。目前，许多有关领导和管理的文献是关于商业和贸易领域的，其中有些与教育相关的内容需要谨慎对待。我们应该从教育的角度去重新认识有关领导力的问题。在教育领域，传统的自上而下的领导模式正在被新的途径所取代。学习型社会需要更多合作，学习型社会将要求分布式的领导力。领导力可能以一种分散的形式存在，与学校密切相关的人都可能具有领导力，因此应该吸引学生、家长、社区参与学校管理。学校领导者不妨用一种乌托邦式的美好想象去激发教职员工和学生的积极性，因为教育本身就是一种充满朝气和希望的工作，必须让身处其中的人看到这种希望。

二、学校领导力的内涵

学校领导力是指学校组织成员在学校发展愿景和目标的引领下，借由有效的激励、沟通的过程进行人际互动，相互影响从而动员和引导组织成员追随实现学校办学理念和教育思想，促进学校组织变革与发展的过程中所诞生的效力，这种效力包括组织及其成员的能力与由此而带来的影响力。其基本内涵有：

1. 学校领导力对象不限于校长等学校领导者本身。这是一种特殊的人际影响力，学校中的每一个人都会在学校共同价值观和愿景目标下去影响他人，也要接受他人的影响，因此每个教职员工都具有潜在的和现实的领导力，都可以成为领导他人的人。并不是只有校长或其他学校领导才能拥有领导力。领导力是人的发展的核心内容。学校领导力按不同的维度可以有多种分类，以学校领导力表现的主体为维度可分为校长、学校行政人员、教师和学生等方面的领导力；根据学校领导力影响的范围可以分为：校级管理层面、中层部门、教研组、年级组、班级和其他学生团体等方面的领导力。因此应该吸引学生、家长、社区参与学校管理。

2. 学校领导力是一种通过人际的影响而产生的双向的影响力，反映了领导者与追随者之间具有影响性的相互关系，是在学校这个组织中，人与人之间应该建立很强的信任关系，是一种双向的、相互的、建立在参与和民主基础上的关系。学校中的每一个人都会去影响他人，也要接受他人的影响，因此每个教职员工都具有潜在的和现实的领导力。既关注学校各级领导者及其成员"能力"素养的角度，更重视学校目标实现过程中学校成员之间相互作用的"影响力"，即相互促进、推动学校成员朝向目标努力行动的效力，能力关注的是行动的条件，而影响力则强调了行为作用的过程及效果。如果领导者的影响力不能引起被领导者思想上的触动，从而导致行动上的变化，那么这种影响力就不是领导力。作为动词的"领导"，它是指挥和影响个人、群体和组织，在一定条件下达到某种目标的行动过程。作为名词的"领导"，它指实施这个过程的人，说的是领导者。领导活动是领导者发出信息，被领导者响应并行动，这个过程不可能一次就完成。由于社会实践的复杂性和不确定性，许多新的问题会不断出现，准确地捕捉来自实践的新信息，并提炼成决策信息，再形成领导行为，这是一个无止境的过程。由于这种信息从被领导者的实践中来，于是形成了领导活动的"回路"，它是双向的、互动的和良性的。说它是双向的，是因为只有领导信息发出去，再反馈过来，领导活动才有了完整的意义。说它是互动的，是因为必须领而导之，"领"是因，"导"是果，而"导"又会产生新的实践、新的因，必须由因产生新的"领"，进而产生新的"导"。说它是良性的，是因为这种活动带来了领导者和被领导者的双向激励，领导者在被领导者那里体现出了自己的价值，被领导者在领导者那里获得了改变现状的指导力量，从而有了实践的冲动。领导者要不断向实践学习，向被领导者学习，只有这样，才能胜任领导工作。

3. 学校中领导力的发生过程（活动）有两种模式，一是先有领导者，再有领导，即在校长等学校领导的领导作用之下发生领导影响，这被称之为职位领导；另一种模式是先有领导，再有领导者，即教师在一个共同接纳的愿景作用下，推动学校成员的共同行为，其领导者可能是非领导职务的教职员工中的个体或团队的力量，这被称之为自然领导。只有两种模式都能发生效应，并且相互促进，使影响力得到传递和扩散，使基于领导者个体的影响力得以扩散，影响更多的人，从而形成整体一致的团队执行力的时候学校的领导力才是最理想的。学校领导力大小是以被领导者的能力来衡量的。从这个意义上说，领导力是一种唤起民众的力量，领导力的大小，就是看唤起的那种力量的大小，看这种力量带来了什么样的社会效应。毛泽东同志的巨大影响力在于他带领的党和人民武装力量对旧中国的改造，他依靠的是一个党和军队组织扩散自己的领导力。邓小平同志的巨大影响力在于他带领中国人民坚定不移地走中国特色社会主义道路，他依靠的是一个制度。古今中外，无论是政治家，还是军事家、企业家，要想获得成功，无一不是靠一个团队、一个组织去扩大自己的影响力。因此，领导力要得到真正体现和扩大，就必须打造一个能很好地执行领导者意图的团队。电视剧《亮剑》里的主人翁李云龙有一种精神，就是逢敌必亮剑。他的这种精神，通过他所在的新一团和后来的独立团得到放大和扩散，把一个冬天没有御寒的衣服、武器装备也比敌人差很多、单兵作战能力也不如敌人的部队打造成了一个让敌人闻风丧胆的钢铁团队。李云龙和他所带领的团队威震八方的原因，就是李云龙有一个能战斗的队伍，能执行自己意志的团队。当李云龙在被服厂当厂长的时候，他的作用就没有那么大了，不是李云龙能力降低了，而是李云龙没有了实现自己能力、执行自己意志的团队。所以，打造执行力团队、开发团队执行力是领导者的最基本能力，而怎样开发团队的执行力就成了现代领导者必须关注的问题。

4. 学校的领导力是由个体领导力和团队领导力组成的，以分布的形式涵盖于学校全领域，有人把它形象地称为“学校领导流”，而个体领导力是基础。能力建设的核心是伴随凝聚力和信任感而产生的分布式领导，分布式领导是在试图突破“正统”的领导研究思路和基于领导者角色的研究取向中出现的新的学校领导思想。20世纪90年代中期以后，社会变迁速度明显加快，组织怎样才能适应迅速变化的社会成为人们思考的问题。强调持续学习能力的学习型组织概念被普遍接纳，而学习型组织所强调的能力很显然不仅需要一个高效的领导者，更需要“发展集体的智商”。校长的第一要务并不是直接改进课堂教学和学生的表现，而是树立目的、培育文化、发展具有共享价值观的学习共同体，然后通过分布于组织中各个工作团队的领导“流”，来改进课堂教学和学生的表现。从这个视角来说，领导力存在于学校内许多角色和职位中，内含在其中的是教师的领导力实践，或非正式领导者的实践。许多研究都只重视校长的正规领导力，忽视其他水平或从其他视角上看领导力。这往往会导致“校长筋疲力尽，学校举步维艰”的状况出现。因此，校长如何挖掘和培养学校内其他人的领导力，如何成为“领导者的领导者”，也是校长领导力的重要组成部分。

5. 学校领导力的概念不与以权力为基础的威权地位画等号，它更是一种以学校的共同信念、共同价值观认同、明确的学校办学目标和结果的认同和意志导向为追随的平等参与的合力，是一种推动学校发展的力量，从学校现在所处的位置到学校想要达到的位置，带领学校去变革。这种力量与组织的目标追求密切相关。我们认为与组织的目标追求相一致的影响力是正向影响力。学校领导力一定是正向的影响力，因为不是所有的影响力都构成领导力。事实告诉我们，那种违反人们价值取向、违背历史发展方向的，为少数人或一己私利不惜损害多数人或他人利益的影响力，如自私、贪婪、损人利己、滥用权力、贪污腐败等行为，也会对人们产生影响力。但是，这种影响力不仅形不成领导力，而且还会遭到大家的唾弃和鄙视。只有那种为大家着想，代表学校发展趋势，符合多数人利益取向，能推动学校发展并身体力行、廉洁自律、克己奉公的行为，才能产生积极的正面的影响力，才能形成领导力，才能赢得响应者和追随者的尊重和爱戴。因此，从这个意义上说，领导力就是正影响力。

总之，学校领导力是一个具有丰富内涵的概念，它不是固定不变的，必然随着时代条件的变化而变化，随着社会的进步与发展和学校的改革而具有新的内涵。因此，对于学校领导力的内涵的探索也是无止境的。

第三节　学校领导力的结构模型

从不同角度观察会有不同的学校领导力的结构模型。我们将从学校领导力的主体、学校领导力的行为内容和学校文化的角度来阐述学校领导力的结构模型，呈现为学校领导力的主体模型、学校领导力的行为模型和学校领导力的文化模型。

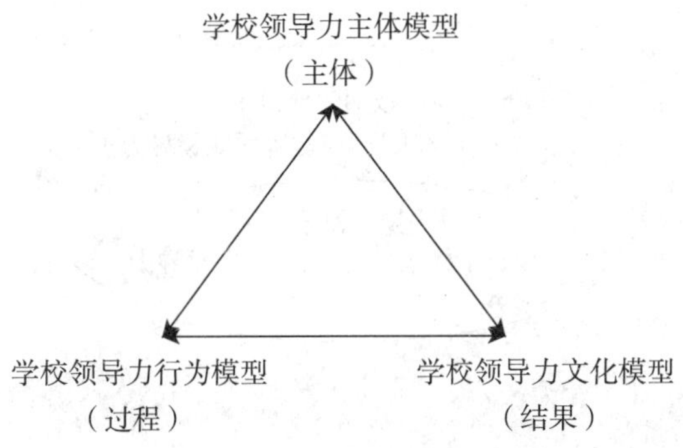

(一) 学校领导力的主体模型

从领导力作用方的类型及其性质来看，学校领导力存在着一个主体模型，即主要由学校校长、教师、学生所组成的个体或团体为主体的学校领导力的主体模型。学校的领导力，不是这个模型中的组成要素之间的简单相加，而是个体的内部、各个体之间、个体与团体之间形成一个有机的整体，彼此相依，缺一不可。学校作为一个具有特殊性的组织，它不同于企业组织。学校组织人员的每一个群体都应该或可能是领导者，他们从不同层面、不同领域影响着学校组织的变革与发展。因此，从领导力的作用主体考察，领导力可以分为校长领导力、教师领导力、学生领导力。每一部分都由个体领导力与团队领导力构成。然而校长领导力、教师领导力和学生领导力对学校组织的影响具有显著的差异性，它们之间的关系可以用“洋葱模型”来描述：校长领导力是学校领导力的核心要素，校长领导力是否形成以及形成后的状态直接制约教师领导力与学生领导力的形成，决定了整个学校领导力的状态，它对学校组织的变革与发展具有直接而强大的作用，而且它会通过组织要素的变革对教师团队、学生团队的领导力产生影响。因此，它处于领导力作用主体的最内层；教师领导力是学校领导力的基本要素，它对学校组织的变革与发展具有持久而广泛的影响，处于领导力作用主体的中间层；学生领导力更多地处于培养与发展阶段，它是学校领导力的一个构成要素，同样会影响和制约学校组织变革与发展的状况，它处于领导力作用主体的最外层。这三者在学校的总体价值观和发展目标的统领下，彼此一致，心往一处想，劲往一处使，互相联结，构成学校领导力作用主体的全部。(如下图)

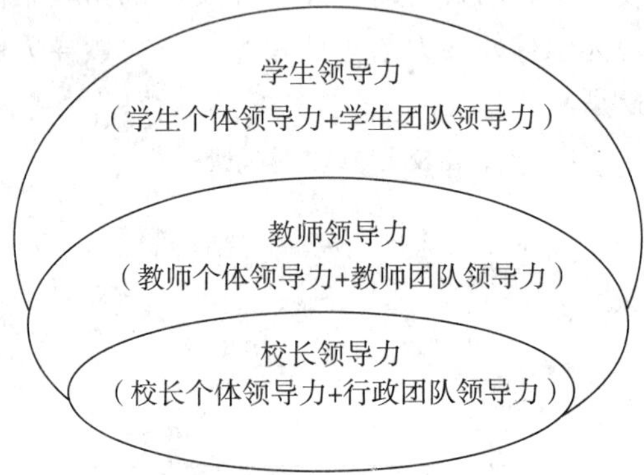

首先，这个有机整体的基本单位是个体领导力。即学校校长、教师、学生所组成的个体的领导力，它是学校领导力的基础，个体领导力由自我领导力与他人领导力组成。

美国管理学家詹姆斯·库泽斯认为，每个人首先是自己的领导者，然后再通过自我去领导他人。正因为每个人都是自己的领导者，每一个人都希望自己是一个有目的有价值生活的人，然后发现自己、解放自己、提升自己，使自己成为真正的领导者。领导者不止是领导自己的人，更不只是存在于个人身上。领导力是有层次的，是需要不断突破、不断提升的。因此，根据詹姆斯·库泽斯的观点，我们认为个体领导力由两部分组成，一是自我领导力，即人们为了自我指导与自我激励而进行的自我影响过程。二是他人领导力，即对他人的引领、关怀等方面的影响力。前者是后者的基础和前提，后者的诞生其个体领导力才得以全部发掘。然而，作为学校领导力的大概念下的学校个体领导力，是有特定含义的，即在统一的学校愿景和目标下生发出来的，而不是各自为政的领导力，是在充分理解、接纳、认同、遵循和履行学校愿景和目标的前提下，学校的所有个体成员进行自我指导与自我激励的自我影响并对他人进行引领、关怀等方面的影响过程，表现在校长、教师和学生的个体身上，出现校长个体领导力、教师个体领导力和学生个体领导力。

因此，学校领导力建设必须加强学校成员个体领导力的建设，首先是发挥学校成员个体的自我领导力，使成员在自我发展的行为决策上更能自觉地服从和服务于学校的共同价值观和整体发展方向，具有较强的自控、自治能力和自组织能力，与学校保持一致，自我效能好，创新力强，业绩水平高，更富有奉献精神。其次是要发挥好学校成员个体的他人领导力，让他们在领导好自己的同时，能有效地帮助同伴、引领同伴、关怀同伴，相互帮助协调，共同维护和践行学校的价值观和学校发展目标，具有团队合作精神，从而使个体的领导力得到最大限度的发掘。

其次，学校领导力的另一个基本单位是团队领导力，所谓团队，是由少数有互补技能，愿意为了共同的目的、业绩目标和方法而相互承担责任的人们组成的群体。① 这样的团队所具有的领导力就是团队领导力，集中表现为对学校办学思想的理解、贯彻、执行以及反馈的能力。在学校，校长、教师和学生中形成的团队领导力，包括行政团队领导力、教师团队领

---

① ［美］乔恩·R·卡曾巴赫等：《团队的智慧——创建绩优组织》，43页，侯玲译，北京，经济科学出版社，1999。

导力和学生团队影响力。在这当中，可能存在专业团队，即由从事专业活动人们组成的团队，比如学校领导班子或中层队伍、教研组、课题组、学生技能小组或竞赛小组等。同样，这里的团队领导力也有其规定性，即在统一的学校愿景和目标下生发出来的，团队成员在充分认清、理解、接纳、认同、遵循和履行学校愿景和目标的前提下，相互之间团结互助、分工协作，互相倾听、互相认同，积极参与、无私奉献。学校需要在重视学校个体领导力建设的同时，大力加强对各种专业团队，特别是高绩效团队领导力的建设，斯蒂芬·P·罗宾斯在其《管理学》中首先提出了高绩效团队的概念，它认为发展目标清晰、完成任务前后对比效果显著增加，团队成员在有效的领导下相互信任、沟通良好、具有共同的行为方式和以互补技能进行有效合作，是构成高绩效团队的基本条件。它一方面通过组织结构的扁平化实现成员间的信息沟通，优化系统结构，提升系统功能；另一方面，通过成员间的技能互补，减少系统冗余，提升系统效能，从而更好地实现其目标。因此，领导力是高绩效团队管理的基础。领导者的基本任务是建立一个高度自觉的、高产出的工作团队，领导者们要建立沟通之桥，领导者是通过其所领导的员工的努力而成功的。随着企业高绩效团队管理理念在学校中的推广和应用，人们越来越意识到，现代学校各级部门的管理，尤其是领导力，对于教师的专业发展和团队整体的竞争力产生着直接而深远的影响。高绩效的教师团队可以使团队成员自觉地去努力工作，使团队里每位教师的技能发挥到极限，充分调动起每位教师的工作积极性和创造性，实现教师业务素质的提升和团队发展的既定目标。教师团队领导力的关键要看领导者能否优化教师专业成长的集体环境，为教师专业发展提供有利条件，营造学术氛围，排除教师专业发展的种种障碍，做教师发展的领路人。

（二）学校领导力的行为模型

学校领导力实际上是上述众多主体及主体间一系列的行为过程及其效力，根据主体行为的内容以及行为作用的对象、领域，可以将学校领导力划分为很多领导力，从学校的日常行为以及核心工作来看，我们可以主要分为行政领导力、教学领导力和课程领导力三大领导力。前者为组织行为力，后两者为专业行为力。在学校众多的行为领导力中，这三个领导力所形成的结构模型支撑着学校整体系统的运转，是最核心的学校领导力。其中行政领导力是另外两个领导力的基础，为它们服务；课程领导力与教学领导力是学校办学价值追求的实现保证，是行政领导力必须重点加以确保实现的两个重要方面。

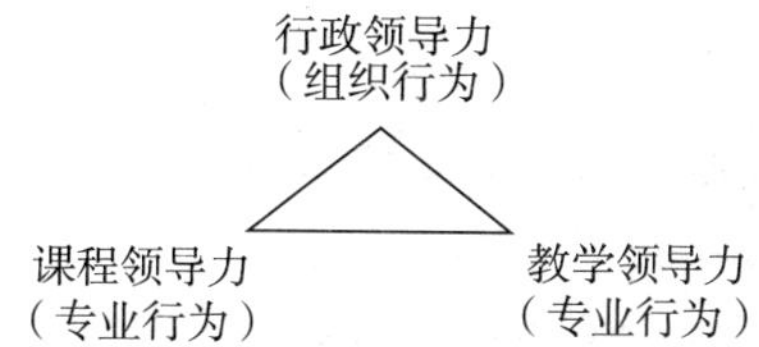

所谓行政领导力，是指在学校行政活动领域中的学校领导力，即在学校行政活动领域中，学校组织成员在学校发展愿景和目标的引领下，在行政活动过程中借由有效的激励、沟通的过程进行人际互动，相互影响从而动员和引导组织成员追随实现学校办学理念和教育思想，完成行政活动的目标的过程中所诞生的效力。具体表现为目标整合力、组织协调力、人心凝聚力、行政执行力等多方面。目标整合力是指行政领导在组织制度化、标准化、流程化、结构化的基础上对行政思想情感、领导资源以及领导目标进行综合治理、综合利用的行为过程及效力；组织协调力是行政领导协调平衡各组织、人员的关系，配置各种资源的行为过程及效力；人心凝聚力是组织中的成员对行政领导的充分信赖并积极参加行政领导组织的活动的吸引力。表现为组织成员间的相互关系和组织与行政领导者的关系，反映了相互之间的信任、理解、支持与依赖。从根本上说，其实质就是对行政领导的充分信赖，是行政领导力的原动力；行政执行力就是把组织的思路、战略、决策、规划与部署高效地付诸实施、完成预定目标的行为过程及其效力。

所谓课程领导力，是在课程活动领域内，课程领导者与所属成员共同探究课程问题的互动与合作过程中，在学校发展愿景和目标的引领下，指引、统领课程改革、课程开发、课程实验和课程评价等活动，用领导的理论、方法与策略来完成课程范畴内的任务，以顺利推进课程设计、课程实施、课程评价等一系列行为过程及其效力。包含以下的含义：（1）一个团体，而非个别的领导者如校长，且组织内的每一个成员都有成为领导者的潜能和权利。（2）团体内的所有成员一起学习、一起合作地建构意义和知识。（3）领导可以促使建设性转变的学习，学习具有共同的目的。（4）通过成员间的交谈，价值观、信念、信息和假设表面化一起研究和产生意念，在共同信念和信息的情景下，反思工作并给工作赋予意义，促进有助于工作的行动。（5）要求权利和权威的再分配，共同承担责任或共享学习。① 课程是教育的核心，因而课程领导力在学校行为领导力模型中具有

① 徐君：《从课程管理到课程领导课程发展的必由之路》，载《课程·教材·教法》，2005（6）。

举足轻重的作用。

所谓教学领导力，是教学活动主体在学校发展愿景和目标的引领下，对教学活动施加影响以使教学活动有效运转进而取得预期目标的行为过程及其效力。教学是学校实现教育目的的最基本途径，是学校的中心工作，因此，学校领导力在很多时候会更多地集中表现在教学领导力上，它能充分地体现学校领导力的品质和效果。因为“领导教学是一项集体工作”①，所以，教学领导力的主体也是多元的。教学活动的主体包括教学活动的管理主体与实施主体。教学活动的管理主体，包括教学活动的各级行政部门、机构及其相关领导者、学校校长、教务长、教研组长等。教学活动的实施主体即教学活动的直接实施者，主要是教师。教学领导力的主体不同，主体间领导力的范围与层次也有所不同，教学领导力也因此呈现出不同层次。根据教学领导实施范围及影响，我们一般把普通中小学校的教学领导力划分为如下四个层级，即校长教学领导力、教导主任教学领导力、教研组长教学领导力、教师教学领导力。校长教学领导力主要是在学校层面上展开的。校长教学领导力依次表现为对教导主任、教研组长、教师乃至学生的直接领导。苏霍姆林斯基说：“校长靠科学来领导教学，就可以成为教育工程师。这种科学领导，能使全体教师团结一致，发挥力量；能真正地把小学、初中、高中各个阶段的教学活动衔接起来。”②校长对教学的科学领导主要体现在对全校的教学制度、教学质量、教学问题、教学监督等进行宏观领导。当然，这种宏观的、科学的领导是建立在对教学实践的深入了解和把握的基础之上的。

教导主任的教学领导力也是在学校层面上展开的，但它属于中观层面的教学领导力，具有双重性质，一方面执行校长领导，另一方面创造性地领导全校教师的教学工作。苏霍姆林斯基说：“在领导教学工作中，校长和教导主任的力量会结合起来。对技能和知识的分析，对学生掌握技能和知识的时间上的分配，以及对它们的相互关系的确定，——教学领导中的所有这些问题，只有通过分析许多堂课和学生的书面作业，通过对比多年工作的结果，才能得到解决。在这里，校长和教导主任的职责是不能截然

---

① ［俄］苏霍姆林斯基著，赵玮等译：《和青年校长的谈话》，《苏霍姆林斯基选集》第4卷，811页，北京，教育科学出版社，2001。

② 同上书，810页。

分开的。"① 可见，教导主任与校长在教学领导方式上具有非常强的相似性。这种领导同样要根植于教学实践，苏霍姆林斯基说："校长和教导主任指导学生的脑力劳动，这首先就是经常听课、观察课和分析课。"② 校长和教导主任虽然也会置身于教堂之中，但他们是课堂教学的观察者、旁观者，而不是课堂教学的直接参与者与直接实施者，因此，他们对教学活动的领导仍然主要是通过课堂教学之外的指导、规范等方式来达到的。

教研组长的教学领导力主要是针对本学科、本教研组内教师的教学工作展开的，主要通过制订教学计划，组织集体备课、教学研讨，协调教学进程等活动来实现。教研组长的教学领导力介于中观与微观教学领导力之间，相对于直接的课堂教学中面对学生的教学领导，这种教学领导也主要是间接达成的。

教师的教学领导力属于微观的教学领导力，但也是最具体、最直接、最重要的教学领导力，体现在教师的课堂教学活动中，体现在师生互动中，教师通过对学生个体和群体的领导，形成教学吸引力、教学凝聚力、教学影响力从而达到学生学业水平提高，提升教学质量的目的。教学质量主要通过教师教学领导来实现。其他几种教学领导力都要通过教学质量来体现，它们的存在最终要落实到课堂教学中教师的领导力上，它们作用的发挥都是为了教师教学领导力的形成与提升从而达到教学质量的提升。因此，研究教师的教学领导力具有重要的现实意义。③

（三）学校领导力的文化模型

文化指的是人类在社会历史实践过程中所创造的物质财富与精神财富的总和。组织文化是指在传统文化影响下，在组织和成员及组织成员之间相互作用中产生的精神和行为的共享系统。它通过一系列象征性的事物和行为，如惯例、事迹、仪式，来表达组织成员共同的价值观、信仰和行为方式，从而形成组织的整体性。学校文化是指以中小学校园为地理环境圈，以社会文化为背景，以学校管理者和全体师生员工组成的校园人为主体在长期的学校教育、学习、生活、管理过程中积淀出来和创造出来的，并为主体成员所认同和遵循的价值观念体系、行为规范准则和物化环境风貌的一种整合和结晶，表现为学校的"综合个性"，它影响和制约着主体成员的发展。

---

① ［俄］苏霍姆林斯基著，赵玮等译：《和青年校长的谈话》，《苏霍姆林斯基选集》第 4 卷，810 页，北京，教育科学出版社，2001。

② 同上书，811 页。

③ 李冲锋：《教师教学领导力的开发》，载《当代教育科学》，2009（24）。

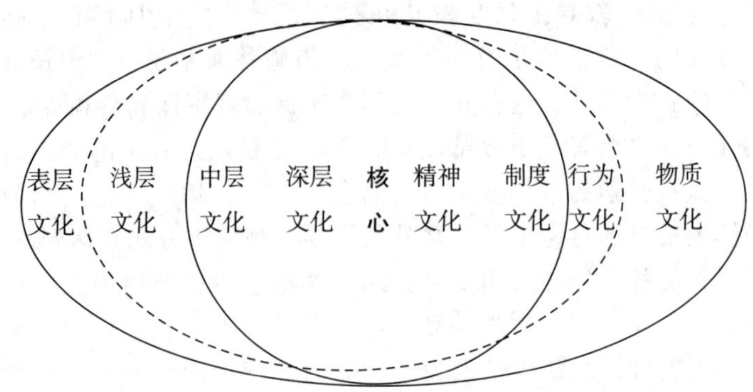

学校文化是校园人活动的结果，而人活动的结果最终表现为校园人的发展。从这个意义上说，学校文化实际上是学校领导力的一种表现形态，学校文化的最高价值就在于促进校园人的发展。可以说这就是学校文化的本质，也是学校领导力的最终追求。因此，可以说，学校领导力最终结果必然是一学校文化模型以及这一特定模型所呈现出来的文化力。学校领导力的文化模型包括师生的价值观、精神境界和精神风貌、思维方式和行为准则、教风与学风、学校的传统与习惯、学生社团、各类文化设施及文化活动、学校的网络、广播、报刊以及学校的环境布局、绿化美化等诸多方面，是一个由校貌、校规、校魂组成的多层面的复合体，具有完整的体系。这个体系既是动态的也是静态的，各因素、各环节之间相互沟通联系、相互牵扯制约、相互辅助发展，从而构成一个相对稳定和完整的内在生存机制和活动定式，以它潜在的、独具特色的方式熏陶、感染、影响着校园人的思想观念和行为方式，表现为一种学校文化力的形态发挥着学校领导作用，表现为学校文化对学校群体所有成员所产生的认知力、导向力、凝聚力、整合力、推动力、约束力，以及对社会公众所产生的识别力、辐射力、感染力甚至征服力。

"学校文化"不等同于"学校文化力"。学校文化意谓以师生价值观为核心以及承载这些价值观的流动形式和物质形态，主要表现为学校群体所共同具有的思想观念、价值取向及其行为方式。学校文化力则是学校文化所产生的"能量"，学校文化力是学校文化在校内外的力量体现。一所学校，即便是拥有良好的文化元素，也并不等于它就一定拥有良好的文化力。只有当形成了学校领导力，学校成员能创造性地、有效地运作学校文化元素，使学校形成了良好的文化力之后，才能够促进学校文化品位的提升和战略目标的达成。

第四节　学校管理主体的成长

学校发展方式的改变，综合渗透着个体的教育理念、管理理念、思想方式等方面的改变，综合渗透着学校管理群体和学校发展的整体状态，并同时以其自身的独特，滋养着学校管理个体的成长、团队的发展，改变着学校管理主体之间的关系和生存状态，提升学校管理主体的学校行为方式与学校生活品质。同时，也就影响着学校领导力的状态。

（一）改变学校成员的角色状态

学校成员的角色状态直接影响到每一个成员在学校的工作状态及其业绩，最终影响到学校的效能。以往，学校成员对自己作为学校主体、作为学校主人的角色认同度很低。长期以来，在人们的思想中，大多把自己当作是学校的“打工仔”，缺乏领导力，认为领导只是少数身居高位的人所有，学校是校长的，是学校领导的，自己是被领导的下属，校长掌控一切，主宰学校的命运。因此，这样的角色状态就是：习惯于听候命令，被动地执行工作任务，主动性、积极性和创造性都处在一个比较低的水平，相互之间比较松散，因为缺少一个能让大家共同认同和归属的价值理念和发展目标，缺乏主人翁意识，缺少积极进取的人生态度，自我效能感低。多数学校成员都把自己置身于一种客体位置，甚至于连校长本身也在不同程度上存在着上述感觉。因此，这样的角色状态让校长在办学上处于一个很费力的尴尬局面，似乎是孤军奋战，缺乏广泛的响应者和追随者，力不能及。校长们想尽了一切办法，想通过调动教师积极性来改变员工的角色状态，但总不尽如人意。最多是一种“一头狮子带领下的一群羊”的状态。

学校领导力理论的出现，为广大学校提供了一个改变员工角色状态的新途径，使学校组织出现一种“一群积极主动团结合作的狮子”的状态，其组织效能是过去所无法比拟的。

首先，学校领导力的理论认为，每个教职员工都具有潜在的和现实的领导力，都可以成为领导他人的人，每个教职工都应该而且可以成为学校的主人。并不是只有校长或其他学校领导才能拥有领导力。学校领导力按不同的维度可以有多种分类，以学校领导力表现的主体为维度可分为校长、学校行政人员、教师和学生等方面的领导力。大家都可以在自己的位置上发挥领导力，自觉主动地履行学校主体角色的义务和职责。跟过去相比，这种角色的变化较大的地方就体现在学校每一个成员个体领导力的形成并发挥作用上。首先表现的是学校成员具有的自我领导力，即学校成员在学校总体的价值理念和发展目标指引下，能够形成一种积极进取的人生观，能够自我指导与自我激励，往往具有较强的自控和自治能力，因而在决策和行为表现方面体现出较高水平的独立性、自主性和创造性，通过提高自我效能感来提高绩效水平。其次是学校成员的他人领导力，即自觉以学校的发展目标管理好自己的同时，还能主动地去帮助和配合其他同事，以良好的合作精神和奉献精神与他人一道共同努力工作，高效能地完成工作任务，达成组织的目的。

其次，学校领导力理论提倡的主体角色不是一种各自为政的主体，不是一种松散的主体，而是一个基于共同的学校价值观、学校共同愿景下的共同体背景下的主体。他们抱有一个共同或近乎共同的目标和信奉，愿意为之而努力奋斗。不是一种听命状态，而是一种主动的自愿的乐意为之的状态。

（二）变革学校领导的传统模式

与学校领导的传统模式相比，学校领导力理论的应用将会使学校的领导模式发生根本性的变革，主要有以下几方面的趋势：

1. 从强权领导到分布领导

行为论的研究重点在于领导者应该做什么；而权变论的研究重点在于探讨有效的领导方式，两者都建立在“领导者—被领导者”这个二元结构之上，它们将领导者如何影响员工，如何使这一影响更为有效置于核心地位，而把被领导者自身潜能的释放，潜在领导者的培养等许多重要问题都排除在外。有人将这样的领导模式称为强权领导。

而学校领导力理论的研究不是把被领导者当作是工具式的，它将积极释放下属的能力置于首位。过去我们往往把重心放在如何塑造拥有追随者的领导者的魅力与能力上，而后者则着眼于如何使下属成为真正的主体，成为自我领导者，把领导力分散到每一个人身上，实现分布式的领导。传统的领导理论对人的理解是工具式的，故比较多地研究和思考如何使用和控制工具，权力集中。而分布式的领导对人的理解更多的是价值性的，更多的是以价值的引领和共享来发掘大家的潜能。

2. 从领导他人到自我领导

过去的对领导的理解都是侧重于对他人的领导，认为领导只是影响他人去实现一个群体目标的过程。而学校领导力理论则要把自我领导纳入到领导的范畴里，并作为一个非常重要的组成部分。从领导他人到自我领导的转变，是领导理论与实践的一个重大的突破。自我领导塑造的是这样一种局面：在领导者的作用下，被领导者受到鼓舞而变得生机勃勃，充满创造性，他们有自我领导能力，尽情地发挥聪明才智，并能以明确的目标指导自己的行动，成为有能力的自我领导者。这些自我领导者是以主人翁的姿态去完成任务，使自己的行动与学校的发展保持一致，而不是顺从某一个领导的个人想法。他们成了组织赖以生存的支柱，有了他们，甚至在领导者离开的时候，组织还能正常运转。

3. 从个体领导者到领导群

传统的领导理论侧重于对个体领导者的研究，这里的个体领导者指的就是具有领导职务的人。无论是领导特质理论、行为理论还是权变理论，大多有以个体取向的缺陷。学校领导力理论的提出，为领导群理论的出现做了铺垫：领导并不是某一个特定的个人的特权和专利，而是组织里每一个人具有的能力。学校领导力是指学校组织成员在学校发展愿景和目标的引领下，借由有效的激励、沟通的过程进行人际互动，相互影响从而动员和引导组织成员追随实现学校办学理念和教育思想，促进学校组织变革与发展的过程中所诞生的效力，这种效力包括组织及其成员的能力与由此而带来的影响力。因此，这就意味着这是一个领导群的力量在推动着学校的发展，是从学校的整体层面全面来考察学校领导力，而不是个别领导者或小领导团体的行为。换句话说，对领导行为的探究不能仅仅关注领导者和教师的故事，而应发展一种更加全面的将领导力作为实践的理解。如果单一地只关注一位或多位正式领导者，或者教师领导者，就不可能对学校层面的领导实践提出有价值的见解。这个时候，每一个个体都变成了领导，以分布的形式涵盖于学校全领域，形成一种“学校领导流”，这当中既有职位领导，也有自然领导；既有个体领导，也有团队领导；既有自我领导，也有他人领导。这种“人人皆为领导者”的思想，把领导者从单个人的垄断中解放出来，是领导理论与实践的一大突破。

（三）增强学校组织整体效能

作为一种研究教育管理和学校管理的新视角，学校领导力理论强调赋权、合作、集体参与，是对原有集权、控制、个人主义等传统领导理念的颠覆。它的价值就在于在适宜的条件下，新的领导模式能表现出其对提高学校各方面效能的积极作用，可以使学校总体的领导能力最大化，提高学校领导效能和效率。

首先，学校领导力的形成，可以充分发挥那些在传统领导模式下未开发的学校组织成员的领导潜力。传统领导模式下往往是校长或班子少数人在着急，多数学校成员的潜力得不到充分激发。新型领导模式下，每一个学校成员都成为学校整体领导中的一分子，每一分子都通过自身良好的自我领导能力参与到学校的整体领导过程当中，以一种共同作用的形式发生作用，该作用包括了在教学改革过程中动员和指导其他教师的许多学校个体的活动。由于以高度的教师参与为前提，同时又包括各种各样的专长、技能和才干，它超越了领导力的边界，使很多人参与领导实践是新型领导的重心。它强调分权、合作，它把权力分布于各个组织层面，每个个体都是其领域的领导和专家。

其次，学校领导力理论非常注重从全局角度整合学校的效能。在其三个领导力模型，即学校领导力的主体模型、学校领导力的行为模型和学校领导力的文化模型的关系中就可以很清晰地看出来：通过整合学校领导力的各主体（包括个体和团队），这些主体力量通过行政的过程（行政领导力的作用）把专业的过程（课程领导力与教学领导力）加以协调，最终达成一种学校效能和结果（学校文化模型）。这样一个从整体上去构思学校的思维和实践方式，对于学校效能的最大发挥起到非常重要的作用。它能够把学校的正式组织和非正式组织，行政组织（科层属性）和专业组织（专业属性），个体力量和团队力量都有机地加以统合成为一个整体。

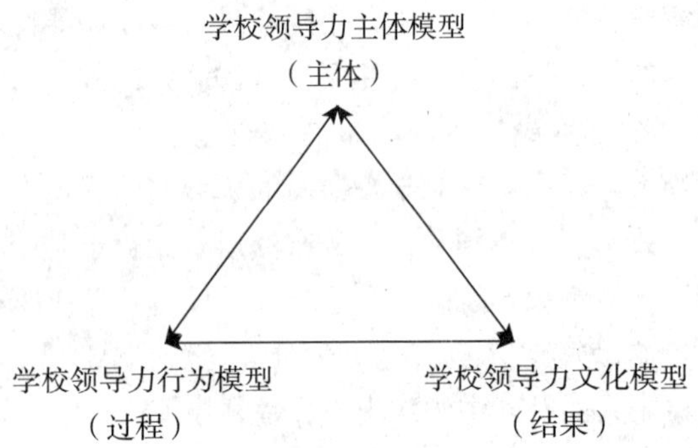

下图是清华大学教育研究院院长史静寰教授所提出来的关于学校科层组织与专业组织之间的协同关系的一个框架图。① 原本泾渭分明的科层组织与专业组织之间，在新的领导模型下完全可以合成为一个整体，从而形成一个学校整体效能。

---

① 陈彬莉、史静寰：《科层与专业组织框架下学校领导力研究——以Y地区为个案》，载《教育学报》，2009（5）。

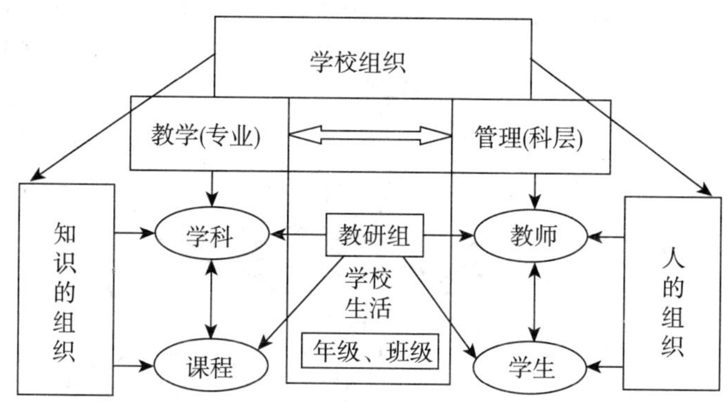

新的领导模式强调的不是由个体对其他人所做的事情，而是一群通力合作的个体反映出来的特征。从这个意义上说，实行新的领导模式，可以让许多人参与到领导实践中，而这些个体也可以对自身和学校所面临的问题了解更多。学校组织的集体能力最终也能提高到一个层次，此时学校能够解决自身的缺陷问题，从而使学校总体的领导能力实现最大化。由于教学的改善需要具有不同专业知识的人们围绕共同的问题一起工作，新型领导模式能使领导行为和领导专长不再集中于某一个人身上，特别是管理者身上，那么让那些具有领导专长的非管理人员都参与实施领导行为，就可以很容易地提高领导效率。另外，分布式领导能够促进学校效能的提高，由于学校中如教研组组长和一些经验丰富的资深教师对教学方面具有相当多的专业知识，将学校领导力向他们分散，就可以充分利用他们的专业知识，从而提高学校领导力的效能，并最终达到学校绩效提高的目标。

（四）改善学校的组织生态

生态，原指生物的生理特性和生活习性以及生物（包括人）与其周围环境的关系，是不同生命相互关联和良性互动的生命体系，它强调个体对生命链条的依赖，如果进行形而上的抽象，它就具有了方法论的意义，也因此被看成是一种世界观，即生态世界观。生态学是研究生物与其周围环境关系的科学，也即是“研究具有生物性的关联的学说”①。生态学强调生物和环境的整体关联和协同进化，它们之间及生物和生物之间是相互依赖、相互作用的。每一种具特定生态位的生物与其相对应的环境构成居一定层次的系统，且这一系统又受制约于更高层次的系统。生态管理是用系统的、全面的、有机统一的生态学理论和思维方法去研究整个管理系统及

① ［德］汉斯·萨可塞：《生态哲学》，北京，东方出版社，1991。

其规律，把整个管理系统视为一个“有机体”，注重这个“有机体”中各个组成部分的“互动性”，偏重于运用生态模拟的方法，建立管理的生态模型。

学校领导力所倡导的新型学校领导模式，可以创造出新型的学校组织文化生态环境和带来组织结构的改善，即相当于发起了一场学校生态管理过程。从生态学的角度看，学校的管理环境就是一种生态系统，学校生态管理是指对一个生态系统的管理，这个系统包括学校赖以生存、发展的外部宏观环境或战略环境，它是学校及其利益相关者构成的集群，是一种复杂的生态系统。这个系统还包括组织内部各组成部分之间的有机联系。组织就像是个有机体，这个有机体会成长发展，甚至像是一个家庭，具有浓厚的感情成分。管理是对一定组织的管理，而“组织”（organization）一词源自“有机体”（organism），其本义为充满活力、有生命之物。根据《牛津现代高级英汉双解词典》的解释，“组织”和“有机体”又都源自“器官的、有机的”（organic）一词，“有机体”（organism）是强调生物、个别的动物或植物的有机统一，而“组织”（organization）则强调的是由人组成的机构、群体，是个有组织的、有生命力的系统，它同样是一个有机的统一体。学校生态管理强调的是平衡、有机、统一、亲和、融洽，即追求管理内部、外部主客体间相互依赖的生态有机性，互促互利的亲和性、生长性和建构性，主客体互换的开放性、动态性和创新性等，其目的则是要建立一种自然、和谐、开放、创造的新型的管理模式。

新型的学校领导模式正是通过一个新的领导布局去重新调节学校组织成员的角色状态以及相互关系，实践着上述“生态管理理念”，使得学校这个“有机体”及其组成要素更有亲和性、融洽性、创造性、自主性、生态有机性，个体成员精神、智能、创造力、亲和力受到最大限度的重视和得到最大限度的强化，以达到全面发展。

首先，这一新的组织生态可以在学校组织成员之间建立彼此信任的平等合作关系。学校领导力理论认为组织内部或组织之间存在着许多领导者，同时领导职责由多位领导者共同承担。经验表明，在管理像学校这种类型的知识密集型组织时，如果不把领导的职责广泛地分散到组织的上上下下，而是单靠那些位于正式领导职位的个别领导者的努力，是很难完成教与学这样的复杂任务的。实行分布式领导，学校就会从传统的“领导者—跟随者”关系中走出来。扁平的领导结构和相互作用模式就意味着新型专业关系的产生。这种新型的专业关系是建立在相互合作的基础之上的而不是以权力或由上至下的控制为基础。分布式领导强调学校内外专业关系的重要性。只有当共同执行组织任务的方式得到一致的认同且组织成员之间建立彼此信任的平等合作关系时，领导力才能实现。在新的领导模式下，学校组织文化生态改善的一个重要表现就是从过去由上至下的领导模式转变为一种不受外界因素控制，更加统一的自发型领导力形式。这就意味着要摒弃将领导力定位在某个人身上的观念，并建立起一种更复杂的将领导力看作一种分布式特征的理念。由于学校领导力概念的核心在于领导力是一种流动或突现的而非固定的特征，这就给学校领导力提供了一种不同的思维框架。因此，它使我们能用新视角思考学校组织内部的领导实践，促使组织成员更好地预测和回应组织环境的需求，增进组织成员在职领导力的发展的经验。它使领导的职责延伸至很多个体的工作中，并通过多名领导者的相互作用来完成领导任务，能给短期的学校组织变革带来正面影响，更有可能促进长期的组织效率提高。

在这样一种富有生命性和生长性的组织生态氛围下，对教师的自我效能和士气水平也有正面影响。相比一般学校而言，教师充满活力，积极进取，相互之间有着充分的互动与沟通，能够共同学习并分享成功的教学实践的学校，就更有可能提高教学质量。但凡提高了效能的学校，教师们都有专门时间来互相合作。校长必须在实践中表现出他们尊重和重视每位教师的领导潜质，欣赏个体做出敢于冒风险的努力，同时将教师的错误看待成学习的机遇。对失败的包容和积极看待错误不仅能帮助弱者形成正面积极的态度来寻找改进学校效能的路径，同时也使人们更乐意在学校承担领导职责。

学校领导力是指学校组织成员在学校发展愿景和目标的引领下，借由有效的激励、沟通的过程进行人际互动，相互影响从而动员和引导组织成员追随实现学校办学理念和教育思想，促进学校组织变革与发展的过程中所诞生的效力，这种效力包括组织及其成员的能力与由此而带来的影响力。也就是说，领导就是组织成员相互之间进行意义创造的过程。它是一个社会建构的活动，它不意味着领导与追随者的相互分离，也不意味着领导的潜能仅仅属于某一个人。实际上，领导是展现在活动中，在这个活动中，组织成员都处于活动的网状结构中，领导是一个“流动的、随时涌现的而不是固定的现象”，因而，领导不是居于高位的个人行为，而是一个合作性的集体行动，每一个人都可以通过不同方式展现其在这一活动过程中的独特领导力。

由此可见，学校的领导力可以分为两个层面：一是学校组织层面的领导力，即学校组织作为一个整体，对学校其他组织和学校成员个人的影响力。这个层面的领导力涉及学校的文化、战略及执行力等。二是个体领导力，对于学校来讲，就是学校各级管理者和领导者以及学校所有成员的个体领导力，主要的有校长个体领导力、教师个体领导力和学生个体领导力等。学校组织领导力的基础是作为学校主体的个体的领导力。

如上所述，个体领导力包括两个组成部分，一是个体的自我领导力，二是他人领导力，如何突破和提升领导力，如何由一个领导自己的人成为一个在学校组织价值观和学校发展目标统领下去领导他人的人，再成为一个卓越的领导者，是学校领导力建设中迫切需要解决的问题。无论是哪一类别的学校主体成员，其个体领导力的建设都必须从上述两方面着手，并且把这两者有机地联系在一起。他人领导力是建立在自我领导力的基础之上的，自我领导力弱就很难能更好地领导他人，而只有自我领导力而不能更好地帮助和影响他人，那他的领导力也不是最好的。当这二者都能够协同发展，能较好地自我领导并领导他人的时候，主体的个体领导力才得以真正形成。

案例：

我想当领导

《读者》（2009.4）尹玉生

我从小就立下了长大一定要当一名领导的宏伟志愿。我一直在苦苦寻求当领导的方法。我四处拜访高人，与很多领导者交谈，然而，没有人能告诉我怎样才能成为一名领导。

我认为，要想成为领导，首先必须自信和勇敢。于是，有一天，在人聚集较多的一个地方，我克服了自己的害羞心理，摆出领导者的架势，振臂一呼，开始向人群发表演讲。我告诉他们，我能够做他们的好领导。“我们凭什么要相信你？”人们纷纷问道，在我演讲还没有结束的时候，人已经走光了。

又一天，我看到一群年轻人，便立即走到他们的面前，摆出领导者惯用的姿势，用自信且有煽动力的语言对他们说道：“年轻的朋友们，请相信我，只要你们遵从我的领导，我就能够让你们走出困境……”然而，这些年轻人用怪异的眼光看了我几眼之后，都离我而去，我还听到一个姑娘轻声地说道：“神经病！”

“我该怎么办？”我在一条宽阔的大河岸边坐了下来，冥思苦想了很长时间。

这时候，我听到周围传来阵阵的嘈杂声。我环顾左右，只见一群人正在河堤上忙碌着。我略加思考便已明白，汛期快到了，他们在加固大堤。防汛是每一个人都应该做的事情。我卷起衣袖，与他们一起干了起来。

在此过程中，我发现，在移动大块石头的时候，耗费了大量的人力和时间，效果却不理想，必须找到更好的方法来提高我们的工作效率。于是，我对大家说道："我们都来想想办法，怎样才能更快地移动这些巨石?"我的提议得到了大家的响应，很快我就找到了一个大家都叫好的方法。

随着时间的推移，有人疲惫了，我为他送去了降温解渴的凉开水；有人泄气了，我告诉他必须完成任务的重要性……当我们最终提前完成任务时，其中的一人对我说道："如果没有你的领导，我们很难完成任务，更别说提前了。你是一个好领导!"

我当时回答："我并没有领导你们，我只是与大家一同完成任务罢了。"之后的一段时间里，我渐渐意识到：当我帮助人们到达大家期望到达的地方时，我是一个好领导；当我引导人们发挥了他们的创造性时，我是一个好领导；当我忘记了自己是一个领导，而将注意力完全集中在为我的团队更好地服务时，我是一个好领导；当我竭尽全力地帮助人们，满足他们的需要时，我是一个好领导；当我最大限度地运用我的智慧、知识和经验，引导、协助人们实现共同的目标时，我是一个好领导……

•第三章

现代学校发展的技术支持平台

第一节 学校发展计划对学校管理转型的支撑

学校发展还必须有一个合乎现代学校发展理念的技术支持，学校领导力的发挥还必须有一个技术平台，使学校领导力落实到各职能部门的职责上、各个岗位人员的行动上、各项工作任务上，发挥其对学校整体运行的推动作用，从而激发起学校内部的需要链。这样的技术平台必须具备以下基本条件：

（一）能让人们更广泛地参与，成为学校管理主体。

（二）能充分包含和表达学校价值观和愿景，并以之为方向和动力。

（三）能让学校成员自愿执行和贯彻。

（四）能统领和支配学校管理整个工作系统，使包含其中的学校价值观和愿景能渗透或分解到各个部门、岗位、人员、工作、职能上，从而实现价值领导。

（五）能以此为契机，建立起学校的动力机制，如与之相适应的学校管理制度的变革、学校文化生态的改善、学校团队建设、教师专业发展、自我评估监测的机制建立、学校与社区的良性互动、资源的合理分配，等等。

综观国内外学校管理的各种技术手段，学校发展计划（SDP）无疑是当今的最佳选择。

学校发展计划，英文名称为“School Development Plan”，简称 SDP，是在学校层次，通过自下而上的方式，广泛征求社区群众的意见，由学校和社区自主制订的关于学校未来发展的计划。学校发展计划的内容包括：学校在三年中可能遇到的问题，并对这些问题进行排序；展望学校发展的前景和目标；确定实现目标的方法，测定每一年要达到的目标。它不仅是一套管理的技术，更包含着丰富的现代管理思想，是一种对学校内在合理需求的规划，是一种对动态过程的规划，是一种对共同愿景的规划。学校发展计划的全面实施，将会悄然无声地在学校内部引发一场管理思想的大变革，要求人们重新审视和对待学校管理的基本面和核心概念（如学校价值观、学校愿景、学校文化、学校制度、学校资源等），从而推动学校管理的全面变革，这对于更好地培育和发掘学校发展的内驱力有着其独特的作用。

一、学校发展计划与学校价值领导

学校领导的核心是学校价值领导，而学校管理的核心环节则是计划。这两者之间需要搭建一个平衡点，作为一个最终能有效地实现学校价值领导的技术平台。

作为一个具有先进管理理念和务实的操作技术的管理工具，学校发展计划的实施的确极大地改进了学校的管理，促进了学校的发展，但是学校发展计划也仅仅是一个工具，作为管理工具，其使用必须要服从于学校管理的大系统，必须纳入到学校价值领导的轨道上来，而不是脱离系统孤立地运转，如果只是机械地使用，其作用也只能是局部的，无法带来整个管理系统的更大的效应。要使看似机械的工具带有灵性和生命力，更大地发挥其作用，就必须给学校发展计划注入一个强大的灵魂——学校价值观，并通过得到学校价值引领的学校发展计划去实现学校价值领导。

那么什么是学校价值领导呢？通俗地说就是以价值为本的学校领导，即学校领导者通过对教师实施所信奉的学校价值观的影响，使其强烈认同和坚定共享这样的价值观，双方在共同拥有的价值观基础上，来实施学校教育目标的活动过程。

这种“以价值为本的领导”的观点是美国宾夕法尼亚大学沃顿商学院

罗伯特·豪斯（Robert. J. House）根据以往的领导学和多年的实证研究提出来的一个新型领导理论，豪斯指出：价值导向动机比实际导向动机更强、更广泛、更持久，以价值为本的领导能够导致下属对领导者的强烈认同，对领导者提出的愿景的内心认可，可以产生高组织凝聚力，激发出团队完成组织共同愿景的动机，以及跟随者在自我责任的激励下做出自我牺牲。这是一种强有力的领导，对于领导力普遍显弱的我国中小学校来说，是非常必要的。①

在学校管理过程中，先有领导后有管理，彼此相互衔接相互贯通。而领导最重要的就是价值领导。它必须贯穿学校管理的全过程，学校价值观在这一过程中充当着核心灵魂，渗透在学校管理的每个环节里，即通过学校领导者对学校成员进行学校价值观的传递，使他们坚信学校价值观的贯彻可以扩大学校各部分人员的共同利益，使其自觉体现这种价值观，通过学校成员的这种自觉行为贯彻落实到管理的每一个环节去，从而达成学校教育目标，这其中就包括计划的环节。

没有价值领导就无所谓领导，因为它没有了核心；没有领导的管理是盲目的管理，因为它缺失方向；没有学校价值观为先导的学校发展计划，再好也只是一个局部的技术工具，带来的也只能是局部的效应，因为它没有灵魂。因此，好的学校管理必须先解决好学校价值领导的问题。那么，如何才能实现学校价值领导呢？这就需要一个有效技术衔接点和支持机制，它既能满足可以促成学校价值观以及由此而派生出来的学校共同愿景和办学理念；又与学校价值领导的理念相一致，能更好地反哺学校价值领导。学校发展计划（SDP)无疑是一个有效选项。

学校价值领导就是必须首先确立每所学校独特的理念——共同体的价值观和信念，再把价值观和信念转化为驾驭行为的不成文规范，并将团队精神作为内化了的感受和受道德驱动的互依关系来推广；依靠共同体成员的能力去回应责任和义务；依靠共同体的不成文规范去强化专业及共同体的价值体系。而这并非是一蹴而就的，也不是某一个体的主观意愿所能替代的。为此在以往的管理过程中校长们常常无从下手。学校发展计划技术在一定程度上能促成这一目的。

在每一次学校发展计划制订的周期中，都会重视关于学校发展的意见征求工作，比起传统管理方式，学校发展计划在技术上用更长的时间和花

① 吴维富：《以价值为本的领导行为和团队有效性在中国的实证研究》，载《管理世界》，2002（8）。

更多的精力去广泛征求各方意见，自下而上，充分参与，充分发表意见。它追求的正是这样的一个过程效应，按照学校发展计划的技术要求，当人们在描绘学校发展愿望、寻找学校发展问题、确定学校发展目标的最初阶段时，相互之间会因为不一样的思想角度、利益诉求而有争议、分歧，但他们会一起去探求。校长的意见也以平等资格参与其中，但不能左右过程。经过彼此求同存异，最终必须达成一致，才能形成学校发展计划。在这看似平常的过程中，全体成员都参与进来，把每个人对学校办学的理解、价值判断和良好愿望和学校的发展紧密地联系起来，最终经过民主的方式形成大家认可的、能反映学校共同利益和个人良好愿望的共同看法和心愿、希望。在此基础上，经过一个或几个学校发展计划制订和实施周期之后，在学校有意识的引领下，一个为全体教职工所认可和接受的关于学校的共同理想、价值观念和行为准则就会逐渐显露、清晰并得以形成。

通过这样的技术操作悄然地为学校发展计划注入了灵魂，同时通过民主参与的方式形成了学校价值观念，没有强迫没有说教，自然而然，也只有这样形成的价值观才能为后续的学校价值领导的实施奠定一个很好的基础。

首先，通过这一过程能及时地传递学校价值观。学校价值观形成后必须马上根据学校价值观非常明确地告诉全体成员我们学校赞同什么，反对什么，什么是应该做的，什么是不应该做的。“领导的主要功能是要超越现有的技术要求，为组织渗入价值倾向，即满足人们追求意义的需求。”① 其他诸多传递价值观的方式，在学校发展计划制订过程中的表达、争论、分享、趋同的过程中对学校价值观加以扩散和传播就自然而然得多，当学校发展计划确定下来的时候学校又以正式的文件方式加以公布和确认，在实施和执行包含着学校价值观的学校发展计划的时候又更好地得到扩散。

其次，通过这一过程实现了学校成员对学校价值观的认同和接纳。学校价值观还必须要大家内化进心里，有一个“认同—接纳—内化”过程。这一过程不是通过强制和说教能达到的。学校发展计划在制订过程中采用自下而上、广泛民主参与的方式，彼此平等表达，最后彼此理解接受，求同存异，这样的方式更能让学校成员在内心里接受，情感上共鸣。

再次，通过这一过程强化了学校价值观。通过学校发展计划的过程达成的对学校的价值取舍这本身就是一个很好的强化过程，因为这样的结果

---

① 郑燕祥：《学校效能与校本管理：一种发展的机制》，128 页，上海，上海教育出版社，2002。

是彼此积极参与，真情投入的共同取舍，更为大家所珍惜，在情感上比较强烈，印象深刻不易遗忘，不易背叛。

最后，通过这一过程更好地体现和落实学校价值观。实施学校价值领导最终就是要让学校的每一个管理的环节都能体现和落实其基本内涵，最终体现在每一个管理环节的具体行动上。学校发展计划要求在形成了学校理念的基础上，再把学校理念转化为学校的办学目标与培养目标，化为学校发展过程的分阶段目标以及学校各职能部门、个人的具体目标，然后来确定各层级的工作计划。此时，每个人都会感到对学校的成功负有责任，每个人都愿为他们所共同确认的学校理念及目标尽责。将理念和目标作为权威的源泉，作为行动准则，作为行为内驱力。尽管管理者、教师、家长、学生的角色、职责各不相同，但作为参与式的追随者中的一员，都能平等地在不同岗位以不同方式承担起对学校整体理念的责任和义务。因为他们知道，只有每个人都尽责实现自己的工作目标，整体的目标才能实现，共同的愿景才能实现。

二、学校发展计划与学校管理系统

所谓系统，是指相互作用着的若干元素的复合体，这些元素按照一定的目的和功能而组成的有机整体。可以认为，每个组织都是一个系统，因此，毫无疑问，作为组织的学校也是一个系统。学校发展计划通过在目标设计和系统整合上比较好地发挥出了学校的系统功能，更大地释放其中的内驱力。

（一）科学的目标设置

学校系统的建立与运转都是围绕明确的学校目标而进行的，系统中目标的不明确或者不合理，都是影响系统正常运转，或者是造成系统内部混乱的重要因素，因此，目标是系统的核心要素。

目标提供一个对活动进行设计与控制的框架。所以，学校目标的设置十分重要。所谓目标的设置是指通过把个体、团队和部门等所期望达到的预期结果具体化，从而提高其活动的效率和效用的一个过程。这并不是一项很容易的工作。同样，学校的建立与发展也必须围绕学校的目标而展开，建立适合学校生存与发展的目标是现代学校研究及学校发展实践中的重要课题。作为系统的学校，不仅要有目标意识，更重要的是要确立正确的目标，这样，如何正确设置真正属于自己的学校目标，对于学校而言，意义十分重大。

从上述对学校发展计划的阐述看，在确定学校目标的时候要求必须通过自下而上的方式，通过广泛征求社区群众、广大师生员工的意见的基础上，通过充分的民主程序和科学的流程，寻找出学校的发展问题，并进行问题的排序，最终将按轻重缓急原则确定而来的问题转化成学校发展目标。

比起传统管理模式，学校发展计划管理模式下所建立的学校目标较为科学。

1. 这样设置的学校发展目标已不再是学校拥有者或者学校管理者的事情。学校目标不再是某一上级领导、校长或教科书或者文件一句话、一个想法、一个冲动或一句时髦的表述，而是从系统的目标思想出发，在考虑社会环境、政府期望、对象（学生/家长）需求、社区期望、学校资源条件等诸多因素的基础上综合而成的。这样的学校目标，要达成学校内部所有人员的共识；同时，这样的学校目标必须符合政府及其所属社区的认可与接受。

2. 这样设置的学校发展目标不再像以往管理模式中的学校目标那样层级之间、不同部门之间、不同时间或不同活动之间条块分割各自为政，而是从学校共同愿景（三年展望）出发，将共同诊断得出的优先解决的学校发展问题转换成学校发展目标，再按时间顺序或部门智能进行分解，相互之间具有很清晰的逻辑层次关系和递进关系，构成一个有秩序、有条理，前后关联、左右配套、首尾相连的目标系统。

3. 这样设置的学校发展目标必然具有多元的特点，每个学校都不相同。也只有这样，每个学校的目标才显得更有意义，才能反映出不同学校的根本，实施起来才能体现出学校的特色，才能进行真正的校本管理。不过，现实中千篇一律的学校实在太多，看不出各个学校自身独有的目标定位。

（二）有效的系统整合

系统的基本思想就是整体性和综合性。所谓的“整体大于部分之和”就是指系统的整体效应，这一点已经被系统论所证实。要实现“1 + 1 > 2”的系统整体效应，则必须重视系统内部的整合。

所谓的整合，就是指有效地协调系统中各部分的关系，使各部门的功能发挥都是围绕如何增强系统的功能而实现的，实现系统内各部分功能的互补。

从学校系统来看，学校中有教育教学部门如教学处室、教务管理部门、德育室、后勤处室以及校务办公室等机构，还有些学校有董事会、家长委员会、共青团、党支部或者少先队等机构。在学校的日常工作中，不仅需要这些部门都积极地参与学校的各项工作，同时，还必须要求这些部门之间开展有效的沟通与协调，进行合作与支持，为更好地实现学校的目标而共同努力。

较之以往，在学校发展计划模式下，较好地从目标的确定过程以及以最终所共同认定的目标为统帅，实质性地整合学校的各部门各环节的工作。学校发展计划模式下，由于目标的设置是通过自下而上，共同参与来完成的，因此，能通过这个过程达成学校与外界，学校内部各环节人员之间的沟通和了解，彼此求同存异，引导学校的全体人员关注学校的总目标。所最终达成的学校发展目标则可以统领学校内各部门及其人员的思想和行动。由共同目标所分解下去的各职能部门以及个人的目标又构成一个目标整体，通过整体的相互关联的目标体系去面向全体，综合部署，合理组合，以实现学校的整体效益。学校可以很轻易地用学校共同目标及其体系来检查学校中各方面工作的进展情况，以及所出现的各种关系的变化，及时进行统筹和调整，以使学校在整体上朝着学校的既定目标前进。

三、学校发展计划与道德管理

道德一般是指人们约定俗成的普遍的行为规范准则的总和。学校道德管理是指学校管理者借助于学校道德的权威，在帮助教师实现自我管理的同时将学校从一个组织转变为一个共同体，从而最终实现学校发展目标的过程。其基本理念是：学校是由共同的价值观、共同的信念和共同的承诺的专业的学习共同体；培育学校成员对学校共同愿景的信奉与追随，为领导提供基础；建设学校共同体规范及成员对共同愿景的承诺，使其成为领导的“替代物”，降低直接领导的必要性；弱化权力与指挥，注重权力与责任、承诺并用，领导属于每一个人，领导者的任务是培育学校的每一位成员成为自我管理者，实现自我领导；培养学校成员具有协同工作以及共享工作成果的意识，构建学校团队精神。

学校的共同理念不是一蹴而就的，也不是某一个体的主观意愿所能替代的。为此在以往的管理过程中校长们常常无从下手。学校发展计划技术的出现为之提供了良方。

在每一次学校发展计划制订的周期中，都会重视关于学校发展的意见征求工作，比起传统管理方式，学校发展计划在技术上用更长的时间和花更多的精力去广泛征求各方意见，自下而上，充分参与，充分发表意见。它追求的正是这样的一个过程效应，当人们在描绘学校发展愿望、寻找学校发展问题、确定学校发展目标的最初阶段里，相互之间会因为不一样的思想角度、利益诉求而有争议、分歧，但他们会一起去探求。校长的意见也以平等资格参与其中，但不能左右过程。经过彼此求同存异，最终必须达成一致，才能形成学校发展计划。在这看似平常的过程中，全体成员都参与进来，把每个人的良好愿望和学校的发展紧密地联系起来，最终经过民主的方式形成大家认可的，能反映学校共同利益和个人良好愿望的学校共同愿景。在此基础上，经过一个或几个学校发展计划制订和实施周期之后，在学校有意识的引领下，一个为全体教职工所认可和接受的关于学校的共同理想、价值观念和行为准则——学校理念就会逐渐显露、清晰并得以形成。

道德管理的基本策略，就是必须首先确立每所学校独特的理念——共同体的价值观和信念，再把价值观和信念转化为驾驭行为的不成文规范，并将团队精神作为内化了的感受和受道德驱动的互依关系来推广；依靠共同体成员的能力去回应责任和义务；依靠共同体的不成文规范去强化专业及共同体的价值体系。教师因道德原因而接纳共同体的价值观，他们的工作变成集体性的活动。因此，学校理念的形成是道德管理的关键。学校发展计划的技术要求与之不谋而合。

学校发展计划要求在形成了学校理念的基础上，再把学校理念转化为学校的办学目标与培养目标，化为学校发展过程的分阶段目标以及学校各职能部门、个人的具体目标，然后来确定各层级的工作计划。此时，每个人都会感到对学校的成功负有责任，每个人都愿为他们所共同确认的学校理念及目标尽责。将理念和目标作为权威的源泉，作为行动准则，作为行为内驱力。尽管管理者、教师、家长、学生的角色、职责各不相同，但作为参与式的追随者中的一员，都能平等地在不同岗位以不同方式承担起对学校整体理念的责任和义务。因为他们知道，只有每个人都尽责实现自己的工作目标，整体的目标才能实现，共同的愿景才能实现。实际上学校发展计划所诞生的上述效应，正是道德管理所需要具备的重要前提——“领导替代物”。

四、学校发展计划与人本管理

现代管理学更加强调人的作用，人的因素是现代组织及其管理中的首要因素。因此，在学校如何处理人与人、人与财、人与物、人与事等各方面的关系，以及如何充分发挥人的主动性、创造性，是现代学校发展的重要价值观之一。以人为本，是现代社会的重要价值观，它同样也是学校价值观的重要内容。学校发展计划的操作模式，在营造民主化的氛围、实施参与式管理等方面较好地体现了人本管理的价值追求。

（一）和谐的民主化氛围

在学校发展计划模式下，要求体现人与人之间平等，在学校发展计划制订与实施过程中学校管理者与被管理者、教育者与受教育者、教学人员与非教育人员、校内人员和社区群众等之间的平等参与。他们被看作是学校的主人，学校不是某一个人的专有，而是社区以及学校全体成员的。大家可以就学校发展的问题畅所欲言，献计献策，以主人翁的角色共同谋划学校和参与学校的建设。因此，学校发展计划从制订到实施过程无形中在学校里营造了一种民主化的氛围，弱化了科层权威、技术权威、专业权威，强调道德权威，即学校共同价值观已经起到了对人们行为的引领作用，彼此（包含学校领导）都平等地成为学校共同理念的追随者。因而能很好地激发教师与学生的主体性，使学校在整体上充满活力和激发潜能。

（二）良好的参与式管理

学校发展计划管理模式下学校的一切工作是围绕人的发展而展开的，这种人的发展，不仅指接受教育的学生，同样也包括实施教育的教师。同时，也要求学校中所有个体的共同参与，为学校目标的实现而贡献各自的力量。参与式管理是20世纪60年代在美国确立起来的观点，并在现代企业实践中得到了日益广泛的应用。参与式管理的目的在于最大程度地满足员工的社会需求和工作技术要求。运用参与式管理的企业组织具有扁平化的管理结构、丰富的且基于团队的工作、跨部门的培训、组织内的信息共享、最低层面的自我导向、因绩效和技能酬劳、员工广泛地参与组织的各种决策和实践活动。要实现参与式管理，使员工为其组织的成功作出努力，就必须依赖于增强员工影响自己工作和工作环境的能力、参与确认并解释组织内问题的能力、了解组织的成功并为此贡献的能力。传统管理模式难以实现这一要求。而学校发展计划的操作过程则可以解决好参与管理的最基本的两个因素：

1. 权力：影响有关工作过程以及组织的实践、决策和战略的决定；在学校发展计划模式下，学校个体能明确自身在共同的目标体系中的位置、作用、责任以及对于整体的关联意义，得到认可并自我悦纳主体的角色，并能以主体的角色得以在整体中参与和贡献能力。尽管管理者、教师、家长、学生的角色、职责各不相同，但作为参与式的追随者中的一员，他们就能平等地承担起各自对学校整体理念的权利、责任和义务。

2. 信息：通过自下而上的方式，使社区、学校所有成员在充分了解和拥有组织的环境、策略、工作系统、行为要求和绩效水平等信息的前提下，能参与并影响计划的制订和实施以及评估过程。管理过程透明开放。

不过，学校中参与式管理的真正实现，还必须有许多相关条件做基础和保证，尤其是学校的组织结构、管理者的能力以及全体员工的意识等。

五、学校发展计划与校本管理

所谓校本管理是指以学校为本位的管理，使学校组织有相当大的办学自主权，并根据学校本身的特性和需要，充分开发和利用教育资源，进行有效的教育教学活动的管理。它着重处理和解决三个关系，即政府和学校的关系、社会和学校的关系、学校内部自身的关系，体现政府宏观管理，社会广泛参与，学校自主办学的思想和策略。当前我国正在倡导中小学校实施校本管理，许多学校也正在探索着校本管理的模式。当前，从总体看来，许多学校也只是追赶时髦，停留在口号上或局部表层操作上，有的学校则把校本管理狭隘地理解成为要上级放权，以为校本管理就是校长要拥有更多的权力而已，因此都无法以实质性的校本管理来管理学校。能否真正实施校本管理，关键要在“校本”二字上做文章，体现“以校为本”。

学校发展计划从实质到操作都体现并实践着“以校为本”。学校发展计划的含义主要是指通过校本管理、社区参与等手段提高学校办学质量。学校发展计划的基本含义包括制订学校发展规划，以实现学校发展和办学水平的提高，强调一种政府间接管理的方式，学校基于自己发展中的问题自主管理。另外，基于学校层面，采取自下而上的方式，以民主渠道制订，这种参与包括与学校相关的利益群体，如教师、社区成员、学生家长等，这种发展规划一般以三年为一个周期。学校发展计划的内容包括：确定未来三年社区可能对学校的需求；学校在三年中可能遇到的问题，并对这些问题进行排序；展望学校发展的前景和目标；确定实现目标的方法，测定每一年要达到的目标。其实质是以学校发展计划为切入点，采取一些优化的方案来调适组织与环境之间的关系，达到学校办学绩效不断改善的目的。它的最基本特点是：目标是可测量的、程序是自下而上的、制订者之间的合作是充分的。学校发展计划与传统的学校计划最大的区别在于，它是由学校和社区共同合作，基于社区和学校的问题自主制订的，旨在满足社区和学校发展需要的计划。学校发展计划注重学校就发展问题提出自身的解决办法，并进行合理自我设计，自我组织，自我活动，自我评价，自我调控和自我教育的过程，而不是外部强加给学校。

第二节　学校发展计划下的现代学校管理制度的创建

一、学校发展计划的运作需要有与之相应的学校管理制度的保障

往往人类社会的每一次主动变革都有可能成为推动社会发展的极大的动力因素。当今时代学校的发展亟须学校进行这样的自主变革。这样的自主变革必然是发自内在的需求，在学校的价值取向引领下自觉地调整组织系统中自身不适宜的地方，变革不符合学校发展方向的系统因素，具有其自身的独特性、丰富性，因而其动力是强大的持久的。任何学校都有三个基本系统，一是技术（工作）系统，二是管理和行政（保障）系统，三是文化生态（动力）系统。学校的变革可以从系统中的很多方面开始，但是能起到从根本上去推动学校发展的变革更多的是后两个系统。以往的学校改革关注的是第一个系统而忽略了后两者的变革，因此学校虽有所变化，但学校的发展还是无法从根本上得到改观。

学校发展计划的实施，则会从管理和行政（保障）系统以及文化生态（动力）系统进行全面干预，无疑为学校变革从根本上提供了一个很好的动力。关于学校发展计划对文化生态系统的干预在第五章已有专门论述，本节专门探讨的是学校发展计划下学校管理制度变革。

学校作为一个有机的组织系统，是由多个相互关联的系统元素和环节组成的。系统中任何一个系统元素或环节发生变化，其他的系统元素或环节也必然发生相应的变化，才能维持整个系统的平衡，获得继续发展的可能性。

学校发展计划的实施不是一个孤立的管理动作。它作为一个既包含丰富的管理理念，又有具体操作流程的技术，而计划作为整个学校管理过程中的开端环节，在学校管理职能里处于首要或者说是核心的地位，因此，它的引入将给学校组织系统带来全面而深刻的影响，起到牵一发而动全身的作用。尽管这样的影响不一定是立竿见影的，但是它引发的很多变化将会是后续的、渐进的和持久的。

换言之，作为系统中的其他系统元素或环节，都会因为学校发展计划的实施而引发相应的变化，通过这些相应的变化又反过来推动它的实施效果，达到一种良性的系统循环，产生一种生态效应。

学校计划和学校管理制度，是学校领导管理工作中两个相互紧密联系的重要因素。一般说来，学校计划是学校领导管理工作的核心，没有学校计划，学校办学治校育人工作的方方面面就会缺失目标方向。学校计划是学校管理制度制订的依据。而学校管理制度，则是学校发展计划实施与实现的重要途径与手段，也是重要的保障；通过管理制度的遵守与执行，保障学校工作的事序与时序，规范约束人的行为或激励人的行为，从而促进与保障学校计划中的目标任务的实现。因此，有什么样的计划就会有什么样的学校管理制度。

虽然从管理的过程来说，学校发展计划（SDP）与以往的学校计划同样都属于管理过程的计划环节，但是其理念及操作上发生了很大的变化。

因此，适应了传统计划的学校管理制度必然与现在提倡的学校发展计划有诸多不适应的地方。因此，在学校发展计划的管理模式下，变革学校管理制度，创建与之相适应的现代学校管理制度是一个必然的选择，也是一个良好的契机。

很多学校在刚启动学校发展计划的时候往往容易忽略制度层面的配套。仅仅是按技术流程机械地去制订和实施学校发展计划，因此，在实践过程中会遭遇很多过去的管理制度束缚，显得比较吃力，随着工作的推进，这样的阻力会越来越大。究其原因就是缺乏相应的学校管理制度保障。实际上，从长远来说，学校发展计划的运作必须确保以下四个方面的制度保障：

（一）学校发展计划的模式需要制度保障

实施学校发展计划的模式必然遇到外部环境和内部条件等方面的困难：

1. 体制上的不适应。学校发展计划提倡的是自下而上的程序，显然与我们体制上自上而下的程序不适应。

2. 理念上的不适应。学校发展计划立足于发展来做计划，强调自下而上广泛参与等的现代管理理念与过去的管理理念存在冲突。

3. 习惯上的不适应。以为做计划从时间到精力到人员都很少，不重视计划的环节，更没想到做计划还要花上几十天，需要费那么多的精力，还要广大社区成员、广大师生都参与进来，还需要经过答辩等流程，诸如此类的工作环节都是过去很不习惯的。

4. 态度上的不适应。走学校发展计划的模式需要学校成员及社区成员对学校有主体认同感，需要有高度的责任感，对工作有严谨的态度。而这些都是我们过去比较缺乏的。

因此，要确保学校能顺利地运作学校发展计划模式，学校必须要有相应的管理制度保障，使学校发展计划的模式能推得开，走得远，持续下去。

（二）学校发展计划的制订需要制度保障

学校发展计划的制订过程耗时长，流程多，工作细致，技术性很强，而且非常强调技术的规范和过程效应。通常情况下一个学校发展计划制订完成需要三四十个工作日。一般的工作程序如下：

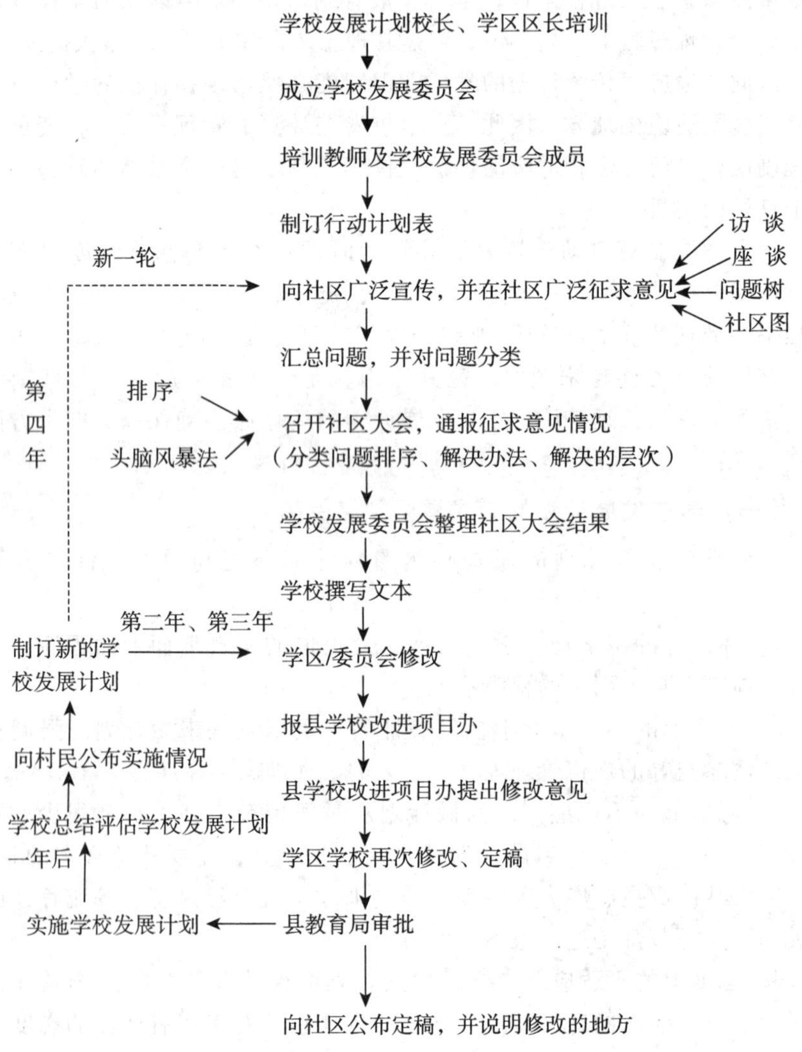

在整个过程中，还要经历诸如访谈、社区大会、排序、答辩等一系列的技术动作，还需要对全过程做细致的材料记录整理和存档。上述的一切，均需要学校以相应制度的方式加以确认方能确保技术动作的规范，才能确保制订过程的完整性，也才能最后保障学校发展计划本身的功效发挥。

（三）学校发展计划的实施需要制度保障

学校发展计划制订只是整个过程的一个环节。好的计划还必须通过有效实施才能实现其目标。而学校发展计划的实施牵涉学校的全局。因为学校发展计划的目标是全方位的，囊括学校软硬件各部分。因此，学校发展计划的实施需要动用学校的一切资源。如何才能更有效地发掘、配置和利用好有限的资源，有效地服务于学校发展计划，实现学校发展目标，需要学校有一系列相应的管理制度。过去学校也有不少管理制度，但存在以下诸多问题：

1．学校制度不健全。而学校发展计划涉及的是学校的全方位，不健全的学校制度必然不适应。

2．没有形成系统性的学校管理制度，制度之间各自为政。而学校发展计划是一个全局性的计划，不仅涉及面广，而且计划中的“问题—目标—措施”之间有非常强的逻辑关系，目标系统是一个学校发展整体链条，措施之间也是相互关联。因此各种资源的开发、配置和利用必须充分依据学校发展计划的具体内容来考量，并制订出与这一特点相符合的学校管理制度体系。

3．学校制度没有反映学校的文化内核。因此，从制度上很难看出学校的追求，很难看出学校的方向，过于千篇一律，缺乏特色，没有形成制度文化。而学校发展计划是在学校价值取向下，在学校办学理念下，确定学校的发展愿景的前提下制订出来的，作为确保学校发展计划落实的制度的制定也必须要体现学校的文化内核，体现学校发展计划的总体方向。

4．学校发展计划的监测评估需要制度保障。学校发展计划很注重过程与效果的监测，需要一个自始至终的监测评估制度。而这方面的制度也正是过去所缺乏的。

此外，学校发展计划中的一些成型的措施可以转化或形成为学校管理的制度，如教师专业成长、激励办法、教学研究措施等都有可能成为制度。

二、现代学校管理制度创建的策略与方向

透析当前学校管理制度，在价值取向、制度类型与功能、建设与运转

方式上都存在不同程度的缺陷。

首先是现有学校制度的价值取向有偏差。第一，表现为重事（物）轻人，重“管”轻“发展”，在制度与个体的关系层面上，学校制度的存在是为了“管”住人、“管”住事，而不是为了发展人、发展事；第二，表现为求稳，求工作本身任务的完成，封闭而是开放，而不是促进学校面对复杂的环境变化，实现学校自我更新和转型。

其次是现有学校制度的类型与功能上有缺陷。第一，主要是以单一的科层形式，管理重心高，层次多；第二，行政性组织多，但缺乏专业性组织建设；第三，不同职能层级间缺乏弹性，不同领域缺乏立体互动，缺乏综合效应。

再次是现有学校制度的建设方式上有问题。大多学校制度建设都是个体主导式，即由学校主要领导者提出、设立并“宣布”，或者上级领导的要求或外来引进，是“舶来品”。缺乏自我更新的内在可能；制度本身缺乏反思，也缺乏自我重建的机制建设。很少是学校成员在共同研究基础上“生成”出来的。

最后是现有学校制度运转方式上的不科学。第一，学校制度的运行主要是垂直线性管理，自上而下的流向，缺乏多维度、多层面的有效互动与生成；第二，现有学校制度的运行带来的更多是规范，而不是发展与更新。

在深化教育改革、全面推进素质教育、深入实施课改的大环境下，要求学校的管理，逐步由更多由外部的政府、教育行政部门的规范约束、监督控制的管理，向学校内部自主的自我调节、自我完善、自我发展的校本管理转变；学校管理的心理活动状态，也由管理部门与管理者主导的“要我做”的被动状态，转变为管理对象（师生员工）“我要做”、“我愿做”的自觉、主动、积极的状态；管理制度的功能作用也由传统的规范控制转向教育、激励与发展。学校发展计划的引入为学校管理的变革带来了非常好的契机。较之以往，在学校发展计划的管理模式下，顺应学校管理变革的大趋势，符合学校发展计划的基本理念，学校管理制度变革的策略和方向会有以下特点：

（一）学校管理制度的人性化

作为保障学校工作正常进行的手段，学校管理制度不再局限在以法规制度为中心，以规范、约束、限制人的行为举止和事序（工作）为价值取向（功能）；而是以人为中心，以教育人、激励人、发展人，促进与保障学校发展目标任务的实现为价值取向（功能），使制度体现人性化、人本化的特点。

因此在学校管理制度的制订的时候要以人为出发点，并最终落实到人的发展上。要站在广大师生的立场上，从师生的角度，以有利于对师生的激励，对师生的保护，对师生的挖掘，让师生做得更好更自然更有安全感。

（二）学校管理制度的民主化

1. 制度制订的多主体：学校发展计划的制订很强调广泛参与，自下而上的理念。与此相对应，学校管理制度也必须是多主体化，由教育行政部门、学校领导管理层制订为主转向学校组织成员制订为主，呈现出多主体参与的状态，同样需要自下而上更广泛的人参与。

2. 制度执行的自主化：不是不要制度，而是制度必须柔化，富有弹性，有相当的宽松度和自主性，充满人情，有层次，有亲民感。

制度的建设最终是要让员工能够自主管理，实现他律与自律的结合，往自律发展，实现管是为了达到不用管的目的。对于一个新组织或者不成熟的组织往往制度的强制性比较浓重，一旦走向成熟的组织，制度的强制性就必须弱化，员工的自主管理占主要地位。从这个意义上说，制度的人性化程度是检验一个组织是否成熟的非常重要的标志之一。

（三）学校管理制度的文化化

制度与制度文化是不同的概念。当制度内涵未被组织成员心理认同时，制度只是管理者的“文化”，至多只是反映了管理规律和管理规范，对组织成员只是外在的约束；当制度内涵已被组织成员心理接受、并自觉遵守的时候，制度就变成了一种文化。比如，学校鼓励组织成员提合理化建议，可以先制订一项制度，时间长了，组织成员心理上接受了这一制度的内涵，制度变成了空壳，留下的就是参与这种制度文化。

制度文化与一般的文化不同，制度是有形的，往往以责任制、规章、条例、标准、纪律、指标等形式表现出来。制度文化是在有形的制度中渗透的文化，通过有形的制度载体表现出无形文化。由于学校员工普遍认同一种精神文化一般需要经过较长时间，而把精神文化“装进”制度，则会加速这种认同过程。当科学的学校制度逐渐成为一种优秀的制度文化的时候，学校就获得了长期的生命力。

学校的制度文化是精神文化的基础和载体，并对学校的精神文化起促进作用。一定的学校制度的建立，又影响着人们对新的价值观念的选择，进而成为新的精神文化的基础。学校文化总是沿着精神文化——制度文化——新的精神文化这一轨迹不断发展、丰富和提高。

学校发展计划是通过学校组织成员自下而上的广泛参与制订出来的，它的所有目标和措施反映了学校组织成员的共同价值追求，都是围绕着学校共同愿景来制订的。学校发展计划本身就是学校精神文化的载体。因此，学校管理制度只要能围绕着学校发展计划来制订并服务于学校发展计划，就会很容易得到人们的心理认同和接纳，反映出学校的价值取向和办学理念，体现学校管理制度文化的特征。

（四）学校管理制度的体系化

系统性、逻辑性、递进性、层次性等都是学校发展计划的显著特点。因此，作为保障学校发展计划有效实施的学校管理制度必须与之相适应，建立起健全的相互衔接相互补充的学校管理系统，以体系化、整体化的管理制度去确保学校发展计划的有效性。这就要求学校在制订学校管理制度的时候首先要反映和体现学校发展计划的基本宗旨，从而给整个管理制度系统注入能统领方向的灵魂；其次要围绕学校的目标和措施来制定制度，从如何更好确保目标实施和措施落实的角度来确定相关的制度，体现出与目标和措施对应的系列化的配套制度和办法。再次还必须考虑到目标与目标之间、措施与措施之间的内在逻辑关系，因此，对应的学校管理制度之间也必须考虑相互衔接，相互补充，避免相互矛盾冲突。

三、现代学校管理制度创建的范畴与内容

学校发展计划管理模式下学校管理制度的变革是全方位的，涉及学校的方方面面，需要随着学校发展计划的逐步开展循序渐进地进行变革，按照上述策略和方向，该完善的完善，该补充的补充，该修正的修正，该终止的终止，该更新的更新，先易后难，急用先改，直至建立起一个理念一致、配套完备、健全科学的学校管理制度体系。而这一过程不能操之过急，需要有计划有步骤地有序开展，逐步完善，一般从与学校发展计划的制订和实施联系紧密的管理制度开始，分高、中、低三个层面进行。

（一）从高层看，先要建立一个与学校发展计划一致的学校章程

所谓高层，是指在整个管理制度体系中处在最高层面，能起到统领全局作用的管理制度。就学校内部而言，最高层次的就是学校章程。学校章程，顾名思义就是现代学校管理的总章程、总纲领，是现代学校管理的规范性法律文件，在学校中具有最高权威性，具有法律效力。很多学校是没有学校章程的，这就意味着学校管理制度没有了灵魂，没有了头绪，没有了依据，也就无所谓体系了。在学校发展计划管理模式下，学校章程还必须把学

校发展计划的模式写进去，让这样的模式成为一个法定程序，以确保不因人员的更替而随意改变。同时，因为有了学校章程，确定了学校的价值取向和办学宗旨等一系列学校最根本的问题，使得每一个周期的学校发展计划都能有一个统一的价值引领，有了一个统一的方向。当然，学校章程的建立也必须像学校发展计划的制订过程一样，遵循自下而上、广泛参与的原则，充分体现学校成员的共同意愿，反映学校的文化和价值追求。

（二）从中层看，要健全一系列重要的管理制度，以保障学校发展计划的有效性

所谓中层，是指能反映学校章程，服务于学校发展计划的学校管理各职能、各环节中的制度，是学校管理制度的主体，起到承上启下的关键作用，确保学校发展计划各目标的实现和措施的落实。其中最基本的方面有：

1. 论证与决策制度——学校发展计划中的目标任务，由于具有导向的功能作用，因此，这些目标任务必须是正确的、客观的和科学的。然而，学校发展计划制订过程中，确定目标过高或过低的现象时有发生。制定目标过高，脱离了学校的实际环境条件，经过努力做不了，做不好，会影响学校组织长远的情绪与士气，影响工作目标的按时按质实现；制定目标过低，不经过意志努力就容易实现的目标，不可能成为学校改革发展的动力与压力，教师的积极性和竞争意识得不到调动，学校各项工作发展就会陷入缓慢状态。因此，为保证发展计划目标任务的正确性与导向作用，在制订学校发展计划的过程中，必须建立健全科学论证与决策的制度，通过对目标任务提出背景、目标任务实施的环境条件及影响干扰因素等多方面的信息资料的深入细致分析研究，论证目标任务的正确性、客观性、科学性与可行性，从而做出学校发展计划目标任务的科学抉择，才能保证学校发展计划目标任务的实施与实现。

学校的发展目标与任务，应该是通过学校组织成员的不懈努力，能够做到、做成与做好的事；是适合学校实际现状的内容与要求，是有利于有针对性解决学校存在问题的内容与要求；是符合学校利益共同体的内容与要求。这样的目标与任务，才能为学校组织成员所理解认同，才能更大地激发师生员工的积极创造性，为实现学校组织目标而努力奉献、开拓、创新。

2. 资源的投入保障制度——学校发展计划每一个目标的实现，每一项措施的落实都需要资源保证。但当前农村中小学学校经费等的办学资金来源渠道太少。因此，应在保证国家经费投入的稳定与不断增长的基础上，争取社会、国外资金更多的投入；有条件的学校，还应该积极努力地建立、发展与增强自身的“造血”功能，以缓解学校发展计划实施过程中资源匮乏的压力。在学校发展计划当中，经费等资源的配置与学校发展的目标和措施是密切对应的。因此，在有限的资源背景下，如何充分发掘、配置和利用资源，以确保措施落实，目标达成，需要建立起对应的资源或经费管理制度。

3. 学校发展计划实施的检查与总结制度。在学校管理过程中，检查是一种施加特定影响的职能活动。通过检查，可以了解与发现学校发展计划实施中存在的矛盾问题，如改革发展的目标方向是否正确贴切，指导思想是否明确，实施的方案措施是否落实，方法是否科学有效等。而总结则是对改革发展计划实施过程及结果的反思与概括，通过总结，可以肯定成绩，发现不足，明确今后的改进与努力方向，并使 SDP 的实施，由感性的操作层面，提升到理性的思考与理论概括的高度。因此，要重视检查与总结对学校发展计划实施所产生的积极影响，从时间（效率）安排、资源整合利用、工作过程、实际效果等不同的方面进行全面系统的检查与总结，并形成制度。

4. 领导管理的问责制度——校长是学校的管理者、责任人、决策人，更是学校一切工作的指挥者，是教师的协作人，是学生的支持者，是学校和社区沟通的“联络人”。“火车跑得快，全靠车头带”，校长的一言一行、一举一动都将直接影响着学校发展计划项目实施的成败。因此，学校的发展责任在校长，校长必须组织学校里的一切相关人员，共同努力实施好学校发展计划。校长必须首先树立起与学校发展计划（SDP）的理念相一致的学校管理理念，并从新的管理理念出发，去重新构建起学校管理的新的“模型”。学校发展计划的实施与落实，最核心的要求是责任明确，责任主体明确。学校发展计划实施过程中的目标任务与各项工作，既要明确责任，更要落实责任的承担主体，建立健全领导的岗位责任制度与问责制度。领导管理要在其位、尽其职、负其责，行其能。对尽心尽职尽责者，要大力褒扬鼓励，对失职失责失误者，要分清职责，进行批评教育甚至追究责任。只有这样，才能避免与纠正“三个和尚没水吃”和不负责任、怕负责任、推卸责任的领导管理弊端，确立起学校发展计划实施的高度责任感，保证学校发展计划的实施与实现。

5. 有利于教职工参政议政的教职工代表会议制度。学校的改革发展，不仅是各级政府与教育行政部门的事，也不仅是校长等少数学校领导管理者的事，而是事关社区群众切身利益的事，是涉及教师的专业发展提升的大事。因此，学校发展计划的实施过程，要充分发挥教师职工的聪明才智与力量。教师职工是学校工作队伍的基本与主要成员，学校的改革发展，是通过他们的积极参与与辛勤努力才实现的。在学校的管理制度的改革中，要进一步建立健全教职工代表会议制度，把相信与依靠群众的要求，体现与落实到学校工作制度的层面上，使这一制度成为学校教职工参政议政的平台与保障。

6. 人事制度的变革——学校工作的任务是由人来承担完成的。发展的目标愿景是通过学校成员的努力过程来实现的。因此，人的工作心态是关键，在学校管理的诸多制度中，人事制度又是关键的制度。

但是现行学校人事管理制度与学校发展计划的实施矛盾较尖锐，实际操作有较大的难度。学校发展计划的本质特点在于权力下移，给学校以更大的自主权，充分发挥学校的主观能动性。而现行的人事选拔、任用、调动、劳资管理等方面还是“大锅饭”。校长不是应聘、竞聘上岗的，而是由上级教育行政部门或政府任命的；教师也不是聘任上岗的，而是上级调任的，他们对学校的发展目标、发展水平和现状的改革没有了解与认同，更缺乏改革与发展的紧迫感和危机感。

因此，要加大力度变革学校管理的人事制度，采取特殊措施，区域性地改变现行人事、劳资管理体制，实行校长、教师聘任制，工资与教师业绩挂钩的上下浮动制，多劳多得和职称利益挂钩制等。在县城或更大区域内的条件良好学校，地理位置优越，具有较大吸引力，教师相对过剩，可实行定编、定岗、定资金的“三定”措施，使学校形成校内或区域内的循环调配，补充边远山区紧缺的教师。通过人事制度的变革，使校长拥有更大的人事自主权，为更加灵活有效地运用学校发展计划管理学校，促进和实现学校发展计划的最终目标提供人事上的保障。

7. 管理体制的改革。要实施学校发展计划，还必须从中观的层面上进行学校教育管理体制的改革。为了更大限度地调动学校内外多方面的积极性，协调各方面的教育资源，促进学校的可持续发展。学校管理体制的改革要突出以下几个方面：第一是重心下移，使学校组织机构“扁平化”；第二是强化学校层面的“合力”形成，强调各职能部门“同唱一首歌”，即同存于一个学校系统中，整体目标都指向于学校的价值实现；第三是强化学校各部门的研究性和生长性，因为有了清新而确认的发展理念的指导，部门的发展要围绕共同价值去研究自身的成长，自主研究、策划和实践，以更好地体现本部门在实现学校价值中的作用；第四是强化学校各职能部门在实现学校价值的整体过程中的独特价值，形成一个个有创新的、自主的、有独特性的多层面多维度的各类改革新空间；第五是强化学校专业组织的建设，诸如各种学科组（教研组）、年级组、学科委员会、课题组、学生成长工作委员会等，强调学科专业地位和学术研究氛围；第六是强化社区的参与管理。学校的管理体制可由过去单一的校长负责制，变为校长负责为主、学校发展计划管理委员会为辅的形式。为了让社区群众了解学校发展的背景、发展的困难、发展的目标任务，让群众了解学校是属于社区的，学校发展就能促进社区的发展，帮助学校就是帮助他们自己，是为他们自己办学而不是在为别人办学，教师们应经常走村串户，通过广泛深入的宣传与访谈，增强社区群众参与学校管理的意识，促使社区群众产生对学校工作的关心态度与积极参与的热情；定期召开联席会议，共同商讨学校发展大计，并形成制度，为学校发展计划的实施与实现提供管理体制与制度上的保障。

（三）从低层看，要形成一系列确保学校发展计划操作程序的管理制度

所谓低层，是指由中层管理制度分解下来的、具体的操作层面的规定等。由于学校发展计划的整个操作过程与以往区别比较大，技术性强，需要对其中的一些操作以制度的形式确定下来。

1. 访谈与信息收集制度——少数民族地区群众文化落后，文化意识淡薄，对孩子的成长不重视，对学校工作从来不过问，部分家长不参加社区大会，导致召开会议人数过少，以致他们的意见得不到体现，这对学校发展计划的高质量制订有一定影响。

在制订学校发展计划过程中，弱势人群参与程度低；妇女参与不积极。特别是一些弱势群体的成员，在社区大会上不开口发表意见，还有个别妇女村民，受封建观念的影响，不善于在大众面前讲话或表达自己的意见看法，以致弱势群体的愿望得不到很好的体现。学校的计划目标任务要切合实际，就应该深入社区了解情况，在与社区群众进行访谈与收集信息时，必须坚持民主平等的态度，进行耐心的启发引导，通过访问谈话，虚心地聆听群众对学校教育工作改革发展的心声与要求，全面、深入、客观地收集各种信息，从而为学校的改革发展目标的预测分析和决策提供客观参考与依据。

2. 改革发展目标方向的预测分析制度。中国有句俗话，凡事预则立，不预则废；预就是预测、预计、预想，就是对工作的目标任务进行谋划的过程。学校改革发展的目标要做到客观、科学、准确，就必须建立在科学的预测分析的基础上，并形成制度予以保障。

3．建立学校与社区互动制度。学校发展计划管理模式中，非常注重学校与社区的互动。学校要努力在学校和社区之间建立互动、互助、互利的有效机制，促进学校的发展和社区的发展。

第三节　学校发展计划概述

一、学校发展计划的含义

（一）什么是学校发展计划

计划是学校管理基本流程中的一个重要环节，是管理的开端，因为它对学校管理的全局起到一个牵一发而动全身的作用，故又被人们称之为“管理的核心”。因此，学校管理是否有计划，计划性强否，怎么做计划等问题都会直接影响到学校管理的全过程及其结果。

学校发展计划（School Developing Planning，SDP）是近年来在国际上兴起的一种改进学校管理、提高学校绩效水平的新的学校管理理念，它包括一整套技术方法和步骤。学校发展计划源于20世纪70年代中后期的英国，其后，由于在提高学校管理水平方面的成功和价值，在世界范围内逐渐得以推广使用。20世纪90年代后期，随着国际教育合作项目，学校发展计划被引入我国，近几年，学校发展计划在我国西部地区改进学校管理中取得显著成效，引起广泛关注。随着我国基础教育改革，尤其是学校管理制度改革的不断推进，越来越多的教育行政部门和学校认识到，制订和实施学校发展计划是实现学校发展的有效途径和方法，学校发展计划为转变固有管理思想、集思广益、分析诊断学校存在问题、帮助学校可持续发展提供了新的启示和思路。

学校发展计划其实质是以学校发展计划为切入点，采取一些优化的方案来调适组织与环境之间的关系，达到学校办学绩效不断改善的目的。通过认真设计和全面实施学校发展计划过程，强化校本管理机制、提高社区参与程度，并通过充分调动各方面的资源和能动性，最终达到提高教育质量、更好地满足社会多方面需求的目的。学校发展计划的目标是鼓励学校与社区建立紧密的联系，以解决学校的问题并促进学校的发展（比如，提高贫困儿童的入学机会或学业成就）。学校发展计划注重学校就发展问题提出自身的解决办法，而不是一味依赖外部的条件和资源。它的最基本特点是：目标是可测量的、程序是自下而上的、制订者之间的合作是充分的。学校发展计划与传统的学校计划最大的区别在于，它是由学校和社区共同合作，基于社区和学校的问题自主制订的，旨在满足社区和学校发展需要的计划。社区的参与是它最突出、最重要的特点之一。

（二）学校发展计划的起源与发展

学校发展计划的历史并不长，产生于20世纪70年代的英国，并于80年代在英国兴起。学校发展计划在三十多年的演变和发展中，经历了产生、成长和成熟的过程，为许多东西方国家所借鉴和应用。截至目前，澳大利亚、新西兰、加拿大、美国、荷兰、葡萄牙、南非、斯里兰卡等国家的学校先后引入了学校发展计划的理念和方法，并进行研究和推广。

"学校发展计划"这个词，最早出现在20世纪40年代的英国。1944年，英国在制订未来人口和校舍规划方案的教育法案中，在地方一级的政府文件中涉及了有关"学校发展计划"的意见和提法。20世纪70年代，当时英国最大的一个教育局开始鼓励学校在自主管理与发展方面做出努力和承担更多的责任。1977年，伦敦教育局颁布了《使学校保持自评》的文件，标志着英国学校发展计划的开始。该文件强调学校的自查、自评和自主管理，提供了学校自评的框架，目的在于对学校自评和自主管理进行指导，帮助学校明确发展目标和优先发展的内容，发现学校自身的优势和劣势，保证对学校各个方面给予足够的重视。之后，英国政府发布了"对地方课程政策进行调查"的文件，同时也调整和变革学校发展工作，对"让学校自身确定优先发展的目标和重点"的做法给予了强有力的支持。这些做法对学校发展影响很大，特别是小学。1984年，学校委员会实施了一个名为《学校的自我检查和内部发展指南》的相关项目，开发教材、培训校长和教师，大范围地在全国的小学和中学进行实验，并取得了显著成果，为进一步强化学校发展计划奠定了基础。同时，地方政府也开展了一系列有针对性的活动，这就使得真正意义上的学校发展计划出现了。1985年，伦敦教育局出台了两份报告，一份针对中学，一份针对小学，正式对学校发展计划提出建议。一年以后，这项地方性措施变为国家的建议。1986年下议院教育、科学和艺术委员会的报告中提出：每一所学校应当运行一个由学校、学校管理委员会与当地教育局达成一致的发展计划，计划符合学校所在地区的状况和自身的情况。计划应当考虑政府、当地教育局、学校管理委员会的政策，考虑教师的能力和家长的意见。计划应附有行动表，标明每一成员的责任和完成目标的日期。计划最好长于一年并具有连续性。这样的计划应说明需要哪些外部的支持或特殊的资源。该计划以提高儿童学习水平为中心目的，并要显示通过哪些方式评估计划的有效性。

由此可见，学校发展计划基于学校的自主管理和发展，基于学校、督学和专家的共同参与。学校发展计划有机地将学校工作与地方教育政策，以及国家政策结合起来，使学校通过自主管理对自身担负更多的责任。学校发展计划是一种政府间接管理学校的方式，它强调了通过制订和实施学校发展计划以实现学校教育的发展与提高。

1988 年，英国在《教育改革法案》颁布实施后，学习发展计划基本定型。由于学校发展计划在提高学校绩效水平方面取得显著成效，迅速受到学校、教育行政部门和社会发展等方面的普遍关注和大力支持，逐步在全世界扩散。

20 世纪 90 年代末，学校发展计划首次引入我国上海，之后陆续通过各种外资项目引入，学校发展计划的理论和方法在我国各地区逐步得到扩散，产生了较为广泛的影响。

二、学校发展计划的特征

作为一种先进的学校管理理念与工具，学校发展计划与传统的学校计划既有联系又有不同（参见下表）。无论是传统的学校计划，还是我们现在说的学校发展计划，都是为学校发展服务的，目的都在于提高学校的教育教学水平，为国家培养合格的人才，其教育宗旨、教育目的和培养目标都是一致的。相对于传统的学校计划，学校发展计划具有更强的参与性、连续性、综合性、针对性和可操作性。

传统的学校工作计划与学校发展计划特征比较

传统的学校工作计划	学校发展计划
注重自上而下	注重自下而上、自上而下的结合
主要由学校内部少数人完成	利益相关者（政府、社区、家长、学校领导、教师、学生）的广泛参与
静态的	动态的
没有明确的时间表和责任人	强调明确的时间表和责任人
很少有监测评估	强调监测评估
强调学校硬件发展	以学生发展为中心，更加注重学校软件的改善和提高

（一）学校发展计划的参与性

学校发展计划提倡参与性管理，即学校、政府、社区共同参与学校的发展与管理。从20世纪50年代开始，世界各国都普遍强调学校的地方性，加强学校和社区之间的联系，把带有地方色彩的政策、法规、制度、措施注入学校管理之中。学校发展计划迎合了学校管理的这一世界潮流。

学校发展计划与一般的学校计划最大的不同在于社区的参与。不同社区、不同社区背景以及社区内各种群体的变化，都会对学校产生深刻影响。学校在发展过程中既要受到国家总体经济发展的制约，又要与所在社区的发展相适应。同时，学校是社区的重要组成部分，学校发展计划又对社区的发展起着促进作用。

（二）学校发展计划的连续性

学校发展计划“包括学校未来三年要达到的主要目标和每一年的行动计划”，这就使得学校和社区就学校发展要有一个长远打算，通盘考虑，循序渐进。每一年的行动计划都是相互联系、相互支持的，具有很强的连续性。

（三）学校发展计划的综合性

学校发展计划不仅包括学校的整体发展目标，还包括校长、副校长、每一位教职员工以及所有学校各部门的工作目标和行动计划，并且将学校的教育教学、师生管理、后勤财务等工作，统统纳入学校发展计划文本，具有很强的综合性。

（四）学校发展计划的针对性

学校发展计划以“广泛征求意见”为前提，分析研究学校发展中存在的问题，并就主要问题寻求解决的办法和措施，确定切实可行的目标。无论是存在的问题，还是确定的目标，包括解决的办法和措施都是针对学校实际的，具有很强的针对性。

（五）学校发展计划的操作性

学校发展计划中的每一个目标都是“聪明的（SMART）目标”。按照学校发展计划的操作规程：学校目标要逐级分解到各部门和每个人的行动计划中；同时各部门、校长及全体教职员工还要结合实际，分析现状，确定自己的目标；实现目标的所有活动措施必须切实可行，并标明活动措施的负责人、开始和结束的时间、所需要的资源等；通过定期和不定期的监测评估，督促落实活动措施，实现预定的目标。可见，学校发展计划具有很强的操作性。

实践证明，学校发展计划的表现形式、学校管理的模式、学校管理的方法以及校长的管理理念、教师的教育教学理念对传统的学校工作计划都起了很大的冲击。学校发展计划和学校绩效之间的紧密关系也越来越受到人们的关注，其效果也逐步为实践所证实，从而受到了教育管理部门、学校和校长的青睐。

三、制订和实施学校发展计划的意义

制订学校发展计划就是要系统全面地分析学校的现状、存在的主要问题，明确应该优先解决的问题、未来的主要目标、所需的投入，制订实现发展目标的具体措施，明确时间和责任人等，并通过其实施来使学校得到发展。

制订和实施学校发展计划作用可以归纳为以下几点：

（一）通过制订和实施学校发展计划，能使学校从学生视角出发，关注学生本身的成长和发展，注重提高学校教学质量，同时使弱势群体得到更多的关爱，并注重所有学生的全面发展，真正把学生发展作为学校发展的中心和重心。

（二）通过制订和实施学校发展计划，可以增强社区成员参与学校管理的意识，提高社区成员的参与能力，能够发现当地可以挖掘和利用的资源，多途径解决学校发展问题，能够使学校与社区之间加强联系与沟通，促进学校和社区的共同发展。

（三）通过制订和实施学校发展计划，可以加强学校和教育行政部门之间的联系和沟通，为教育行政部门在分配教育资源和制定相关政策方面提供更为科学合理的依据，使有限的教育资源得到充分而有效的利用。

（四）通过制订学校发展计划，有助于校长思想观念的转变和能力的提高，逐步改善学校的内部管理，使学校管理趋于科学化、规范化、民主化，确保学校各项教育教学任务的落实与实施。

（五）通过制订学校发展计划，在促进学校教师参与学校发展和建设的同时，有助于加强学校管理者与教师之间的相互沟通和理解，有益于鼓励和督促教师提高业务水平和促进教师专业的不断发展。

（六）通过制订学校发展计划，实现学校的教育公平，使每个学生接受教育后，都能达到一个最基本的标准，获得学业上的成功，得到全面发展。

总而言之，制订和实施学校发展计划将有效地加强和改善学校和社区以及主管部门的关系，进而实现以学生发展为本，学校和社区共同发展的目的。

四、制订和实施学校发展计划的原则

在制订和实施学校发展计划的过程中，要遵循五个基本原则。从一定程度上讲，这五个强调不同方面的原则是保证学校发展计划质量和效益的根本和基础。

（一）上下结合原则：在制订学校发展计划时，要十分关注“自下而上”的过程，充分利用我们以往传统的“从群众中来到群众中去”的经验，认真听取社区群众、师生员工对学校发展的意见，寻找学校发展过程中面临的最急需解决的问题，从而明确学校发展方向。与此同时，还要发挥各级教育主管部门对学校的支持和监督作用，促进学校发展管理委员会和校长对学校各项工作的监督和落实，做到“自上而下”。

（二）实事求是原则：制订和实施学校发展计划，一定要客观面对存在的问题，提供的相关数据必须准确而完整，既不要为“遮丑”而回避或隐瞒困难和问题，也不要为了争取项目资金而言过其实。对实施过程中出现的困难和问题要采取积极的措施解决，无力解决的要及时向学校发展管理委员会和县项目办反映，争取社区和上级主管部门的支持。同时，需要指出的是，适时调整发展目标和行动措施也是非常重要的环节。

（三）切实具体原则：制订的学校发展计划，一定要有切实具体的内容，不能再搞那种无操作性、大而无当的计划。目标要切实而可行，相应的措施要具体。目标和措施要有明确的量化指标，时间要求也要明确，相应的投入要得以安排和保证。

（四）轻重缓急原则：制订和实施学校发展计划，一定要分清主次，不要奢望在短时间内解决学校面临的所有问题。要围绕解决学生入学和发展，尤其是弱势群体入学和提高教学质量这两个主题展开工作。在分析学校的现状和存在的问题时，对困难和问题要进行排序，明晰哪些是最关键的问题和亟待优先解决的问题。

（五）循序渐进原则：学校发展不可能一蹴而就，在制订计划时要从现在学校发展面临的最迫切需要解决的问题入手，但也要有长远打算即学校三年的发展展望，根据三年的发展展望，把远景目标落实在每年、每月和每一天的具体工作中。

五、制订和实施学校发展计划的参与过程

学校发展计划制订和实施的过程是学校和社区有机结合的过程，是社区群众和教师广泛充分地参与的过程，是重视倾听妇女、残疾人等弱势人群意见的过程，也是动员社区成员关心教育、支持教育的过程，更是调动学校校长、教师管理学校积极性，提高管理水平的过程。如果学校不经过必要的程序和步骤，只是校长或其他个别人“闭门造车”制订和实施学校发展计划，就不可能取得好的结果。

学校发展计划和传统的学校各种“计划”的制订过程一个很大的区别在于强调过程的重要性。除了因为好的过程能带来好的结果外，更主要的原因在于由于强调学校发展计划制订与实施过程多主体的广泛参与而带来的过程本身的独特效应。因此，学校发展计划的过程很强调各相关主体的广泛参与。

首先是要确保学校内部师生员工的有效参与。

师生员工参与具有重要意义。学校发展计划的制订和实施涉及学校所有成员，而非仅仅是学校领导团队的工作。学校发展计划也是教师发展计划、学生发展计划，在整个制订与实施过程中，教师和学生的参与程度是衡量学校发展计划成功与否的重要评估指标。在学校发展计划制订和实施过程中确保师生员工充分而有效的参与有着十分重要的意义。这主要归结于：

• 权利的尊重。参与学校发展决策，是师生的基本权利。

• 参与性决策的体现。参与性决策不仅体现为领导团队的集体参与，更重要的是体现为利益相关者的参与。

• 集思广益。师生参与学校发展计划的制订，是师生建言献策的过程，吸纳师生的智慧无疑将增加计划的科学性和可操作性。

• 增强师生的主动性。学校发展计划在其制订的过程中，如果缺乏师生的主动参与，自然使其处于被动或从属、服从的地位，在计划执行过程中难免表现出更多的消极甚至抵触情绪。

• 增强计划的认可度和执行力。人人参与的计划，有利于得到人人的认可，真正成为集体意志的体现，在实行过程中，执行力自然会增强。

教师的参与的方式是灵活多样的。在保证参与权利和机会的同时，充分发挥全体教职员工的智慧和力量，学校可以根据每个教职员工的年龄结构、个人特长、性别、健康状况（如孕妇、残疾员工）等方面统筹安排，确保参与的有效性。如：

• 参与问卷的起草、讨论。可给部分教师安排调查问卷和访谈提纲设计的任务。问卷草稿形成后，可组织全体教职工进行讨论。

- 参与社区的访谈：班主任应利用项目中形成的调查问卷和访谈提纲等工具，开展一次较大范围和较为深入的家访。其他教师应有一定数量的社区访谈任务。
- 参与问题分析：对访谈中梳理出的问题，可将教师分成小组，用问题树的方法，开展问题分析。
- 参与问题解决的活动设计：在重点需要解决的问题确定以后，可让教师先设计问题解决的活动，集中集体的意见和反馈。
- 参与有关学校规章制订完善的活动。
- 设置“值周校长”，由教师轮流担任，参与学校日常管理。
- 教师根据学校发展计划，自行制订工作月历和周历。
- 参与学校发展计划监测与评估工作。
- 参与教代会。

学生是学校的小主人，应享有对学校发展计划的制订和实施的知情权、参与权和监督权，有权利关心学校的发展，其参与方式也是多样的。学校可以让学生（特别是女学生、残疾学生等）从自己的视角，按照自己心中的意愿，对学校发展计划提出意见和建议，为学校发展献计献策。在学校发展计划的制订和实施过程中，可以根据学生年龄、性别特点、身体状况，组织参与力所能及的活动。但由于学生缺乏必要的自我保护意识，自我保护能力也相对较弱，学校要从学生健康和安全方面考虑，决定让学生以怎样的方式参与什么样的活动。如：

- 参与学校发展计划的意见征求，参与学生问卷调查和访谈。
- 对学生进行有关教学、学业负担、学习困难、校园生活等方面的问卷调查和部分学生面对面访谈。
- 参与社区大会的准备和召开。
- 参与校园文化建设。
- 参与学生代表大会。
- 参与学校发展计划的监测和评估。

同时要确保社区成员的有效参与。

成功地制订学校发展计划有赖于社区成员和学校师生积极有效地参与。从一定意义上讲，能否充分发动群众，广泛征求社区成员各方面的意见，特别是那些处境不利或不受重视的社区群众的看法，在很大程度上影响着学校发展计划的实际效果。

通过广泛征求社区群众的意见，可以了解社区对学校发展方面的各种需求，进一步明确学校发展亟待解决的问题，加强学校和社区的联系，增强社区参与学校管理的意识，促进责任共担，通过社区的参与，学校扩大了办学资源的来源。

因此，为了确保社区成员广泛参与学校发展计划的制订与实施过程，必须强调：

• 学校发展计划是自下而上与自上而下相结合而形成的。

• 学校发展计划的形成是参与式的民主决策，而不仅仅是校长和少数社区精英的决定。参与的主体除了教师、校长外，还要有村干部、村民、妇女代表、宗教界人士、学生以及辍学和失学的儿童等。

• 制订的学校发展计划不是应付检查的文本或寻求某个项目资金的“采购清单”，而是切实可行的行动方案，其目标是现实而具体的，行动措施有明确的量化指标、时间要求、责任人和相应的投入安排。

• 在组织机制上，成立“学校发展计划管理委员会”，其成员包括社区干部、教师代表、村民代表和宗教界人士等，使社会各方面力量都能参与学校管理。

• 贫困地区的乡村学校所要解决的问题太多，而学校发展计划就是遵循轻重缓急的原则，对学校发展中的各种问题进行排序决定优先解决的问题，而整个征求意见和优先排序的过程就在社区的广泛参与中完成。

为制订学校发展计划，校长和教师要在学校所服务的社区通过访谈、村民大会、画社区图、问题树、对比排序和优先排序等方法，与社区群众一起分析学校现状，寻找存在的问题，确定学校发展计划的目标、内容、具体措施等。通过学校发展计划这样一个载体，使学校一方面系统地就学校发展问题向社区成员征求意见，使社区成员意识到他们是自己学校的主人，通过参加社区大会，让村民们意识到他们对学校发展能产生某种影响。另一方面，学校开始从封闭走向开放，通过了解社区的人口、经济、社会状况及影响儿童入学和完成学业的社会性原因，意识到社区是当地学校发展的最大支持力量，是不可缺少的社会资本。

第四节　学校发展计划的基本运作

学校发展计划的操作运行分为制订阶段、实施阶段和总结阶段，制订阶段又可以分为前期工作、中期工作和后期工作三大步骤，每个阶段又有不同的小步骤。

具体如下图所示。

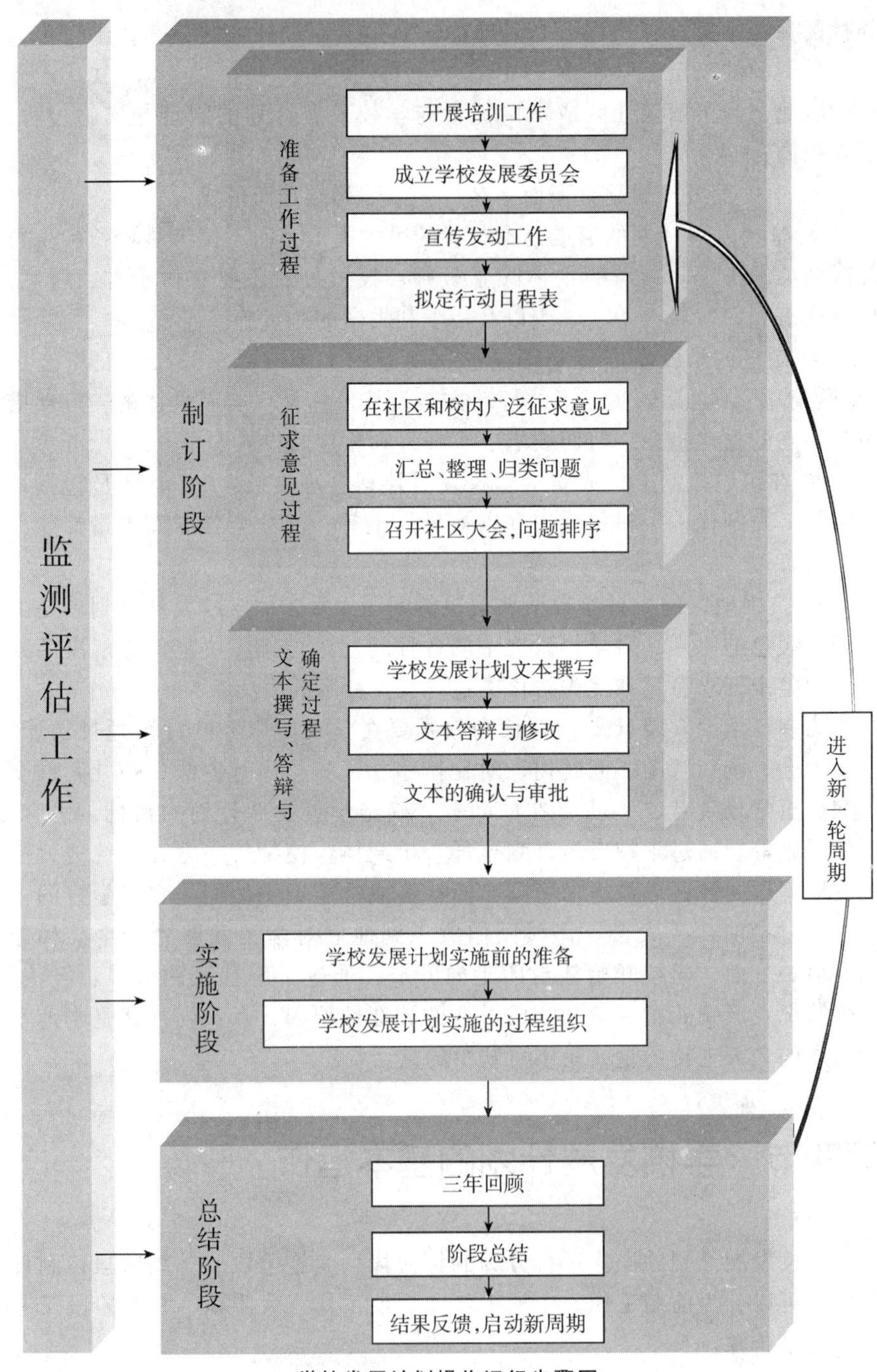

学校发展计划操作运行步骤图

一、学校发展计划制订的准备工作过程

前期工作的主要任务是培训、组织、宣传和做好行动计划，做好制订和实施前的准备工作。这是学校发展计划制订过程中的第一大阶段，其基本步骤如下图：

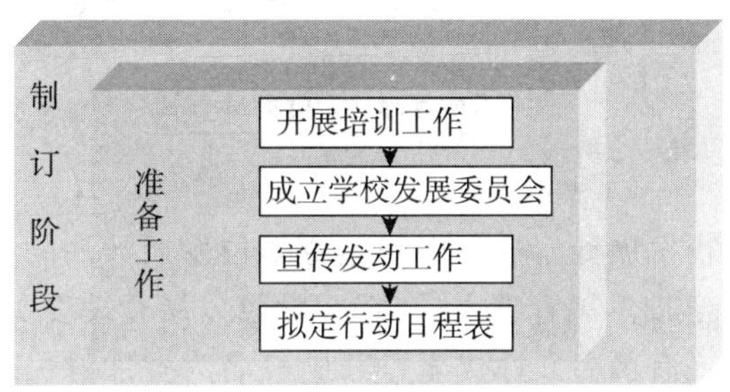

（一）开展培训工作

这是准备工作过程中的第一步，如下图：

培训工作是整个学校发展计划制订和实施的第一步。它包括两个部分，首先是学校的校长或部分教师先行接受学校发展计划的培训或自学，通过培训或自学全面接受和掌握学校发展计划的理念和技术。其次是校长对本校教师及相关人员进行培训。

由于学校对学校发展计划比较陌生，无论从理念上还是技术上都不容易一下子理解和接受。因此，必须由校长和他的助手一起组成一个技术骨干小组，先期进行学习和研究，在深刻理解学校发展计划的理念，充分掌握其技术的基础上，组织全校教师和社区群众的骨干进行系统的以学校发展计划为主要内容的培训。这样的培训不一定要集中一次时间做完，可以分不同段落不同系列分期分批进行，不仅仅在开始的时候进行，也可以在运作的过程中针对本校实践过程中的重点或难点问题进行，形式可以灵活多样，使之成为校本研修的一个主要内容之一。通过培训不但让教师们了解和掌握学校发展计划的相关技术，更重要的是要让教师们打内心里理解、接纳和认同学校发展计划，使他们自觉参与到学校发展计划的全过程中，成为学校管理的主人。

（二）成立学校发展委员会

建立结构合理和有效的学校发展管理委员会，是确保上述原则和步骤有效落实的重要组织工作。这是准备工作过程中的第二步，如下图：

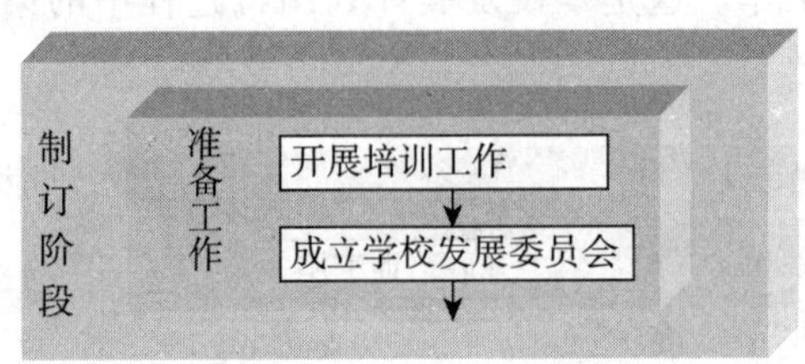

为了推动学校发展计划的制订和监督学校发展计划的执行情况，各个学校应该成立“学校发展管理委员会”。学校发展管理委员会一般由10人左右组成，至少要有两名女性代表，其中一名为女性村民代表。委员会设主任一名，一般由校长担任，副主任一名。成员包括社区干部、教师代表、村民代表等各方面的代表。学校发展管理委员会的主要职责是参与学校发展计划的制订和实施，对学校发展计划的实施进行监督、检查、指导和评估。委员会主任的职责主要包括定期召开会议、汇报学校实施计划的情况、听取其他成员的意见和建议、执行委员会表决通过的各项内容以及对学校发展计划制订与实施过程进行监测和评估；副主任的职责是协助、协调主任完成委员会的各项工作。委员会其他成员的职责是听取校长对学校发展计划实施情况的汇报，并提出相应的意见和建议，对学校发展的重大决策具有表决权，对学校发展计划的制订与执行进行监督与评估。

学校发展委员会至少每两个月召开一次会，在回顾前一阶段学校发展计划的执行情况的基础上，进一步分析存在的难题和原因，并提出相应的改进措施，每次会议要有明确的议题，并做好会议记录。

学校发展委员会组成人员：

职务	姓名	性别	民族	文化程度	职业	电话	地址
主任							
副主任							
成员							

（三）宣传发动工作

这是准备工作过程中的第三步，如下图：

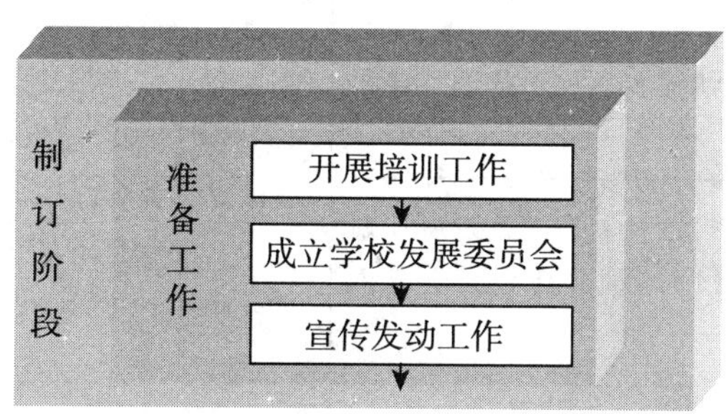

对于已经习惯了传统学校计划制订的社区和学校来说，一下子要接受新的做法会有一个心理过渡过程。需要学校通过广播、墙报、文件、传单、标语、会议等各种形式广泛宣传发动，向广大社区群众、教师学生说明学校发展计划的概念、意义、作用，做到深入人心、家喻户晓，并形成一种声势和舆论环境。宣传发动的方式多种多样，各学校可以根据当地的实际情况，采用当地喜闻乐见的形式，灵活地开展。宣传发动工作越到位，往后的工作开展就越容易。而且宣传发动工作还不仅仅是开局时候做，还可以根据不同阶段的情况，经常性地进行，以有利于学校发展计划的理念深入人心。

（四）拟定制订学校发展计划的行动日程表

这是准备工作过程中的第四步，如下图：

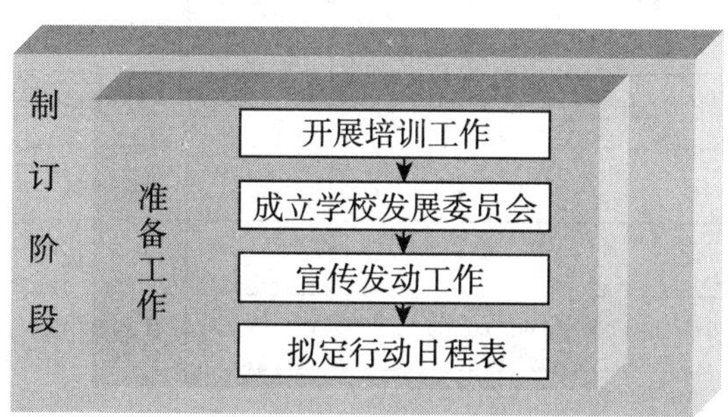

学校在制订、撰写学校发展计划前，要先拟定一个详细的行动日程表，确定每项工作所涉及活动的顺序、时间和负责人，保证各项活动的按时完成。以下表格和内容可供参考。

制订和实施学校发展计划日程表（样例）

工作内容	起止时间	负责人	所需资源
过去三年学校发展情况和学校现状进行自我评估和总结		校长	
向师生员工宣传项目以及制订学校发展计划的意义和内容（教师培训、师生大会、主题班会）		校长	
向社区广泛宣传项目和制订学校发展计划的意义和内容（对社区不同层次和民族的人士代表进行访谈）		校长 教师 学生	
成立学校发展管理委员会		校长	
女性社区成员培训		校长	
准备召开社区大会		校长	
召开社区大会		校长	
撰写学校发展计划文本初稿		校长	
修改文本		校长	
准备文本答辩		县教育局	
组织文本答辩		县教育局	
修订文本		校长	
送县项目办审批		校长	
开始实施文本		校长	
对学校发展计划的定期监测和评估		县教育局	
—			
回顾总结经验，准备第二年计划的制订		校长	
—			

（备注：本表只是一个基本例子，学校可以根据实际情况拟定自己的行动日程表）

二、学校发展计划制订的征求意见过程

学校发展计划制订的中期工作主要是指从意见的征集（或叫信息、数据、问题收集），到问题、信息分析，到问题、信息的处理排序，直至学校发展计划文本制作前的系列工作。这是学校发展计划制订过程中的第二大阶段，其基本步骤如下图：

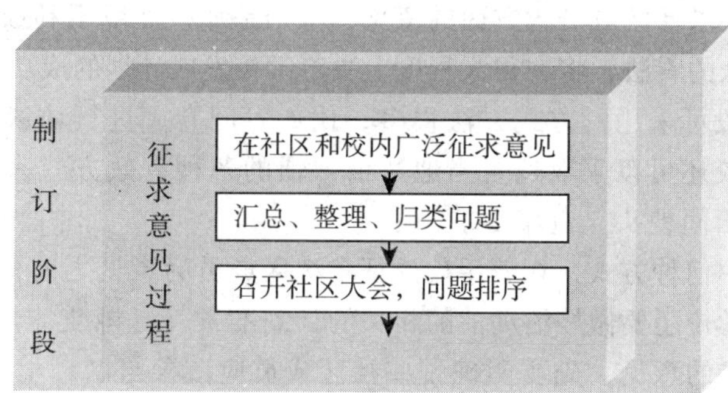

（一）在社区和校内广泛征求意见（访谈、座谈、问题树、社区图等）

这是征求意见工作过程中的第一步，如下图：

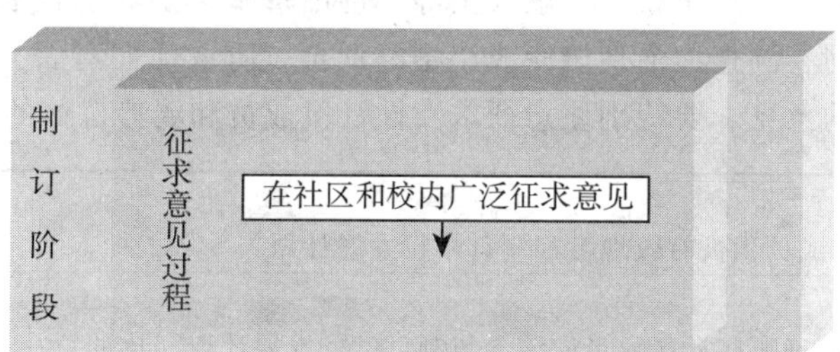

这一阶段主要是广泛地征求各相关主体关于学校办学的问题、信息，并通过这一过程唤醒他们的学校主人翁意识，号召他们广泛地参与到学校的管理过程中来。一方面要在校内通过多种方式广泛征求师生员工对学校发展的意见建议，另一方面要由学校校长、教师和协调员深入到社区和农户家中，对不同人群（村委会、村民、妇女、家长、教师、学生、宗教界人士、未入学儿童），特别是处境不利人群，采用社区图和问题树等工具，通过现场访谈和倾听等技巧，了解儿童入学的状况、不能上学的原因、儿童学业状况及社区成员对学校发展的需要和建议。同时，学校应摸清现有教育资源的基本情况。这个阶段大约需要一个月时间。

其主要任务就是就学校未来三年内，特别是第一年的学校发展广泛征求意见、收集信息、数据、问题。本阶段的最终结果是：学校发展的各类

信息、问题、意见、建议（体现在原始记录单上）。

为了成功地制订学校发展计划，非常关键的一步就是要充分发动社区成员和学校师生，积极有效地参与这个过程。通过这样的过程充分地与社区群众和师生员工进行信息和情感的沟通，了解大家的意见，强化交流沟通，表达学校发展教育的意愿和真诚，争取支持，达成共识。制订学校发展计划的过程，本身就是一个“发动群众”的过程。从一定意义上说，能否真正做到广泛参与，征求社区成员各方面的意见，特别是那些处境不利或往往不受重视的社区群众的看法，将在很大程度上决定学校发展计划的成功与否。

这一阶段可采用的方式方法很多，比如发问卷、进行访谈、开座谈会等，农村学校还可以采取适合当地风俗习惯的各种有效方式来进行，如走村串户、到田间地头、赶集等。

无论采用何种方式，在着手广泛征求社区成员的意见之前，校长都需要好好筹划。学校还要做好活动前的相关的计划准备、材料准备，征求社区群众对学校发展的意见，先要明确哪些社区成员应该参与制订学校发展计划，比如，社区人员可以分成哪几个类别？哪些人群过去不受重视？如可以把社区群众分成农民、工人、干部、企业主、个体户、贫困家庭、孩子没有上学或辍学的家庭、少数民族、宗教人士等。选出每个类别具有代表的人士进行有针对性的问卷调查、个别访谈或小型座谈会，听取他们对召开社区大会以及学校发展的意见。要特别注意征求女性社区成员和弱势群体的意见。

发动社区： 确保社区成员积极有效地参加制订学校发展计划
步骤： 1. 先要明确哪些社区成员应该参与制订学校发展计划（比如：社区人员可以分成哪几个类别，哪些人群过去不太受重视）。 2. 怎么获得各个方面的不同意见，包括不太受重视的人群和孩子没有上学的家长（比如：有针对性地交谈，排列需求的优先次序打分，多方拜访不同类别的人群，分别开会，等等）。 3. 组织不同的分组会议： • 谁将和哪些人群、个人交谈？ • 什么时候举行这些会议？ • 在什么地方举行这些会议？ • 会议上讨论什么问题？ • 会议要开多长时间？ • 有多少人能够参加？ 4. 召开社区大会，邀请全体社区成员参加：什么时候开？在哪儿开？谁主持会议？谁做记录？需要做些什么准备？

征求社区群众各方面的意见之前需要调动教师和学生的积极性，动员师生参与到制订学校发展计划的各项宣传活动中，事先印发一些文字宣传材料，充分发动学校的教师和村干部，让他们有个心理准备，宣传活动可以采用张贴标语、悬挂横幅、发放宣传单（如致社区群众的一封信）等形式，或先对他们进行一定的培训。

相对于过去的做法，本阶段的工作是很多学校平时最易忽略的。期间的工作量比较大，需要极大的耐心和诚意，尤其是在第一次做学校发展计划的时候，工作就更难开展，很多时候得不到理解，甚至还有可能惹来嘲讽，所以不少学校觉得最不愿意做的就是本阶段的工作，有些学校为了回避本阶段工作而采用了造假或偷工减料的做法，省略了许多征求意见的过程，减少了很多真实的信息来源。这些做法都是不可取的，必须杜绝这样的现象发生。

实际上，这个阶段的工作非常重要，如果做不好或省略掉这个环节，那么整个学校发展计划工作就失去了其应有的意义。因此，本阶段在开展工作的时候要尽量忠实登记社区和师生员工所表达的信息，做好原始的信息记录，先不要着急对信息的删减，尽量保持采集的真实性、原始性和广泛性。社区或员工的有些信息或问题不一定能有实质性的用途，甚至有时候是一些个人的怨言和牢骚，最后有可能在后期都会被技术处理掉，但我们都要予以同样重视和关注。本阶段的工作除了要取得广泛性的信息问题外，全过程诞生的效应也是我们所追求和提倡的。

为了配合本阶段的工作，可以采用系列的相关技术，以更好地确保有效地采集信息，比如有访谈、倾听、社区地图、问题树、头脑风暴等技术。

1．访谈

• 什么是访谈

访谈是指在制订学校发展计划过程中，通过面谈口问的形式来搜集信息的一种方法。这是征求意见过程中可能最经常使用的方法之一，主要是比较方便易行，形式可以比较多样而不受拘束。

• 访谈的类型

在制订学校发展计划过程中，访谈的对象和内容不同，访谈所采用的方式也不同。根据被访谈对象人数的多少来分，可分为群体访谈和个别访谈。从搜集资料的内容来分，可分为一般访谈和深度访谈。

• 访谈的特点

灵活性强。可根据被访人文化背景、性别、民俗等情况，采用不同层次的访谈方式，使用范围广。一般来讲，只要没有语言障碍，任何人都可以作为被访对象。另外，访谈的主动性也比较强。这是指访谈者在访谈中可以有一定的控制和调整的余地。例如访谈者在访谈过程中可以根据被访人的具体情况控制提问次序和谈话节奏等。

• 访谈的过程

比较完整正式的访谈一般包括预约、建立友好融洽的关系、实际访谈、告别四个环节。

(1) 预约。这是访谈的首要环节，就是提前与访谈对象约定访谈的时间和地点。可通过让学生捎话、带纸条、打电话和发邮件等方式进行预约。

(2) 建立友好融洽的关系。这是访谈前必须的一个环节，在一般情况下，大多数村民对来访者都能以礼相待，但可能产生戒备心理，不会立即产生信任，这自然会给访谈带来一定的困难，也直接影响访谈的质量。

(3) 实际访谈。这是访谈的重要环节。在这个环节中，访谈者要围绕“访谈提纲”，并注意以下五点：一是要耐心倾听被访者的谈话；二是要注意自己的访谈语言，不能用太多的专业用语，也不能说得太抽象，一定要通俗易懂；三是要按一定的顺序提问，并要注意所提的问题一定要具体，不能“大而空”；四是要善于从被访谈者的谈话中捕捉信息，进行适当的追问，发现埋藏在某些表面现象后的实质性问题；五是要始终采取公正的立场，不要因为自己的认识倾向而影响到被访者的回答，同时还要注意不能给被访者任何暗示。

(4) 告别。这是访谈的最后一个环节，是非常有必要的。访谈结束时，真诚地感谢对方的积极配合，不仅会给对方留下一个美好的回忆，而且为召开社区大会，使更多的人参与学校发展计划打下良好的基础。

• 访谈的技巧

为了确保访谈的成功，要注意选择好合适的环境，营造愉悦的氛围。要找到一个合适的突破口。一般来说，对不熟悉的人，单刀直入、直奔主题的方式效果并不好，因此必须找到一个对方感兴趣的话题作为切入点，激起其表达欲，使对方进入角色并兴奋起来。另外，要有意识地控制节奏及主题，不能任由对方天马行空。虽然是“曲径”，最终得“通幽”，这就需要及时有效的引导。在访谈过程中要敏感且善解人意，对访谈对象不同的情绪、意思、细微的变化、表达、反应等随时察觉，并做出相应的反应。要善于追问，挖掘语言中的深层含义。一方面要顺藤摸瓜，启发对方逐步深入；另一方面要善于思考，结合对方性格特点及文化背景，进行深度挖掘，“拔出萝卜带出泥”，捕捉到更多的信息或发现新的问题。

• 访谈提纲

与不同的人或人群交谈时，需要准备一份访谈提纲，才可以进行成功的访谈。下面所列举的只是一些例子，校长在访谈时完全可以不局限于这些问题，应根据学校实际情况设计问题。在访谈不同的人时，设计的问题应该有所不同，至少侧重点要不同，要有针对性。同时要注意提纲内容尽量涉及学校发展计划覆盖的五个类别方方面面的问题。

“学生组访谈提纲”：

——你喜欢上课吗？对哪些学科感兴趣？

——你喜欢我们的学校吗？你对学校的哪些方面比较满意？最不满意的是什么？

——你心目中的好学校是什么样的？学校还应做好哪些方面的事？

——什么样的老师是你心目中的好老师？给你上课的教师中哪几位老师你比较喜欢？假如你是老师你将怎么做？

——你觉得学校助学金发放得公开、公平吗？

——你认为学校组织的课外活动怎样？你是否积极参加？有何建议？

——你认为老师布置的作业多不多？你能按时完成吗？

——你在学校最感兴趣的是什么？最不感兴趣的是什么？

——你来到学校感觉安全吗？有没有什么担心？

——老师们对你们有没有体罚或变相体罚的现象？

——你的父母喜欢男孩还是女孩？

——父母对你学习成绩的好坏有何态度？

——你平时与同学的关系怎样？

——你对学习有没有信心？为什么？

——你平时在家里帮父母做家务吗？

——在众人面前说话时你紧张吗？

——假如你是校长你将怎么做？

“教师组访谈提纲”：

——你觉得学校的人际关系怎样？在这儿工作心情愉快吗？

——你在学校能感到集体的温暖吗？当你家里有事或遇到困难时，校长和同事会怎么做？

——你对学校安排的工作是否乐意接受？为什么？

——你知道学校一学期有多少资金吗，主要用在什么地方？

——你对学校领导的工作哪些方面比较满意？哪些不满意？最不满意

的是什么？

——你觉得学校的优势在哪些方面？应急需解决什么问题？

——为进一步提高教学质量，你认为学校领导还应怎么做？教师还应怎么做？

——你是否知道学校哪些方面存在安全隐患？有何建议？

——学校在校园文化建设方面有哪些特色？哪些方面还需要进一步加强？

——学校的后勤服务工作是否及时到位？哪些方面还需要改进？

——现有的管理制度有无激励性？大多数人满意吗？

——你在教学中取得了哪些成绩？主要存在什么问题？应怎样解决？

——在专业发展方面你需要什么支持？

——你希望三年后学校发展到什么水平？

“村干部组访谈提纲”：

——以前你经常来学校吗？主要干什么？

——你认为学校是谁的？直接受益者是谁？

——与附近的学校相比，咱们学校怎么样？（请举例说明理由）

——目前你对学校最满意的是哪些方面？最不满意的是哪些方面？

——你认为学校存在的最突出问题是什么？应如何解决？

——村里能不能帮助学校解决某些困难和问题？打算如何做？

——村里个别学生还没有上学的原因是什么？学校还应如何做？

——你们能为失学儿童或上学有困难的学生提供什么样的帮助？

——为了充分发动群众关心支持学校，我们还应做哪些工作？

——你希望三年后学校发展到什么程度？

“妇女组访谈提纲”：

——以前除了开家长会，来过学校吗？干什么？

——平时校长和老师与你有联系吗？主要说些什么？

——孩子在家里是否和你说学校里的事情，你对孩子在学校里的情况了解哪些？

——你对学校满意吗？学校最突出的问题是什么？应该怎么办？

——学校有困难你愿意帮助吗？

——你希望孩子在学校里得到哪些方面的关心？

——对残疾的孩子，学校和老师应在哪些方面给予关心和帮助？

——对留守儿童，学校和家长有什么沟通？

——孩子在学校读书，安全方面你放心吗？

——学校对中午不回家的孩子应该提供哪些帮助？

——你希望学校三年后变成什么样？

“村民组访谈提纲”：

——以前除了开家长会，你来过学校吗？干什么？

——平时校长或老师与你有没有联系？多长时间联系一次？最近的一次联系是在什么时间？

——家里有几个孩子？都上学了吗？在哪个班？

——孩子们喜欢上学吗？学习情况怎么样？

——哪一位老师教得好？为什么？

——你家里的孩子哪一门学科成绩较低？原因是什么？

——学校在哪些方面做得不错？哪些方面做得不够好？

——你对学校满意吗？有何希望？

——学校面临的最重要的问题是什么？应如何解决？

——学校有困难你愿意帮助吗？

——村子里还有未上学的孩子吗？原因是什么？你认为怎么做最好？

——你心目中的好学校是什么样子的？

2．倾听

倾听是一种交流信息的技巧，不是一般的“听”，而是洗耳恭听，用心去听。倾听是一种艺术，同时也是对人的尊重。英国政治家丘吉尔说过：“站起来发言需要勇气，而坐下来倾听需要的也是勇气。”希腊有位哲学家也说过：“上天赋予我们一个舌头，却赐予我们一双耳朵，所以我们从别人那儿听到的话，可能比我们说出的话多两倍。”由此可见倾听的重要性。

可能许多人觉得只要不是听力有问题的人，每个人都会倾听。其实不是这样，倾听与一般的听有很大的不同。真正有效的倾听是需要一些技巧的：

- 面带微笑。发自内心的微笑和眼中流露出的热情是一种无声的语言，可以改善你与被访者之间的关系。
- 不要以自我为中心。这是妨碍自己成为有效倾听者的最大障碍。因为你会不自觉地被自己的想法缠住，而忽略别人的语言和非语言信息。
- 不要有预设的立场。如果你一开始就认定对方很无知，你就会不断从对话中设法验证你的观点，结果你所听到的都会是废话。
- 全身都要注意面向说话者，和他保持目光的接触，要以你的姿势和手势证明你在倾听。

• 要向对方努力表达出理解并保持赞许的态度。用点头或“嗯”来表示你在认真听，并传递出你的态度。

• 要听出弦外之音。人与人之间的对话，尤其是陌生人之间的对话，经常表面说的是一回事，心里演的却是另外一出戏。因此访谈者要在认真倾听的同时，仔细观察对方的体态语，如弯腰驼背、手臂交叉、跷脚、眼神不定等。

• 不要妄自评断。说话者的肢体语言、面部表情或音调是否符合他所传递的信息，他所说的是否符合你的观点，都不要轻易加以评断，以免影响访谈进程。

• 不要随意打断，但要适时插问。每个人都喜欢别人从头到尾安静地听自己把话说完，而且更喜欢被引出话题。可以在他说话结束时，适当地加一句:“再重复一下刚才所说的好吗”或者“您讲的意见很重要，我们学校还没有发现这样的问题”。

除了一些技巧之外，另外要注意有些因素可能影响倾听。首先是访谈者及访谈对象身体状况，比如身体不适就会影响一个人听的能力和他对说话者的注意程度。另外，有些外部因素会产生干扰，比如访谈外部环境太吵闹、附近有什么活动、手机铃声等都不利于有效地倾听。

人们思维的速度是讲话速度的五倍，这意味着在倾听时，我们会经常让自己的思想往前跑，想到下一个想问的问题，或者开始想自己关心的或感兴趣的事情。这就是所谓的思想开小差，如惦记着家里的事就会阻碍倾听。对他人的情感倾向，对某人的好恶会分散人的听力。

每个人都有自己的想法，如果我们已经知道自己所提问题的答案，或者能够预见其他人会如何回答，就不能很好地进行倾听。所以不能带有成见。另外，人们一般不喜欢别人挑战自己的看法。因此，当某个人说的意见与自己的想法不同甚至相冲突时，也许会不自觉地停止倾听。要注意避免对不同见解的本能反感而带来的影响。同时，不要被自己的新见解所迷惑。在访谈的时候，别人所说的一些想法会启发我们，产生一些新见解。结果是自己可能不再倾听，而是开始顺着新见解想下去，并可能急不可耐地等着有机会发表自己的新见解。

最后，记笔记可能产生副作用。虽然有些人发现记笔记有助于他们集中倾听，但有时候会起反作用。如果我们试图写下发言者所说的每句话，就不可避免地会漏掉一些内容，因为发言者说话的速度比我们记录的速度要快。而且，要想边记笔记边倾听，就无法保持目光的接触，进而影响访谈效果。

3. 提问

提问是指在访谈过程中为了获得更多的信息而采用的一种方法，包括追问、查问等。所提问题的质量将在很大程度上决定通过访谈能够获得多少有价值的信息。提问是一个非常需要技巧的活动，下面是有关提问的主要技巧。

首先，提问必须要有明确的目的。对社区群众提问时要有目的，千万不要脱离学校发展计划去提问，避免因谈论一些无聊话题而浪费时间。

其次，提出的问题应该是开放的。我们所说的开放性提问是与封闭性提问相对的。封闭性提问重在收集数据信息，但限定了答案，只能在有限的答案中进行选择。而开放性提问，就是不限制问题答案，完全让人们根据自己的喜好，围绕谈话主题自由发挥。进行开放性提问可以令社区群众感到自然而畅所欲言，有助于访谈者了解更有效的信息。而且，当社区群众感到不受约束时，他们通常会放松和愉快，更有助于双方的进一步沟通与合作。

一般情况下，开放性问题主要用疑问词“……怎（么）样”、“如何……”、“为什么……”等，典型问法举例如下：我们怎样做才能满足您的要求？您希望这件事怎样解决才算合理？您认为学校应该怎样发展下去？孩子为什么厌学？如此等等。

另外，对访谈对象要做进一步的追问。通过问“具体是什么意思”、“谁”、“哪儿”、“怎么样”等，来获得访谈对象的真实看法。

提问主要是为了获得基本的事实或信息。一般来说，这是访谈对象知晓并且容易回答的问题。比如：你有几个孩子？他们在上学吗？

同时，通过提问也可以了解别人的看法。有些问题可能很容易回答，而另外一些问题可能需要访谈对象稍微想一想。比如：你对学校满意吗？你认为学校面临的最大问题是什么？

通过提问可以进一步挖掘事实或看法。这类问题基本上是在前两类问题的基础上深入一步。比如：你为什么不送孩子上学？为什么认为教学质量低是最为急迫的问题？

在制订学校发展计划的过程中，我们广泛征求意见不仅要知道人们想什么或需要什么，而且要知道他们为什么那样想或为什么要那些东西。通过问这些问题，校长可以对社区成员有更深的了解，而越是了解社区成员，我们就越能对他们的需求做出反应。

提问也可以促使人们思考，特别是那些需要访谈对象思考后才能做出回答的问题。比如：你希望学校应该在哪个方面发生变化？你希望学校在三年后是个什么样子？

提问时态度一定要诚恳，语言要文明，并且要有自信，但不能鲁莽，避免忌讳，更不能咄咄逼人。

选择问题时，一定要给对方留下足够的回答空间，在对方回答问题时尽量避免中途打断。

提出的问题必须通俗易懂，不要让对方感到摸不着头脑。

4. 社区图

• 什么是社区图？

社区图是在访谈过程中通过参与方式由访谈对象所绘制的反映一个村子或社区基本情况的地图。它不是严格意义上的地图，可以反映任何参与绘制的成员认为重要的信息。

• 为什么画社区图？

社区图可以显示社区的教育经济文化状况及资源分布等信息，从而使校长明白哪些方面需要关注，社区有哪些资源可以为我所用等。

画社区图本身不是目的，而是要通过这一过程与社区成员讨论教育问题，它不仅可以帮助校长获得基本的信息，而且可以探究社区成员对学校的看法和意见，从而达到征求意见、寻找解决办法、获得社区支持的目的。由于这一过程纯粹是一种视觉活动，即使是不识字的人也可以参与。

• 如何画社区图？

访谈者可以先画出一个社区图的基本框架结构，但主要由访谈对象用简单明了的符号，在图中增添细节，如哪儿有建筑物、道路、他们的房子，哪儿住着特别的人群等。应该通过一系列的提问来边画图，边获得信息。如：

——村委会在什么地方？

——你住在什么地方？

——你家的孩子上学吗？

——是男孩还是女孩？

除了问这些基本的信息并用形象的符号描述出来外，校长还可以问一些更深入的问题。在这个过程中或事后可以记录他们的反馈。比如：

——你孩子上学走的是哪条路？

——他（们）要走多长时间？

——你为什么送儿子而不送女儿上学？

——你知道学校的情况吗？有何建议？

——为了使你的孩子受到更好教育，学校还应做哪些工作？

校长要知道，画社区图是更加深入的访谈或讨论的一个部分，而不是一个与其他征求意见的活动互不相干的单纯画图的活动。

下面的实例是某校在征求意见时，由社区成员所画的社区图。

某 校 社 区 图

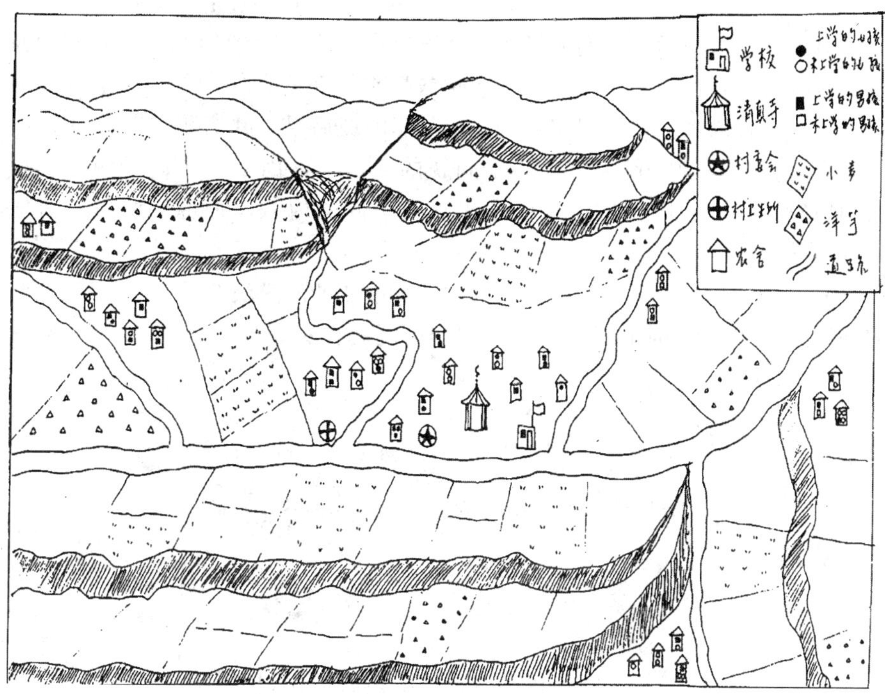

5. 问题树

• 什么是问题树

问题树是一种树状形式的图画，它能够帮助校长分析问题的原因和产生的影响，并反映其中的相互关系。

• 为什么要用问题树

使用工具问题树可以分析问题产生的原因，可以更深入准确地看到问题之所在，发现解决问题的办法。

比如，学校入学率低。这对校长来说也许是一个问题，但对贫困家长来说则不是问题。但是，通过做问题树，我们可以发现有些家长不送孩子上学，是因为没有钱或没有认识到受教育的价值。很显然，入学率低的问题与家庭有直接的关系。那么，解决问题的办法之一也许就是为这些家庭的孩子提供助学金，并对家长做相应的思想工作，促使他们认识到送孩子上学的意义和作用。通过分析这个问题的影响，我们可以认识到如果不解决这个问题，所带来的长期的和广泛的后果是什么。

● 怎么做问题树

在一张纸的中心写下问题。这个问题可以是由社区成员提出的。在纸的下半部分，写出尽可能多的各种原因，并用线条把它们连起来。在原因的下面再引出原因，并标明它们的联系。一直这样下去，直到你找到最根本的原因。然后，在问题的上面汇总各种影响或后果，并把它们用线条连起来，在一层影响或后果之后接着引出更进一步的影响或后果，并标明它们的联系。

可以把画问题树作为讨论某个问题的起点。下面是一个问题树。正如从中所看到的，有时候同一个问题出现在不同的地方，但原因和影响可能是相同的。

其实，原因和影响本身也是问题。画出的问题树最终形成了相互关联的问题网。以下实例是某一个社区制作的问题树：

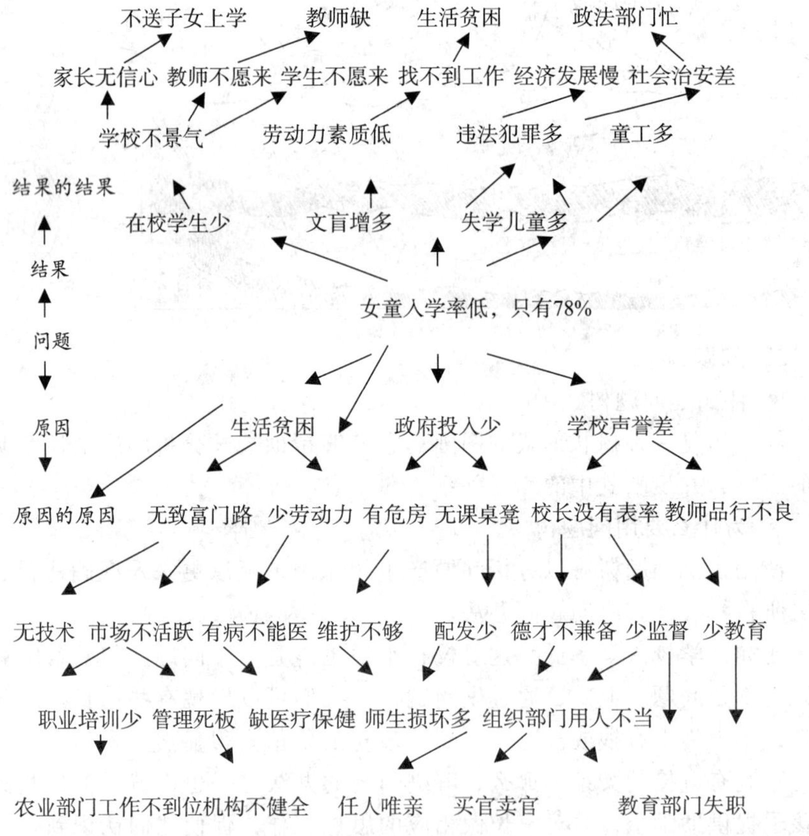

6. 头脑风暴法

• 什么是头脑风暴法

头脑风暴法（Brain Storming）是一个外来词汇，简称 BS 法，又称智力激励法。是由美国创造学家 A. F. 奥斯本于 1939 年首次提出，1953 年正式发表的一种激发创造性思维的方法。它是一种通过小型会议的组织形式，让所有参加者在自由愉快、畅所欲言的气氛中，自由交换想法或点子，并以此激发与会者创意及灵感，使各种设想在相互碰撞中激起脑海的“风暴”的过程。

头脑风暴原意是：“突发性精神错乱”，表示精神病患者处于大脑失常状态的情形。因此，头脑风暴特别强调在自由自在、无拘无束、轻松愉快的氛围中自由畅谈，发表看法。

在制订学校发展计划的过程中，要广泛向各类不同群体征求意见，一般用小型会议的组织形式，让他们在自由愉快、畅所欲言的气氛中，分析研究学校发展中存在的问题，对学校发展和管理提出各种意见和建议，同时也寻找解决问题的各种方法和途径，这就是头脑风暴法在学校发展计划中的具体应用。

• 头脑风暴法的操作程序

（1）确定议题

一个好的头脑风暴法的应用是从对问题的准确描述开始的。因此，在会前必须确定一个议题，使与会者明确要通过这次会议需要解决什么问题，在讨论中不要限制可能解决方案的范围。一般而言，比较具体的议题能使与会者较快产生设想，主持人也较容易掌握。

（2）会前准备

为了使头脑风暴法的效率较高，取得良好的效果，在会前要做些准备工作。首先，会议组织者要对议题有充分的理解和认识，其次，要求有相关资料，如向与会者提供学校的基本情况，有条件的学校可以播放介绍学校和反映教师、学生生活的声像资料，使与会者了解与议题有关的背景材料和相关情况。最后，会场可作适当布置，座位宜排成圆环形。在头脑风暴正式开始前，还可以提出一些激发创造力的问题，让大家积极思考，以活跃气氛，促进思维。

（3）确定人选

参加会议人员一般以 8 ~ 12 人为宜，也可略有增减（5 ~ 15 人）。与会者人数太少不利于交流信息，激发思维，而人数太多则不容易控制，并且每个人发言的机会相对减少，也会影响会场气氛。只有在特殊情况下，与会者的人数可不受上述限制。另外，在非研究项目活动中，小组成员最好具有不同的背景，参会人员不宜有过多行家。

（4）明确分工

要选定 1 名主持人，1 ~ 2 名记录员。主持人的作用是在头脑风暴开始前重申讨论的议题和纪律，在会议进程中启发引导，掌握进程。记录员应将与会者的所有设想都及时编号，简要记录，最好写在黑板等醒目处，让与会者能够看清。记录员也应随时提出自己的设想，切忌持旁观态度。

（5）规定纪律

根据头脑风暴法的原则，可规定几条纪律，要求与会者遵守。如集中注意力积极投入，不消极旁观，不要私下议论，不要接打电话，发言要针对目标，开门见山，不要客套，也不必做过多的解释；与会者之间相互尊重，平等相待，切忌相互褒贬等。

（6）掌握时间

会议时间由主持人掌握，不宜在会前定死。一般来说，以几十分钟为宜。时间太短与会者难以畅所欲言，太长则容易产生疲劳感，影响会议效果。经验表明，创造性较强的设想一般在会议开始 10 ~ 15 分钟后逐渐产生。会议时间最好安排在 30 ~ 45 分钟之间。假若需要更长时间，就应把议题分解成几个小问题分别进行专题讨论。

• 头脑风暴法的基本原则

第一是自由畅谈，让与会者在轻松自如的心理状态下，想到什么就说出来，不受任何条条框框限制，让思维自由驰骋。从不同角度、不同层次，大胆地展开想象，尽可能地标新立异，与众不同，提出独创性的想法。

第二是追求数量，头脑风暴会议的目标是获得尽可能多的设想，追求数量是它的首要任务。参加会议的每个人都要抓紧时间积极思考，多提设想。至于设想的质量问题，自可留到会后的设想处理阶段去解决。在某种意义上，设想的质量和数量密切相关，产生的设想越多，其中的创造性设想就可能越多，达到以量求质的目的。

第三是禁止批评。绝对禁止批评是头脑风暴法应该遵循的一个重要原则。参加头脑风暴会议的每个人都不得对别人的设想提出批评意见，因为批评对创造性思维无疑会产生抑制作用。同时，发言人的自我批评也在禁止之列。有些人习惯于用一些自谦之词，这些自我批评性质的说法同样会破坏会场气氛，影响自由畅想。

第四是延迟评判。在头脑风暴时不对任何设想当场作出评价。既不能肯定某个设想，又不能否定某个设想，也不能对某个设想发表评论性的意见。所有评价和判断都要延迟到会议结束以后才能进行。这样做一方面是为了防止评判约束与会者的积极思维，破坏自由畅谈的有利气氛；另一方面是为了集中精力先开发设想，避免把应该在后阶段做的工作提前进行，影响创造性设想的大量产生。

最后是提炼设想。由于是举行集体讨论会，某一个人的“灵机一动”，可能会激发他人，产生更多的设想；与会者相互启发，彼此鼓励，巧妙地利用并改进他人的设想，可以不费气力提出很多新的想法。但有些设想不现实，不切合实际，需要进一步进行选择和取舍；还可以选取许多设想的可取之处，综合加工为一个新的更有效的方法。

（二）汇总和整理问题，把问题归类

本阶段的主要任务就是将上一阶段征求到的意见和采集到的各类信息进行汇总，然后加以澄清、整理、诊断和归类，这是征求意见工作过程中的第二步，如下图：

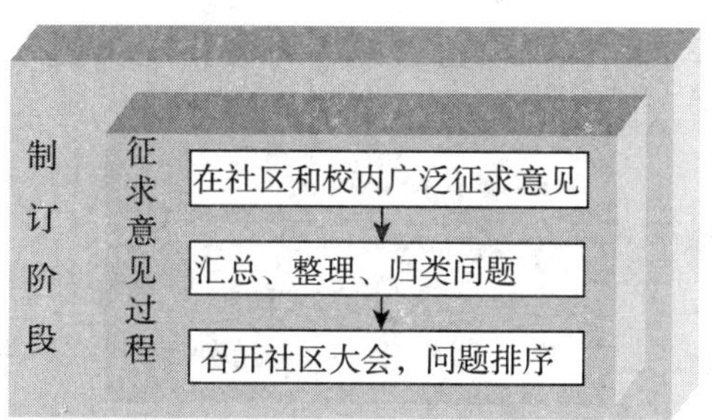

这是制订学校发展计划过程中非常重要的一个环节，因为《学校发展计划文本》中的主要部分就来自于对上述结果的汇总、分析和研究，最终设计确定学校发展计划的文本。这项工作最好组织教师来完成，或由技术小组、学校发展计划委员会来完成。

首先要对问题进行澄清与梳理，在广泛征求意见的阶段中收集到大量的信息和问题，这些信息和问题记录在原始的记录单上，处于一种原始状态，即可能是凌乱的、含糊的、重复的、不着边际的等等，因此需要对这些问题进行初步的澄清，看看其到底是想要表达什么意思，将其清晰化，梳理罗列出来，附在相应的原始记录的档案盒上备查。

其次是将所收集到的问题按照问题的类别分门别类归整好，在对应的类别中罗列出来备查，同时可以写在大白纸上。在归类的时候切忌简单随意，或只根据字面意思随便放到某一类别，必须要尽量明确该问题的实质

意思，以及其表达的重心，在此基础上才能正确归类。

归类的方法可以灵活多样，各学校可以根据学校发展的实际情况，从不同角度进行归类，不必强调千篇一律。

本项目是按照下面的类别来划分的：

• 与社区儿童入学和巩固有关的问题

能否保证学生进得来、留得住以及能否顺利升学的问题，这一方面首要的目标是保证每个学生能够享受接受义务教育的基本权利。

• 与学生学业成就和综合发展有关的问题

学生学业成就与综合发展是衡量学校发展的重要指标，也是各方面普遍关注的问题，应该给予高度关注。与学生学业成就和综合发展有关的问题主要是指为促进学生学习成绩和综合素质提高相关的问题。如为了提高学生学业水平而开设的数学、语文、英语、物理、化学、生物、历史、地理等课程的教学；为了促进学生全面发展而开设的体育、美术、音乐、生理卫生、科学、校本课程等课程的教学；为了激发学生创造力、想象力，拓宽学生知识面，确保学生身心健康发展的生存教育、学生品德、身心健康、养成教育等方面的教育内容；反映教育公平、贫困学生的救助、有特殊需求学生的教育、女生、弱势群体、寄宿制学校的学生寄宿问题等。

• 与教师的教和学生的学有关的问题

与教与学有关的问题主要是指与学校教师教学水平的提高和教学质量的改善有关的问题，如学校教师教学态度、教学方法改进、教学水平的提高、学生学习态度的端正、学习方法的改进、校园文化的形成以及新课程改革的实施等问题。

• 与办学条件和环境改善有关的问题

办学环境和条件涉及"软"和"硬"两方面的内容，主要包括校园文化和硬件设施以及外部支持等方面的内容。简单地说，校园文化属于软的方面，而硬件设施属于硬的方面，至于外部支持则既可能是软支持（如好的建议、良好的社区文化环境等），也可能是硬支持（如政府部门的政策、资金支持以及社会上的财务捐献等）。两方面的内容是互相补充的关系，学校应该围绕教学和学生来组织这两方面的活动。

• 与学生关爱有关的问题

学生关爱体现的是"生本"和"公平"的教育思想。主要包括学生的身心健康、贫困学生的救助、有特殊需求学生的教育、女生、弱势群体、寄宿制学校的学生寄宿问题等。

- 与学校的领导和管理有关的问题

学校的领导与管理是学校发展的基础，这方面的问题主要包括教学管理、德育管理、教师管理、学生管理、后勤管理、学校财务管理等方面的内容。校长和教师要通过自学和不断接受培训，不断提高自身管理水平和业务能力来促进学校整体管理水平的提高，要不断更新教育理念和教育思想，要建立健全科学、合理、规范、民主的各项学校管理制度确保学校工作的时效性和新课程改革的落实与实施。总之，学校发展计划是一项系统工程，需要充分地发挥团队的力量。

实际上每个学校的类别不完全相同，同一学校不同历史阶段的问题也不同，各学校可以根据自身实际情况，从不同的角度进行分类。但一般原则是：

- 必须尽量涵盖学校工作的各个层面。
- 类别之间尽量不要有明显交叉重叠。
- 类别的概念一定要很准确，界限有足够的清晰度。
- 类别的划分要在一个层面，类别不要太多。
- 尽量体现学校的特色或价值取向。
- 是学校层面的问题，而不是学校力不能及的问题。
- 学校问题无论如何归类，教与学问题始终是学校的中心，如何确保学生得到公平教育，使学生有质量地发展是学校的核心问题。在处理问题类别之间的关系时必须以上述问题为主要立足点、出发点和归宿点，使问题有主次、有层级、有结构，形成内在逻辑关系，而不要使问题松散，各自为政。

当类别划分好以后，就要将采集上来的问题进行归类。在归类的过程中还要注意以下问题：

- 每个问题必须表达具体准确，并明确把握其实质。
- 校长及学校教师务必熟悉这六大问题类别。
- 类别之间是相互牵连的，但每一个类别的角度是不同的，在归类的时候首先要把握好问题的实质，根据问题的侧重点（重心）来合理归类。
- 将所收集到的问题按照问题的类别分门别类归整好，在对应的类别中罗列出来备查。
- 进入学校发展计划文本的问题必须是学校层面的问题，并且是力所能及的。
- 每一个问题按照其内容与问题类别的亲疏关系只能归到某一类，而不能同时出现在两个或两个以上的类别中。

比如，将“四年级双科合格率只有55%”和“学校对于教师的评价80%侧重于学生的学业成绩”等三个问题既归于第一个类别，又归于第四个类别，显然不恰当。同一个问题不能重复归类。

类别二：学生学业成就与综合发展	
问题1：四年级双科合格率只有55%	
问题2：学校对于教师的评价80%侧重于学生的学业成绩	×
问题3：……	

类别六：学校领导与管理	
问题1：四年级双科合格率只有55%	
问题2：学校对于教师的评价80%侧重于学生的学业成绩	×
问题3：……	

按照我们关于问题归类的要求，以上问题只能归属于第一类或者第四类，如果将第一个问题归属于第一类“学生学业成就与综合发展”，第二个问题归属于第二类或者第四类“学校领导与管理”，就比较恰当。

类别二：学生学业成就与综合发展	
问题1：四年级双科合格率只有55%	
问题2：……	√

类别六：学校领导与管理	
问题1：学校对于教师的评价80%侧重于学生的学业成绩	
问题2：……	√

（三）召开社区大会，通报情况，对问题进行排序

社区大会是在制订学校发展计划过程中规模和影响最大的活动，是学校与社区沟通的主要方式之一。通过社区大会，把在征求意见过程中得到的各种问题和信息向大家通报，再次倾听大家的意见和建议，最终明确问题，统一认识，对问题按轻重缓急排出个优先秩序。这是征求意见工作过程中的第三步，如下图：

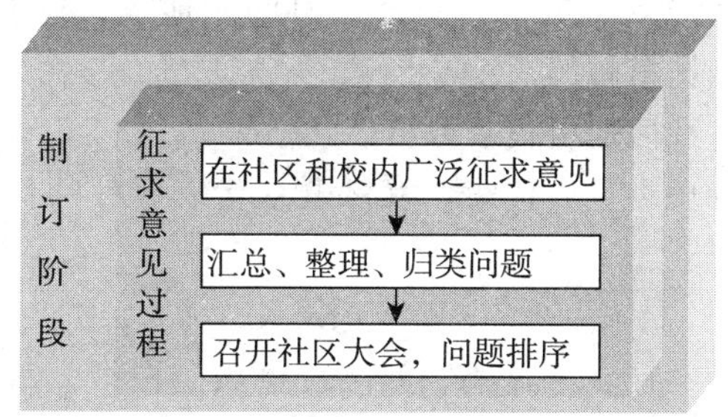

● 召开社区大会的目的

在与社区群众进行个别访谈、与不同类型的群体分组讨论后，需要召开一个有社区各方面群体（各村屯代表、教师、学生代表、相关组织单位代表等）参加的大会。不可能让所有的社区群众都能参加会议，但参加的人员肯定是越多越好，其目的在于：

——向社区群众广泛宣传制订学校发展计划的意义。

——与群众讨论他们对教育的看法，特别是提高他们对子女接受教育的认识水平。

——听取他们对学校今后几年发展的意见和建议。

——明确学校面临的主要问题和原因。

——把上述问题按重要程度排出先后次序。

——探讨解决这些问题的各种可能的办法，包括社区自身可以实施的解决办法。

——加强学校与社区的联系和沟通。

● 召开社区大会前的准备

召开社区大会是制订学校发展计划过程中必须进行的活动之一。在具体组织和召开社区大会时，可能会碰到很多困难，比如群众居住分散、农活忙或外出打工、没有合适的会场等。针对这些可能的困难，校长要有充分的思想准备，并事先做大量的工作，如依靠村干部的力量来动员群众会，选择对大家都合适的时间、借用政府场所等。要充分考虑到社区群众的实际情况，尽量把召开社区大会需要准备的内容考虑得仔细些，做好充分准备。考虑到社区群众的参与度问题，社区大会召开的时间一般不要在农忙时节，可以选择在春节前后的赶集日、宗教活动日等，也可以通过学校和社区共同举办文艺会演等形式来吸引群众参加会议。会议地点可以在学校，也可以在社区广场。

召开社区大会主要做好以下方面的准备：

——征求社区群众意见，确定开会时间、地点，要提前布置好会场，张贴宣传标语、悬挂横幅等。

——通知所有社区成员代表参会。

——校长、管理委员会代表、社区群众代表、教师代表、学生代表准备大会发言内容。

——确定大会主持人、会务、会议记录人、话筒、扩音器、茶水准备。

——调查问卷、征求意见稿、问题排序表、白纸、水性笔、照相机的准备等。

● 如何开展社区大会

由于社区大会规模、时间、地点多方面的因素，召开社区大会有一定的特殊性，其没有固定的程序和模式，但根据以往制订学校发展计划时召开社区大会的经验，可以提供如下程序方面的一些做法，仅供参考：

第一步：校长主持大会，介绍召开社区大会的主要目的，宣传项目的宗旨和社区参与学校发展计划制订的重要意义。

第二步：介绍学校管理委员会成员，并介绍委员会的职责和任务。

第三步：校长介绍学校和社区一年来的变化和上学年学校发展计划的实施情况（第一次召开社区大会时，介绍学校和社区过去三年的发展情况、国家教育的教育方针、学校的文化、学校的历史、学校的价值观和学校现状等，以便排序的时候人们有一个基本的参照维度，使他们更关注实质性的问题）。

第四步：社区群众代表和师生代表发言（为社区具有影响力的人士安排发言）。

第五步：访谈、发放意见征求表以及调查问卷等。采取分组等形式收集访谈中获得的信息并归类。

第六步：对各类问题进行排序，确定需优先解决的问题、目标与活动措施，归纳学校发展展望。

第七步：进行大会总结，收集整理群众意见，会后公布、张贴社区大会成果。

归入同一个类别的问题，不能简单地进行罗列，而要用排序的方法，分清问题的轻重缓急，进行优先次序排列，以便决定哪些问题是最紧迫的。如：“问题1……问题2……问题3……”或者“第一个问题……第二个问题……第三个问题……”，这样才能确定需要优先解决的问题。因此，在社区大会期间，在小组活动和大会上都要做的一个重要工作就是对问题的排序，以区分出轻重缓急的问题。因此，排序是一个必不可少的重要的技术工作。

在每一个类别之下，有可能存在很多的问题，因此，此时需要根据这些问题的重要性、紧迫性、优先性和实施的可能性等进行论证排列，得出一个轻重缓急的顺序，并重新加以罗列备查。在每一个类别下，需要列举的问题一般是在 3～4 个问题的范围内，太多了失去了重心，没有了重点，也难以实现。各学校可以根据实际情况确定问题的多与少，实在没有问题也可以不填。比如：

类别一：与社区儿童入学和巩固有关的问题

问题 1：
问题 2：
问题 3：

类别二：与学生学业成就和综合发展有关的问题

问题 1：
问题 2：
问题 3：

类别三：与教师的教和专业发展有关的问题

问题 1：
问题 2：
问题 3：

类别四：与办学条件和环境改善有关的问题

问题 1：
问题 2：
问题 3：

类别五：与学生关爱有关的问题

问题 1：
问题 2：
问题 3：

类别六：与学校的领导与管理有关的主要问题

问题 1：
问题 2：
问题 3：

• 什么是排序呢？

所谓排序，就是在制订学校发展计划过程中，对学校存在的某一类别下的若干个问题，按重要性和紧迫性等因素，确定优先次序的一种方法。同时，问题的解决方法或问题产生的原因也可以通过排序来确定优先次序。

• 为什么要排序？

学校所面临的问题可能是多种多样的，但不可能在"一夜之间"解决所有的问题。因此，就需要把这些问题加以分析和汇总，根据社区群众和师生的意见，把这些问题按轻重缓急排出优先次序，便于集中有限的资源解决最迫切而又最重要的问题。

排序活动还能够使我们参考不同人群的不同意见，把问题的优先次序明确下来，这样每个人的意见都得到了同等重视。由于不同人群的出发点不一样，排序结果可能都不一样。校长在征求社区意见结束时，要把各个组的排序意见汇总起来，在社区大会上形成整个社区的最终排序结果。

• 常用的两种排序方法

优先排序：是指一组人对问题排序时，个人先将这一类问题按一定的标准进行先后排列，并标出序号，最优先解决的标 1，次之的标 2，依次类推，然后将每个人对同一组问题排列的序号相加，再把相加的序号进行小计，按从小到大的顺序进行排列的过程。

具体做法，先选择一类需要区分优先次序的问题，然后让参与者就这些问题的优先次序提出他们各自的看法，让不同的人重复这一活动，然后把结果记录在下面所附的表中。

优先排序样表

项目 / 排列序号 / 问题	排序者					序号小计	排序结果
	王××	马××	张××	丁××	……		
问题一（填写具体问题）							
问题二（填写具体问题）							
问题三（填写具体问题）							
问题四（填写具体问题）							
问题五（填写具体问题）							
问题六（填写具体问题）							

如果访谈者很多，可以先分组做优先排序，然后把小组序号之和填进总排序表，再进行排序，形成最终排序结果。

注意：如果有很多人参与分组和最终排序，排序的问题必须相同，否则难以汇集形成最终排序结果。

对比排序：是指个人对问题进行两两比较，把认为重要的问题记下来，不重要的忽略不计，然后把所记同一个问题的个数加起来，再将个数按从大到小的顺序进行排列的过程。如下是一个样表：

对比排序样表

A	B	C	D	←问题 ↓	个数和	排序结果
				A		
				B		
				C		
				D		

如同社区图和问题树一样，排序也可以用来作为进一步深入讨论问题的基础（比如，可以问访谈者他们为什么如此排序，对排序结果的看法）。

• 排序时应注意的几个问题

——排序时，让参加排序的人按他们自己的理解来做，别人尤其是组织者不要作任何暗示，不要试图影响人们的选择。

——在排序过程中，要耐心了解人们的反应。

——如同社区图和问题树一样，排序也可以用来作为进一步深入讨论问题的基础（比如，可以问访谈者他们为什么如此排序）。

——排序时，可以将表中的矩形格改为“米”字格、“田”字格或九宫格，以方便更多的人或小组使用。

——建议对文盲、记忆力差的人采用对比排序方法，并用图片或石子等实物代替表格中的问题进行排序。

——让人们按他们自己的方式来做。

——探求人们的反馈。

——排序的技术不仅仅是用在社区大会期间，在其他过程（比如征求意见过程）中也可以根据需要使用。

——排序也不仅仅是要得到一个秩序而已，其另一个重要作用就是通过广泛的参与过程来达到其过程效应。因此，排序的过程不能是校长一个人或几个人简单的主观判断，而应该是一个广大社区成员和师生员工以主角的身份广泛参与学校管理，充分发表他们关于学校发展的意见，献计献策，表达他们的关注，尽其主体的权利和义务的过程。

因为每所学校的情况不同，在征求意见的过程中，使用工具和技巧时遇到的困难和问题可能也会有很大差异，以下列举的解决办法只是一部分，也许还有更好更独到的解决办法有待于校长们的探索。

1. 开始用头脑风暴法时找不到可行的解决办法

产生这个问题的原因可能是：活动刚开始时，气氛比较沉闷，参与者不够活跃，发言不积极，或者不善于表达，所以很难“刮起风暴”。建议可以采取如下对策：活动开始前，做一些热身活动，设置一些能激发创造力的思考题，打破沉闷的气氛，激活大家的思维。通过做游戏等多种活动积极鼓励参与者消除隔阂或畏难情绪，及时表达自己的想法。等到活动结束头脑冷静下来后，对提出的众多设想进行认真分析，进行筛选，选择切实可行的方法；也可以将几种设想中的可取之处加以提炼，整合成一种新的最佳方案。

2. 访谈达不到预期的目的

产生这一问题的原因主要是：访谈者访谈技巧使用不够娴熟，难以打破僵局，无法切入主题，访谈效果不够理想。可以考虑的对策有：

善于发现被访者的优点，并用恰当的语言表示欣赏或赞许，但不能显得虚假和勉强，或者以被访者感兴趣的事为话题，打破僵局，为访谈顺利进行打下基础。还要注意，这一阶段耽搁的时间不能太久，更不能由被访者牵着鼻子走，以致干扰访谈的主题。

访谈以前一定要充分准备好“访谈提纲”或问题清单，但也允许访谈对象提出问题清单之外的新问题。事先对访谈对象的基本情况有一个大体的了解，诸如文化背景、有何忌讳等，以保证访谈顺利进行。

访谈时要选择好时间、地点，比如要访谈农民，要避开农忙时间，座谈的地点应选在学校或村办公场所。在访谈者的控制下进行有目的的、非正式的交谈。要注意访谈的节奏和时间，把握好访谈的主题，一旦谈话偏离主题，应采用适当方法加以制止和引导。方式应该是开放式的，能引起访谈对象的兴趣，而不是“审讯式”的一问一答。

访谈者要保持高度机敏，谈问题不一定面面俱到，可以抓住某一方面，说详细，谈具体，及时发掘隐藏的问题，获得真实有效的信息。

3. 社区图所反映的信息不全面

由于时间限制等多种原因，社区图所提供的信息可能不是十分完整。

主要的对策是：社区图不能由一两个人来画，尽可能让不同群体的人来参与，同时主持人要不断地引导和提问，让参与者不断补充和完善信息。对社区图中反映的每一种信息都要认真分析，这些信息对学校有什么积极作用和消极影响，还要分析哪些资源可为学校所利用，同时还要考虑学校能为社区提供哪些服务。

4. 召开社区大会时无法保证群众有效参与

不少学校反映召开一个成功的社区大会比较困难，也是对校长能力一个非常大的考验。可以考虑的对策包括：校长要事先做好相关的宣传动员工作，如写标语、发通知、发邀请函、广播电视宣传等，并积极要求村干部和学区校长给予支持，必要时与某些特殊群体如宗教人士、社会贤达等事先进行沟通，获得他们的支持。安排好社区大会的时间、地点、内容，使社区大会顺利进行。可由村干部协助组织社区大会，由校长策划会议的内容和开会的方式。对居住分散、召开社区大会确实有困难的学校，可召开村民代表会议，或按村民居住情况分片召开会议，然后把分片会议征求到的意见建议归纳整合，归类排序。

5. 在制作问题树时所找的“原因”和“结果”比较少，问题树显得“根不深，叶不茂”

真正要通过问题树准确而深入地找到问题的原因和对策确实并不是十分容易的事情。校长们在使用这一工具时，可以运用多种方法如头脑风暴等办法，鼓励参与者积极寻找问题的“原因”和“结果”，再进一步寻找“原因的原因”和“结果的结果”。这样一层一层地找下去，直至找到最根本的原因及对应的结果。

6. 教师缺乏相应的技巧和能力

教师是制订和实施学校发展计划的骨干力量，帮助教师具备相应的技巧和能力，加强协作，有助于制订和实施学校发展计划。建议校长们一定要组织好教师培训工作。校长根据自己接受培训的情况，针对教师的实际，确定培训方案，突出重点和难点，让教师熟练掌握征求意见的技巧和方法。同时，通过培训提高教师对学校发展计划的认识，形成积极的态度。教师在参与过程中遇到困难问题时，校长要及时帮助、支持、指导。另外，校长要与教师定期和不定期召开研讨会，研究遇到的困难和问题，通过相互探讨交流，共同提高分析问题和解决问题的能力，培养团队精神。熟练掌握技巧和方法需要一段时间，要允许教师出现错误，对出现的错误要正确认识，积极面对。

三、学校发展计划文本撰写、答辩与确定过程

学校发展计划制订的后期工作主要就是文本的撰写、答辩和最终审批确定过程，这是学校发展计划制订过程中的第三大阶段，其基本步骤如下图：

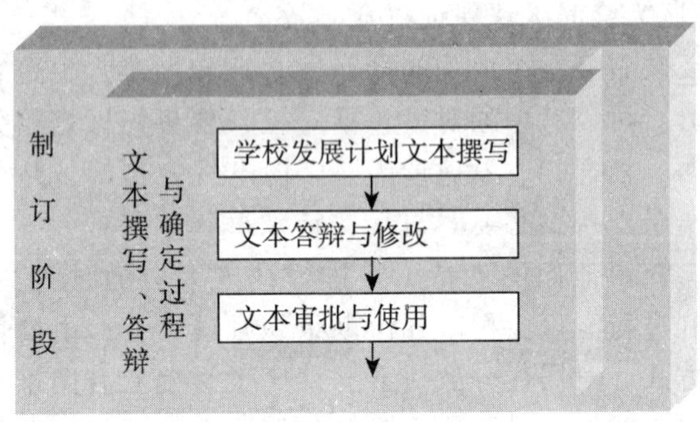

（一）学校发展计划的文本格式与撰写

《学校发展计划文本》是具体呈现学校发展活动的表现形式。社区的需求、学校发展面临的挑战和机遇，以及涉及学校管理、教育教学、师生发展、学校工作的安排部署等，都要在学校发展计划文本中具体体现。因此，撰写一本高质量的学校发展计划文本是学校制订和实施学校发展计划的一个重要环节。在这一部分我们将重点了解《学校发展计划文本》的结构与框架，学习和掌握如何撰写修改《学校发展计划文本》。这是学校发展计划文本撰写、答辩与确定过程中的第一步，如下图：

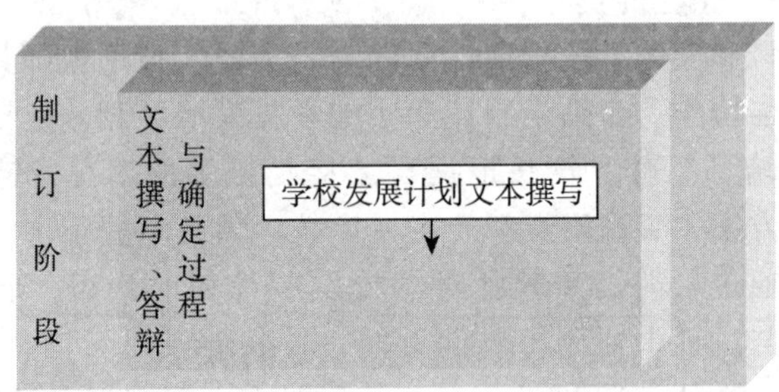

1.《学校发展计划文本》的基本框架

《学校发展计划文本》的结构如下：

学校发展委员会组成人员名单

第一部分　社区概况及变化

第二部分　学校概况

第三部分　过去三年学校发展的自我评估

第四部分　未来三年学校发展展望

第五部分　本学年需优先解决的问题

第六部分　本学年学校发展的主要目标与具体活动

第七部分　学校周历表

第八部分　校长工作计划

第九部分　教师工作计划

第十部分　本学年学校发展计划的监测与评估

附件：

附件1：学校服务半径内未入学学龄儿童（少年）花名册

附件2：学校服务半径内学龄儿童“三率”统计表

附件3：学校师生基本情况统计表

附件4：教学设备设施及使用情况表

附件5：学校财务收支情况统计表

附件6：学校发展管理委员会会议记录表

以上所讲的文本框架只是一个范本，学校可以根据自己的实际情况，设计文本内容，以便体现本校的特色，还可以按学年度等不同的时间段来设计文本内容。

2. 撰写“学校发展委员会组成人员名单”

3. 撰写“第一部分　社区概况及变化”

社区概况包括社区人口、民族、经济、宗教、社会文化等有关方面的背景情况。这些信息是十分重要的，因为学校的许多问题是与社区的特殊环境相关的。如果对社区的基本背景情况不清楚，就有可能在制订学校发展计划时作出不恰当的判断。例如，如果对社区未来几年适龄儿童的人数把握不准，估计过高，就有可能浪费宝贵的教育资源，诸如校舍过多、课桌椅闲置等。同时，该部分也要描述该社区所处的地理位置和地理环境。关于社区经济状况、社会状况和文化状况等方面的内容可以参考下面的问题提示加以撰写：

经济状况：

- 本社区居民的平均收入是多少，他们的主要收入来源是什么？
- 社区成员财富水平有很大的差距吗？贫困家庭的比例是多少？
- 不同收入和生活水平的人住在离学校多远的地方？
- 平均来说不同类型的家长每年在一个孩子身上的教育花费是多少？

社会状况：

- 村子里有多少学龄儿童？未来三年估计学龄儿童数是多少？
- 村子里有没有残疾儿童？他们住在什么地方？
- 社区有些什么社会服务，诸如卫生设施、举行会议的地方、社区团体等？
- 社区里的男孩和女孩每天干些什么？这对他们上学有没有影响？

文化状况：

- 村子里的少数民族家庭有多少？他们与社区其他成员的相处情况怎样？
- 社区居民的主要娱乐活动是什么？是否有赌博等不良社会风气？
- 本地的主要宗教是什么？举行宗教活动的地方在哪儿？
- 社区群众认为什么技能对女孩和男孩是合适的？

教育状况：

- 社区内的学校数量、规模。
- 社区里有多少学龄儿童？他们住在离学校多远的地方？入学状况如何？
- 社区里有没有残疾儿童？他们住在什么地方？入学状况如何？
- 男孩和女孩放学后每天干些什么？这对他们上学有没有影响？
- 是否实现“普九”？什么时间完成“两基”？
- 社区的平均受教育程度如何？

上述问题只是一些例子，其他问题也可能是相关的。通过了解社区情况可以帮助确定问题的原因、解决办法以及可利用的资源。社区信息较多，要在全面和简明之间做到平衡。

通过了解社区背景可以帮助确定学校面临的问题的原因、可能的解决办法和可利用的资源。同时，社区概况也是一所学校发展的“土壤”，影响着学校发展的方向。任何学校的发展都离不开当地的社区文化基础。通过共同撰写社区概况，引导大家关注学校的生存空间和环境条件。社区背景部分的撰写应该简明，主要涉及对学校教育有影响的方面。

以下是一个案例分析，提供给大家参考，帮助大家学习撰写社区概况：

××镇在民国时期属××镇。现××镇是原××镇、××乡两乡撤并成立的建制镇，地处县城北部××山之西，素有“××北大门”之称，镇政府所在地距县城20公里，东以××山为界交××市，南接××山西镇、××乡，西与××县团结乡和××县西山乡相连，北与××乡接壤。境内最低海拔为1560米，最高海拔为3900米，群众居住的最高海拔为2700米。全镇国土面积415.03平方公里，辖阿坝、地苏、上平、古地、新桥、金门、那龙、大坡、青里、大岭、罗家、可坪，共12个村委会，109个村民小组，145个自然村，居住着彝、汉、白、傈僳、纳西、傣、苗、回等12个民族，2005年末共有3873户14903人。（本段涉及社区的历史、地理位置、地貌、民族、村屯、人口等）

全镇土地资源总量中陆地面积占98.5%，每平方公里人口密度仅为36人，人均占有土地（含水域）4.22亩；总耕地面积19316亩，其中水田8364亩。镇内属亚热带、温带气候，四季分明，年平均气温16.2℃，年降雨量1050毫米。适宜于种植多种农作物，镇内主产水稻、玉米、荞麦、小麦、蚕豆、洋芋、白芸豆等。水资源总量名列全县第一位，主要有××江、××河、××河、××堡河和××河等，河水流量大且常年流水，小型电站建设有得天独厚的优势，还有丰富的大理石、锑、铜、雄黄、石墨等多种矿藏。（本段涉及社区的气候、产业、资源等）

镇内××山西坡属国家地质公园、国家级自然保护区、国家级风景名胜区××自然保护区和风景区的重要组成部分。××山西坡的美景以云、雪、瀑、石著称。境内有许多迷人的景区，如××山大花园的万亩杜鹃花海，让人醉而忘返；老鹰岩风景区集山岩雄、险、奇于一身，加上三叠水瀑布的秀水更是让人流连忘返。目前由于资金不足，景区硬件建设受限。××镇生态良好，无山不绿、无林不秀，森林覆盖率达80%，被誉为“绿色宝地”，是发展畜牧业和人工饲养野生动物的适宜地；植被资源丰富，有天麻、重楼、贝母等大量的名贵中药材和核桃、蜂蜜、松茸、木耳、山鸡等名特产品。（本段涉及旅游、生态环境、特产等）

镇内有许多动人的传说，如“仙鹅抱蛋”、“金月亮”、“逮村”等；有古老的文化遗产，如省级重点保护单位“××族古墓群”，古墓碑文清晰可辨，极具考古价值。州级重点保护的清代大茶花树，茶树盘根错节，蟠干虬枝，花冠大如碗，型美色艳；有传统“火把节”、有热情奔放豪迈的“罗武族打歌”、“傈僳族打歌”，动作优美，欢快迷人，是当地民族喜庆宴上必不可少的节目。还有美丽的民族服饰，独特的婚丧习俗，浓郁的民族风情。（本段涉及民俗、文化传统等）

2005年末，实现地区生产总值88.27万元，财政总收入456.4万元，农民人均纯收入800元，全社会固定资产投资完成3543万元。（本段介绍了经济状况）

点评：

该社区概况写得较为详细，涉及了该社区的诸多方面情况，让人对该社区有一个比较完整的了解。但值得注意的地方是：

• 在学校发展计划中介绍社区概况的时候，其观测点发生了变化，它是从学校的角度来介绍社区概况的，因此，要侧重于从与教育有较密切关联、对学校发展影响较大的视角来描述。

• 尽量采用客观、中立的写法，不必用过多文学语言去描绘，写成广告或宣传材料。

• 不必过于详细，既然是概况就要写得简明清晰。

• 不要写得杂乱。最好能有一定的逻辑归纳，帮助人们更容易了解社区的基本特点。

• 要提及社区存在的困难和问题。

• 要将一些关键情况与上年作简要对比，简单介绍社区发生的变化。

• 要涉及语言、社区成员的文化水平、对教育的态度及入学情况等。

如果做一些修改，上述社区概况大致可以按如下撰写，仅供参考，切忌照搬：

××镇是原××镇、××乡两乡撤并成立的建制镇，地处县城北部××山之西，镇政府所在地距县城20公里。境内山多，山路崎岖，学生出行交通不便。全镇管辖阿坝、地苏、上平、古地、新桥、金门、那龙、大坡、青里、大岭、罗家、可坪，共12个村委会，109个村民小组，145个自然村，学生居住地域分散。居住着彝、汉、白、傈僳、纳西、傣、苗、回等12个民族，2005年末共有3873户14903人。经济发展水平在当地处于中等水平，农民人均纯收入1万元。群众多讲少数民族方言，普通话普及率很低。全镇受教育水平比较高，在社区青壮年人口中，98%的人受过小学教育，85%以上的人受过初中教育，15%左右的人受过高中教育。

镇内属亚热带、温带气候，四季分明，年平均气温16.2℃，年降雨量1050毫米。物产丰富，适宜于种植水稻、玉米、小麦等多种农作物，河流多，水资源丰富，还有丰富的大理石、锑、铜、雄黄、石墨等多种矿藏。盛产天麻等大量的名贵中药材和核桃、蜂蜜等名特产品。

××镇生态良好，植被资源丰富，森林覆盖率达80%，镇内××山西坡属国家地质公园、国家级自然保护区、国家级风景名胜区的重要组成部分，风景优美。镇内文化传统悠久，民族风情浓郁。有省级重点保护单位“××族古墓群”等古老的文化遗产，有州级重点保护的清代大茶花树，有传统“火把节”，有热情奔放豪迈的“罗武族打歌”、“傈僳族打歌”，还有美丽的民族服饰和独特的婚丧习俗。社区群众传统文化的继承比较好。

由于地处偏远山区，交通不便，因此，信息较为闭塞，教育、文化与外界交流比较少，影响到学校的发展。

与去年相比，社区群众和政府对学校教育工作比较关心和支持，自觉送子女入学接受教育，不存在对女童歧视现象。现今儿童的入学率超过了去年，达到100%，辍学率也由去年的0.5%变为今年的0。今年还先后通过区级的“两基”、“普实”工作验收。社区群众积极配合学校开展各种活动，现社区内基本扫除青壮年文盲，15周岁人口文盲率为0。今年外出务工的人员比去年增加得比较多。

第一年制订学校发展计划，只描述社区概况即可。进入下一年，社区概况中需要描述一年来的变化。社区变化主要指社区概况与上年进行对比，描述一年来学校在制订和实施发展计划的同时社区所发生的变化。

4. 撰写“第二部分　学校概况”

这部分主要描述学生、教师、校舍、设备、管理和教学质量等方面的状况，将这些情况与前三年计划实现的情况进行对比，回顾并加以自评，反映学校三年来发展的变化。学校概况的内容主要包括：

- 学校性质；
- 学校地理位置，服务半径；
- 学校办学条件和环境，包括占地面积、校舍面积、硬件设施、学生数量、男生和女生的人数和比例等；
- 入学率、巩固率和升学率，学校在学区或更大范围内的排名情况等；
- 教师和学生情况：教师队伍的学历、专业、年龄、性别和民族结构，学生的基本情况，包括学生的年龄、性别、民族构成以及家庭经济状况、学习成绩等；
- 课程设置，包括基础教育课程设置、校本课程、新课程改革等内容。

撰写此部分时建议采用SWOT（司沃特）分析法，把学校的优势、劣势、机会、风险都清楚地摆出来，便于认清学校的现状，从而写出学校的文化特点。这是学校发展的基础。

学校概况的撰写要简明扼要，突出重点，有特色。要在准确描述该学校所处的地理位置和历史沿革的基础上，能够使读者很容易了解学校的基本情况、办学水平和办学特色，还可以用图片等多种形式来辅助反映学校的状况。

比如教师方面可以写：数量是否足够，学历、职称情况、教育教学水平如何，学生方面可以写：人数多少，学习中存在的主要困难和问题是什么，还可以写学校管理水平怎么样，社区干部和群众对学校工作是否支持，为什么，学校校舍是否够用，学校教学设施是否齐全，估计还差多少，等等。

在描述存在的问题时，应当具体。比如提到学校建筑是危房，校长要明确危房指什么？是所有的校舍是危房，还是仅仅指厕所，还是指校舍的墙、屋顶。如果提到教学质量差，要明确是哪个年级、什么学科，还是指学校整体水平？问题一定要具体、明确，不能似是而非。

与社区概况一样，在第一年只描述状况即可，在学校发展计划实施后，制订新一年的发展计划，需要对一年来的变化进行描述。学校的变化，主要指学校概况与上年进行对比，一年来通过制订和实施学校发展计划学校所发生的变化。描述不仅要反映设施等硬件方面的变化，更要侧重反映学生发展、教学质量、教师队伍建设、学校管理、学校与社区关系等软件方面的变化。

以下是一个案例分析，提供给大家参考，帮助大家学习撰写社区概况：

××完小位于××街北端，2006 年县教育局和党委政府高瞻远瞩，优化资源，先后将周边 5 个村校的半寄宿制、全寄宿制学生撤并到我校。服务半径约 6 公里以上。学校占地面积 7.3 亩，建筑面积 2870 平方米，绿化面积 570 平方米。

学校现有教室 2 幢 11 间，图书室 1 间，仪器室 1 间，实验室 1 间，会议室 1 间，音乐室 1 间，少队室、德育室、光盘播放室合用 1 间，心理咨询室、广播室合用 1 间，学生宿舍 15 间，一间宿舍最多能容纳 10 人，教职工宿舍 8 套，还有 17 位教师无住房，农村地区租不到房。26×14 平方米操场一个。寄宿制食堂一个，有 2 类实验仪器一套，图书 3310 册，音乐器材 33 件，体育器材 25 件，鼓号队 1 支，电教设施有 DVD 5 台、电视机 9 台、计算机 2 台。

我校现有 10 个教学班，2 个学前班，在校学生 447 人，住校生 196 人，男生 91 人，女生 105 人。教职工 25 人，其中专任教师 24 人，勤杂人员 1 人，小学高级教师 18 人，有 18 人获大专学历，本科 2 人，学历达标率 100%，目前存在学生居住分散，离校远，贫困面大，教育成本高等困难。学生住宿十分拥挤，教师住宿严重缺乏。缺少多媒体教室 1 间，电脑 20 台，致使信息课无法开展，由于缺乏专业英语教师，已开设三年的英语课已停开，目前同时还缺乏美术、体育专业教师。

学校在上级党委、政府、教育主管部门的关怀及社会各界热心人士的支持下，取得了可喜成绩；教学质量和综合办学效益明显提高，我校先后被评为县文明单位、县巾帼建功先进集体、县先进职工之家、县优秀少先大队、州级育人环境建设优级单位、省级督导评估“优级乙等”学校，教师论文及作品、学生作文多次获国家、省、州、县级奖。2005 年 9 月我校再次被县委政府评为教育教学质量先进集体，12 月份又圆满完成全寄宿制低年级段试点学校授牌工作，年底被评为平安校园，2006 年 5 月又完成州级文明单位的申报。

展望未来，我们豪情满怀，为托起明天的太阳，××完小将遵循德育是灵魂、教学是中心、质量是生命、服务是宗旨的办学思路，群策群力，团结一致，共同开创更加辉煌的明天。

点评：

建议再明确以下几方面问题：

● 现有的教学设施设备是否有欠缺，欠缺在哪里？寄宿生住房是否够用？

● 教师的专业水平如何？优势是什么？有哪些欠缺？

● 学生的民族状况如何？贫困生状况如何？学生学习中的主要困难和问题是什么？

学校管理水平和能力如何？

● 社区干部和群众对学校的态度如何？

● 可以简要介绍学校较为独特的文化、历史、优势。

● 可以简要介绍学校的方位、交通、地势、布局等地理条件。

● 在行文上，在谈到教师住房问题时有重复现象；说到电脑教室与电脑问题，本该与上一段合在一起谈教学设备问题。要注意提供一个较为清晰的逻辑结构。所有对学校的描述都应该能从中突出或反映学校的优势、劣势、风险和机会，并能反映出与其他学校不一样的独特性或特色。

斯沃特（SWOT）分析法

斯沃特（SWOT）分析法又称为现状分析法，它是由旧金山大学的管理学教授于20世纪80年代初提出来的，是一种能够较客观而准确地分析和研究一个单位或个人现实状态的方法。

斯沃特（SWOT）四个英文字母分别表示：优势（Strengths）、劣势（Weaknesses）、机遇（Opportunities）、挑战（Threats）四个方面。从整体上看，SWOT可以分为两部分：第一部分为SW，主要用来分析内部现状；第二部分为OT，主要用来分析外部条件。利用这种方法可以找出对自己有利的、值得发扬的因素（优势、机遇），还可以找出对自己不利的、要避开的东西（劣势、挑战），进一步发现存在的问题，找出解决办法，并明确以后的发展方向。根据这个分析，还可以将问题按轻重缓急分类，明确哪些是目前亟须解决的问题，哪些是可以暂缓解决的事情，它很有针对性，有利于校长在学校的发展上作出较正确的决策和规划。

斯沃特（SWOT）分析法可以帮助校长明确学校内部的优势和劣势，以及外部环境的机遇和挑战，确定相应的发展目标。学校、部门（处室、教研组、年级组等）和教师个人在制订行动计划前都要用斯沃特（SWOT）分析法进行现状分析。必要时校长可以邀请不同的人群参与分析，这样分析将会更全面更具体。个人的现状分析也应同样邀请别人来补充完善。在学校发展计划文本中学校的“现状分析”写在“现有发展水平评估分析”

一栏中，处室和个人的“现状分析”写在相应行动计划表的开头部分。

校长可以用下表来分析归纳学校的现状，供参考。

斯沃特（SWOT）分析法	自己的看法	教职工的看法	家长（社区）的看法	综合看法
优　势				
劣　势				
机　遇				
挑　战				

下表是运用 SWOT 分析法对某学校的优势、劣势、机会、风险的分析，供参考。

SWOT 分析	教职工的分析	家长（社区）的分析
优　势	有责任心、受激励 领导支持 班额小、课外活动丰富 便于参与式教学	优异的考试成绩 愉快的氛围 班额小 设施比较齐全
劣　势	不一致的纪律规定 建筑物结构状况不好 缺乏职业发展 与社区联系少	学校缺乏规范的管理 学生体育锻炼少 教职员工老化 教师缺乏培训
机　会	培训机会多 房屋出租 有先进的教学设施 附设托儿所	拓宽与社区的联系 工业发达，有教育资源 项目提供的培训
风　险	竞争学校多 缺乏职业技术教育 教职员工人数过多 缺乏新的管理观念和意识	缺乏专业化的教职工 国家政策的影响 资源匮乏 环境污染严重

5. 撰写“第三部分　过去三年学校发展的自我评估”

描述上年实施情况，对有些目标为什么没有实现进行解释。

过去三年学校发展自我评估这部分主要描述学校过去三年来发展的变化情况，可根据学校发展水平自我监测评估的结果，划分等级。

学校发展水平自我监测评估指标体系共85项指标。校长可以针对每一项指标，逐项进行评估。凡是答案为“是”的，计1分；答案为“否”的，不计分。总分为85分，得分低于46分（不含46分）表明学校发展水平欠佳（D级），得分在46～60分表明学校发展水平一般（C级），得分在61～75分表明学校发展水平良好（B级），得分在76分以上（含76分）表明学校发展水平优秀（A级）。

其实，校长在学校组织师生员工对学校发展水平进行自我评估的时候，也是发现学校发展中存在问题的一个有效工具和手段，因为在哪些评估指标上学校的回答为否，就表明存在一定的问题，意味着需要在本年度计划里予以关注。校长可以组织各个方面有关人员，在自我评价基础上，采用斯沃特（SWOT）分析法，把学校的主要优势（特色）、劣势、机遇、挑战都清楚地摆出来，便于认清学校的现状。

自我评估的结果最好能够向学校发展委员会报告，并加以公示。

6. 撰写“第四部分　未来三年学校发展展望”

总结社区各方面的意见，以一段文字简述学校未来三年发展的展望。

学校发展展望部分需要在综合社区、学校各方面的意见基础上，准确而简明地描述学校经过未来三年的发展所能达到的理想状态，避免仅仅局限在对学校硬件的描述上，而是要充分体现出学校在办学理念上的价值追求，反映学校的办学思想。

它是在一定价值追求下，在一定学校文化背景下，在学校发展的总体战略下，在吸纳广泛意见基础上，通过广泛沟通达成共识后所表达的若干年内经过努力可以实现的想象式的图景。在任何一个周期的学校发展计划制订之前，学校必须先要形成自己的学校价值观，形成学校的办学基本理念。每一周期的学校发展计划都应该接受和体现学校的价值观和办学理念的指导。

学校发展展望其实质是学校的共同愿景，是学校大多数人形成的对在一定的学校价值观或学校办学理念引领下学校发展到一定阶段的结果的共同愿望和图景的描绘，而不仅仅是一个格式或摆设。学校有了这样的学校发展展望，学校就有了一个共同发展方向，能鼓舞人，凝聚人，引领人。因此，在确定和撰写学校发展展望的时候不要随意应付写几句客套话或时髦的语句，而是要实实在在写出学校的共同心声，不能校长一个人或几个人写，还是要采用自下而上的方式，严肃庄重地加以确定，这样的过程所诞生的效应很重要。形成这样的意识与概念以及过程效应也是校长在这一环节中重点追求的结果，而不仅仅是展望的文字表达而已。

撰写学校发展展望包括期望的、主动的、可接近的、相对稳定的四个基本要素，即：大家愿意看到的（期望的）；大家愿意为之努力的（主动的）；通过努力可以一步一步接近的（可接近的）；三年甚至更长时间保持不变的（相对稳定的）。比如："我需要一间新校舍"不是一个发展展望，而"通过学校教育使我们的学生获得适应未来社会发展的知识和技能，并使学生的潜能得到充分的发展"是发展展望。"我需要培训学校的教师"不是一个发展展望，而"我们的学校致力于实现教师和学生的共同成长，是一个教师乐教、学生乐学的快乐校园，并与我们的社区实现共同成长"、"我们的学校给学生提供丰富多彩的校园生活，让每个孩子都有机会追求自己的梦想，并使他们获得充分实现自我发展的扎实基础和相应技能"是发展展望。

在这个部分也可以就学校在三年内可能达到的总体目标进行一定的描述。总目标是在分析学校现状的基础上，针对学校存在的问题所确定的奋斗目标。它高于学校每一个学年的具体目标，低于学校发展展望。

学校根据自己的实际，也可以把总目标分解为每一个学年的阶段性目标。

> 面对全新的国际教育形式，学校的发展面临严峻的挑战，社会的竞争最终是人才的竞争，学校发展必须适应未来社会发展的需求，只有这样我们才能在未来社会的竞争中抢占人才市场，才能使学校处于长盛不衰之地。学校是人才培养的基地，课堂教学是实施素质教育的主阵地，基于此，学校坚持以学生的可持续发展服务为目标，把树立全新的教育观、教师观、学生观，探索全新的教学模式，提升质量作为学校三年发展的重要任务。以"让教育充满思想，让思想充满智慧，让教师才能得到充分的发挥，让学生的个性得到发展"的办学理念，抓好校园环境建设，教师队伍建设，健全管理机制，丰富德育形式，加大教研力度，完善管理体系。把××完小办成我县的名校，全县一流的全寄宿制示范性学校。

点评：

• 该学校发展展望的描绘总体感觉说理的成分太多，很难体现该校的独特性。

● 在此无须做类似分析，列出经过广泛征求意见归纳形成的愿景即可。

● 所定的“名校”及“一流”目标似乎也难以衡量。

● 每所学校的情况不同因而学校发展展望也不可能相同。在表达学校发展展望的时候切忌照搬和雷同，务必反映出本社区和学校全体师生员工所构成的共同愿景。

比较而言下面的学校发展展望就较好地体现了一个学校在办学思想方面的价值追求：

> 经过三年的努力，把学校变成孩子们的另外一个温暖的“家”，而且有着比家更丰富的精神食粮，让每一个孩子得到公平的关注和爱护，使他们的潜能得到充分的开发，初步具备成为一个负责任公民的基本素质。

7. 撰写“第五部分　本学年需优先解决的问题”

撰写文本“第五部分　本学年需优先解决的问题”和“第六部分　本学年学校发展的主要目标与具体活动”时必然涉及紧密相连的三个关键问题，即“问题—目标—措施”。因此，当撰写这两部分的时候，脑海里必须把“问题—目标—措施”三者同时考虑进来。

“问题—目标—措施”是学校发展计划的三个关键词，构成学校发展计划的最基本结构，是学校发展计划文本中的主体部分。它们相互关联但又分属不同层次。在撰写文本时，必须整体统筹，通盘考虑“问题—目标—措施”三者的关系，使之形成一个关联的逻辑统一体。总的要求是由问题决定目标，目标来自于问题，措施围绕目标来设定，通过活动措施确保目标实现，通过目标实现解决问题。而不是三者割离，各自为政，互不关联。

学校发展计划最终到底要解决什么样的问题，确立什么样的目标，采用什么样的措施必须充分考虑和依据以下两个因素：第一个因素是学校的文化与历史、学校的价值导向，即上述的社区概况、学校概况、学校发展展望和自评结果。因此，上述的信息不是可有可无的，必须加以深入分析，才能更好地定位学校的发展。第二个因素是社区大会确认了的问题类别以及问题的序列。第一个因素确保的是方向，第二个因素确保的是计划的有效性和针对性。因此，在确定“问题—目标—措施”的时候必须充分依据这两个因素。

本部分是要撰写本学年需优先解决的问题，那么什么是问题呢？问题是主体在实践中带来的认知上的矛盾、困惑、困难、冲突、失衡。

什么是学校发展问题呢？学校发展问题就是学校在办学过程中自身发展需求和现存不完备的条件之间的矛盾，并反映在学校管理的主观认识上。

• 问题的确定

在一定意义上说，学校发展过程就是学校发展问题解决的过程。不发现问题或问题找不准，学校就无法确定目标或目标定位不准确，从这个意义上说，学校发展问题的确定直接影响到学校的办学方向。在制订学校发展计划时，不仅要广泛听取社区成员各方面的意见，而且要对社区成员提出的所有意见和问题都进行归纳、分析和研究，并分清问题的轻重缓急，找出相应的解决办法。因此，寻找问题，明确学校发展的问题，这是制订学校发展计划过程中非常重要的一个环节。

首先，问题的来源必须是来自征求意见过程中的问题归类和社区大会上的排序结果，切忌个人另外杜撰出来。一般情况下要充分尊重社区大会确认的主要问题类别和排序结果，不做太大的变动。

其次，要对社区大会上的分类和排序做最后的确认，即学校可以对这些问题根据学校发展的总体战略、文化背景、发展展望等做出秩序上微调、补充或从表达技术上作处理。如果没有什么补充和调整就以社区大会的结果为准，若有微调还必须经过学校发展计划委员会通过。

最后，文本的撰写是围绕六大类问题和目标来展开的。但在选择和确定问题的时候必须围绕“类别二　学生学业成就与综合发展”为中心，即其他的几个类别的问题尽量要围绕如何使全体学生得到公平的和有质量的发展来考虑，而不是各自为政，互不关联，没有中心。

• 问题的表达

当问题确定下来后，就要把问题以准确的表达方式写进文本里。问题表达很重要，表达的是否准确清晰，直接影响到目标和活动的确定，最终影响到整个文本的质量，影响到学校的发展。问题表达越到位，目标和活动的确定就越容易，并且会有针对性，反过来也就更容易解决学校发展中的问题，促进学校发展。

问题的表达要求有：

——必须确认问题的真假，也就是是否是实质性的表达。问题有真假之别、轻重缓急之分。所谓问题的真假就是问题表达是否到位，是不是实质性的问题。把问题的实质真实地表达出来就是真问题，反之就是假问题。一般在假问题表达中包含有解决此问题的措施或办法。比如：“缺 30

副人/套课桌凳”就是一个假问题，真问题是“60 名学生站着上课，无法正常上课”。我们要尽可能做到识别假问题，找到真问题。

——问题必须是具体的、现实存在的。有些问题过于笼统，也不利于解决。比如“学校与家长交流的时间少”这个问题不具体，应该说明在多长时间内没有交流。像这种“少”、“低”、“差”、“缺”等词汇都是相对而言的，无法把问题描述清楚。没有具体的问题，就难以确定明确的目标。又如“适龄儿童入学率低”就不是对一个问题具体的描述，而应该说“适龄儿童入学率很低，只有××%”。又如，“学校教学质量差”也不是对问题的具体描述，而是一种很笼统的说法，比较好的表述应该是“学校教学质量差，语文及格率只有××%”等。

以下是一个案例分析，提供大家参考：

案例：

类别一：与社区儿童入学和巩固有关的问题

问题 1：少数民族男童进入中高年级辍学率高（30%）。
问题 2：贫困生达 109 名。
问题 3：失学儿童 28 名。

类别二：与学生学业成就和综合发展有关的问题

问题 1：20% 少数民族学生对普通话掌握程度低。
问题 2：学生整体在美术和体育方面的兴趣和能力弱。
问题 3：升学率低，约占 80% 的学生缺乏学习信心。
问题 4：10% 的女学生不做作业。

类别三：与教师的教和专业发展有关的问题

问题 1：美术、英语、体育专业教师缺乏。
问题 2：教师观念滞后，教法落后。
问题 3：学校和家长联系困难，难以全面了解学生在学习方面的问题。

类别四：与办学条件和环境改善有关的问题

问题 1：缺学生宿舍 5 间，100 米跑道一条，教师宿舍 17 套，教室 5 间。
问题 2：缺高低床架 25 套，桌凳 25 双人/套。

类别五：与学生关爱有关的问题

问题1：学生饮水困难。 问题2：寄宿制学生多、食堂少。 问题3：全寄宿制学生多，生活自理能力差。

类别六：与学校领导和管理有关的问题

问题1：学生食堂管理不能按协议落实。 问题2：班纪班规不够具体，细节管理注重不够。 问题3：全寄宿制学生多，寄宿生管理跟不上。

点评：

1. 类别一、二、四的归类和问题表述都比较合理和规范。

2. 类别三、五、六的归类和问题表述则存在以下问题需要纠正：

类别三：与教师的教和专业发展有关的问题

问题1：（原）美术、英语、体育专业教师缺乏。

（改）缺专业教师3名（美术教师1名、英语教师1名，体育教师1名）。

问题2：（原）教师观念滞后，教法落后。

（改）60%的教师没有接受过新课程通识培训，教育观念、教法落后。

问题3：（原）学校和家长联系困难，难以全面了解学生在学习方面的问题。

（改）学校缺乏如定期召开家长会等与家长沟通的常规渠道和机制，家校联系困难。

（该问题归到类别三不是很准确，应属于管理上的问题，即关于如何处理好家校关系的问题。归到类别六比较准确）

类别五：与学生关爱有关的问题

问题1：（原）学生饮水困难。

（改）学校缺乏定期供应学生饮用水的设施和地点，学生饮水困难。（该问题归到类别五不是很准确，应属于学校自然环境问题，即关于解决学生的生活设施设备问题，归到类别四比较准确）

问题2：（原）寄宿制学生多、食堂少。

（改）现有食堂规模小，近150人规模供应不上。（该问题归到类别五不是很准确，应属于学校自然环境问题，即关于解决学生的生活设施设备

问题，归到类别四比较准确）

问题3：（原）全寄宿制学生多，生活自理能力差。

（改）没有生活管理教师，寄宿生的日常生活管理不到位。

类别六：与学校领导和管理有关的问题

问题1：（原）学生食堂管理不能按协议落实。

（改）学生食堂管理不能按承包协议落实，导致食堂卫生环境不达标。

问题2：（原）班纪班规不够具体，细节管理注重不够。

（改）缺乏具体细致的班纪班规。

问题3：（原）全寄宿制学生多，寄宿生管理跟不上。

（改）缺乏寄宿生宿舍管理条理，造成部分学生夜不归宿。

8．撰写"第六部分　本学年学校发展的主要目标与具体活动"

如上所述，"问题—目标—活动"是一个有机的整体。问题不是用来提出来而已，提出问题是想要解决问题，解决一个问题就需要确定一个目标，实现目标必须有对应的活动（措施）。问题是为目标准备的，目标的确定必须来自于问题；目标的实现是要通过行动的，而行动的设计必须是针对目标而来的。只有提出具体的问题，才能确定明确的目标。根据目标的特征，进而制订切实可行的活动与措施，就会实现目标，那么问题也就能相应地得到解决。

因此，本部分的撰写必须充分地承接"第五部分　本学年需优先解决的问题"，形成清晰的逻辑链接：由问题来确定目标，由目标来派生活动；活动的设定是因为目标，目标的确定是因为问题。

（1）关于目标的撰写

• 什么是目标

目标是一定主体在一定的时限内，所要达到（或实现）的、高于现状的、预期的、具体的目的和标准，也是一种"可检测的活动结果"，是监测和评估中制订指标的重要依据。目标是计划的方向，是监测和评估学校发展计划实施情况的重要工具。比如，"改善学校与家长的关系"就不是一个具体而明确的目标，而"本学期把校长、教师与家长间的交流时间提高三倍"就是一个比较具体的目标。同样，"提高教学质量"不是一个具体的目标，而"2008年7月把五年级学生数学平均成绩提高5分"就是一个具体的目标。

• 目标的确定

——目标必须来自于问题，问题是目标的来源。即经过归类排序出来的问题，由问题来确定设立什么样的目标，它们之间必须是线性逻辑对应关系。比如“2004年修一间教室”的目标是来自于问题“学校长期缺乏一间教室”。

——必须围绕问题“类别二　学生学业成就与综合发展”为中心来确定学校的目标重心，即其他的几个类别的问题尽量要围绕如何使全体学生得到公平的和有质量的发展来考虑，为该重心服务，使得目标之间也形成逻辑关系。而不是各自为政，互不关联。

• 目标的表达

目标必须是具体的、可测量的、可实现的、客观的和有时限要求的。比如“改善学校与家长的关系”就不是一个比较具体而明确的目标，而把“校长和教师与家长交流的时间提高3倍”就是一个很具体的目标。同样，“提高教学质量”不是一个具体的目标，而“把学生成绩平均提高5分”就是一个具体的目标。

一般尽量要想办法把目标表达达到聪明的（SMART）目标要求。

一个好目标必须具备SMART（也有直接翻译为“司玛特”）特点。

聪明的（SMART）目标是五个英文单词的缩写，具体为：

- S（Specific）表示：目标必须是具体的；
- M（Measurable）表示：目标必须是可以测量的；
- A（Attainable）表示：目标必须是可实现的；
- R（Realistic）表示：目标必须客观的；
- T（Time-bounded）表示：目标必须具有明确的时间限制。

在学校发展计划中确定的目标最好符合上述五个原则，才是一个好目标。

（2）关于措施的撰写

• 什么是活动（措施）

活动（措施）就是为实现学校发展计划的目标而采取的一系列具体行动，包括具体的途径、方式方法、手段等。目标与措施的区分在于：一个是活动结果预测，一个是行为和活动。但两者都必须是可检测的并有时间限制要求的。

• 活动的确定

活动是由目标而来，要与目标对应，一个目标可以有一个以上的几个活动。实现一个目标要有几项具体活动，而且这些活动之间要有一定的逻辑关系和时间上的连贯性。活动的确定通常可以采用“头脑风暴法”来充分提供，然后围绕目标的有效实现来进行筛选。“问题树”是选择活动措施的一种好方法，通过寻找导致问题产生的几个最重要的原因来确定措施。

- 活动撰写有以下几个基本要求

——可测量

——有时限

——与目标对应，为目标服务

——活动之间必须有逻辑上和时间上的连贯性、顺序性

——所选择措施必须最大限度地满足目标的实现要求

——措施的确定的好坏是以目标的达成为参照的

例如：

目标：2003～2004 学年新增教师 3 名（英语教师 2 名，音乐 1 名）；

对应措施：1. 县教育局派遣 2 名英语老师；2. 招聘 1 名音乐教师。

又如：

类别一：学生学业成就与综合发展问题 1. 少数民族女童入学率低，只有 85%									
目　标	活动/措施	开始/结束时间	负责人	所需资源			实施情况		
				资　金		其他资源	进展情况	时间	负责人
				预　算	其中学校资金				
2006～2007 学年，将少数民族女童入学率提高到 90%	1. 为 30 名少数民族女童提供助学金	2006. 9. 1～9. 30	赵　新	1500 元	200 元				
	2. 校长、教师本学期对所有失学女童进行一次家访	2006. 9. 1～2007. 1. 10	张　维	300 元	300 元	6 人次			
	3. 任课教师每周对女生进行一次辅导，提高其学习成绩	2006. 9. 1～2007. 1. 10	赵　建	300 元	300 元	6 人			
小计				2100 元	800 元				

关于“问题—目标—措施”案例点评

<table>
<tr><td colspan="8">类别三：与学生的学业成就与综合发展有关的问题 1. 20% 少数民族学生对普通话掌握程度低</td></tr>
<tr><td rowspan="2">目　标</td><td rowspan="2">活动与措施</td><td rowspan="2">开始/结束时间</td><td rowspan="2">负责人</td><td rowspan="2">所需的资源（资金/人力）</td><td colspan="3">实施情况记载</td></tr>
<tr><td>进展情况</td><td>时　间</td><td>负责人</td></tr>
<tr><td>努力提高我校少数民族学生的普通话水平</td><td>强调学习普通话的重要性，加强对学生普通话的训练</td><td></td><td>完小校长——罗慧芬</td><td>100 元</td><td></td><td></td><td></td></tr>
<tr><td colspan="8">类别三：与学生的学业成就与综合发展有关的问题 2. 学生整体在美术和体育方面的兴趣和能力弱</td></tr>
<tr><td rowspan="2">目　标</td><td rowspan="2">活动与措施</td><td rowspan="2">开始/结束时间</td><td rowspan="2">负责人</td><td rowspan="2">所需的资源（资金/人力）</td><td colspan="3">实施情况记载</td></tr>
<tr><td>进展情况</td><td>时　间</td><td>负责人</td></tr>
<tr><td rowspan="2">争取新进体、美专业教师各一名</td><td>在新教师到位前，尽量挖掘、培训擅长体育、美术方面技能的教师</td><td>2006. 9 ~ 2007. 8</td><td>完小校长——罗慧芬</td><td>全体教师</td><td></td><td></td><td></td></tr>
<tr><td>积极向上级主管部门申请招考体、美专业教师</td><td>2006. 9 ~ 12</td><td>中心校长——文仕其
完小校长——罗慧芬</td><td>100 元</td><td></td><td></td><td></td></tr>
</table>

续　表

类别三：与学生的学业成就与综合发展有关的问题 3．少数学生对新环境不适应，学习吃力							
目　标	活动与措施	开始/结束时间	负责人	所需的资源（资金/人力）	实施情况记载		
					进展情况	时　间	负责人
做通思想工作，让学生找到学习方法	与学生沟通，帮助找到适合的学习方法	2006.9～2007.7	完小校长——罗慧芬及各班班主任	全体教师			
	任课教师加强对学生的辅导	2006.9～2007.7	任课教师				

点评：

（一）评价：

• 问题首先必须明确具体，表达清晰，从上述的修正结果看，原例中的第一、二个问题比较明确具体，第三个问题则需要修正；

• 目标一定要从问题中转化而来，要与目标相对应。在原来三个目标中都不同程度地有不对应或不扣紧问题的现象，表达都不够明确具体。比如在原例中的第二个目标的表达是把措施当目标用了。

• 在措施中，一定要有针对性地选择务实的和能操作和实现的措施，而不是随意找一个应付性的说法填在表格里。措施必须是紧紧围绕目标来展开，并且是能达成目标的具体的活动、办法，可以是多个措施，但必须注意的是措施的实施能否对应性地达成目标。与达成目标无关的要撤除，不足以达成目标的则必须补充。

• 在原例中关于时间和资源栏目中，要注意的是必须明确开始时间和结束时间，资金必须有个较为明确的预算。每个措施选定之后，还可以针对该措施形成另外更具操作性和可行性的方案（往往会体现在后面某一个工作计划当中）。

（二）针对上表作以下修正：

对于问题 1：

问题：

20% 少数民族学生对普通话掌握程度低。

目标：

（原）努力提高我校少数民族学生的普通话水平。

（改）2 年内使我校 95% 少数民族学生的普通话达标。

措施：

（原）强调学习普通话的重要性，加强对学生普通话的训练。

（改）1. 派 1 ~ 2 名普通话基础较好的教师参加县级普通话教师培训班学习。

2. 举行全校教师普通话培训班。

3. 要求所有学科教师使用普通话教学。

4. 每学期举办 2 个少数民族学生普通话培训班。

对于问题 2：

问题：

学生整体在美术和体育方面的兴趣和能力弱。

目标：

（原）争取新进体、美专业教师各一名。

（改）第一年先在全校范围内激发学生学习美术和体育方面的兴趣，在第二年重点培养学生美术和体育方面的能力。

措施：

（原）1. 在新教师到位前，尽量挖掘、培训擅长体育、美术方面技能的教师。

2. 积极向上级主管部门申请招考体、美专业教师。

（改）1. 举办 2 次以上的素质教育讲座，对全体师生进行全面发展教育，树立正确的发展观。

2. 向上级主管部门申请招考体、美专业教师各 1 人。

3. 在新教师到位前，物色 2 ~ 3 名擅长体育、美术方面技能的教师，先期开展工作。

4. 每年举办一次体育艺术节。

5. 确保美术课和艺术课的正常开设，提高其教学质量。

对于问题 3：

问题：

（原）少数学生对新环境不适应，学习吃力。

（改）5%的新生对学校的新的学习环境不适应，厌学。

目标：

（原）做通思想工作，让学生找到学习方法。

（改）使全体新生适应学校的学习环境，学习成绩提高，快乐地学习。

措施：

（原）1. 与学生沟通，帮助找到适合的学习方法。

2. 任课教师加强对学生的辅导。

（改）1. 举办关爱新生活动2次，让新生感觉到学校的关心爱护。

2. 班主任要以多种形式与新生沟通，了解学生厌学原因，帮助学生找到适合的学习方法，设法帮助学生提高学习成绩。每学期与厌学新生的谈心不少于10次。

3. 开展创建快乐校园、快乐班级、快乐课堂主题活动。

9. 撰写“第七部分　学校周历表”

为什么要设置学校工作的周历表呢？这是因为：周历表是学校整体工作的安排，是学校工作的基本框架。周历表又是落实《学校发展计划文本》中“目标与活动/措施”的需要。《学校发展计划文本》中各个目标的实现以及所采取的活动和措施，要通过周历表来体现。周历表还是学校各个工作部门和教师行动计划的工作大纲。

“目标”、“活动与措施”、“周历表”三者是相互联系的。“目标”要通过活动/措施来实现。“活动与措施”要通过周历表来反映，同时还要体现在相关部门和个人的行动计划中。

周历表的制订应当通过自下而上的方式，让学校师生广泛参与，并要听取学校发展计划管理委员会成员的意见。

10. 撰写“第八部分　校长工作计划”

校长工作计划是对周历表的再细化，应依据周历表的安排确定其主要内容。既要保证落实周历表中的工作，又要统筹安排学校的整体工作，还要兼顾部门和个人的分内工作。行动计划表能够使学校部门及个人的工作具有针对性、计划性、连续性，克服工作中的盲目性、重复性、无责任性、无序性。

校长是学校工作的第一责任人，对学校发展计划的制订和实施起着引领、指导、检查和监督的重要作用。校长的行动计划既要贯彻学校发展计划中的总目标及其活动与措施，又要突出个人分管工作的目标与任务，还要发挥出对部门和教师个人行动计划的示范和指导作用。

现状分析要有针对性。分析现状的目的在于：总结个人的优势，发现存在的问题，寻找发展的机遇，认清面临的挑战。不但要考虑学校全盘工作，还应突出个人的分管任务。分析工作现状，要采用斯沃特（SWOT）分析法，把自己职责范围内的主要优势（特色）、劣势、机遇、挑战都清楚地摆出来，便于正确认识自己工作的现状。

先把存在的问题进行优先排序，再将每一个问题转化为一个可以实现的目标，并确定与其相关的活动和措施，进而采取行动，就能够落实措施，解决问题。校长行动计划的目标，既有来自于现状分析中的“问题”转化的，又有学校发展计划总目标的，还有周历表中自己分管工作的。

优势也可以转化为目标，久而久之，形成自己的管理风格。

制订校长的行动计划时，最好广泛听取各部门和个人的意见和建议。

行动计划不能“假大空”，要有具体的内容，实用、可操作、可监测、有时间限制。

11．撰写“第九部分　教师工作计划”

教师工作计划是学校发展计划表最基本的组成部分，每学期做一次。教职工每个人只要承担某一工作，就应该有一份相应的行动计划。个人行动计划丰富充实，有利于落实学校的总目标。

教师工作计划制订方法与校长行动计划的制订方法相类似。在制订前，要充分征求直接上级、所属部门、同组教师及所任班级学生的意见和建议。既能够保证完成组内分解的目标任务，又可以解决自身存在的主要问题。

由于学校规模大小不同，教职员工人数少的学校应把个人的行动计划表装订在学校发展计划文本中。学校规模大、教师多的学校，可以把个人行动计划表另外装订成册。

个人教学工作中的优势也可以转化为目标，长此以往，强项更强，尽快形成自己的教学风格，进而成长为骨干教师或某一学科的带头人。

注：“第十部分 本学年学校发展计划的监测与评估”在“第六章　学校发展计划的监测评估”介绍，附件部分的填写参照学校发展计划文本相应的注释要求来填写。

12．好文本的标准

一个好的学校发展计划，凝结着学校校长、教师、学生、社区人士等众多人群的心血，是集体智慧的结晶。农村义务教育经费保障机制的实施，使广大中小学校获得了更多实惠。资金的放权使得以自主管理和自我发展为核心的学校发展计划变得名副其实。好的学校发展计划不仅能培养师生民主创新的意识，不断形成学校的凝聚力，而且能够使学校健康快速发展，提高学校的绩效水平。总结起来，好文本应具备如下特征：

• 理念先进，作风民主。社区各种群体要广泛参与学校发展计划，尤其是弱势人群，如妇女、穷人、少数民族、学生和教师等要真正参与学校发展计划，并具有很高的自主权，充分表达自己的意见和建议。构成管理委员会的成员中要有各个方面的代表，其中女性比例至少达到三分之一以上。

• 程序合理，注重过程。要采取自下而上的方式，按照学校发展计划的制订步骤进行工作，一步一个脚印地注重每一过程，绝对不能走过场。比如，自我评估要实事求是，学校发展展望真正代表各类人群的意愿等。绝不能轻过程重结果。

• 问题具体，目标明确。提出的问题要具体、真实、准确，是制约学校发展的最根本的问题，并要进行排序。针对问题确定的目标应具有SMART 特征，是具体的、可测量的、可实现的、现实的、有时间限制的，并有鞭策力和鼓励性。

• 措施得力，责任到人。在学校、部门及个人计划中，所罗列的活动与措施要确保相关目标的全面实现。管理责任要逐级分解到部门和个人，由校长和全体教职员工共同承担，并且相互理解，配合和支持。比如，制订学校发展计划过程中的各种原始资料，要由专人负责，收集齐全。

• 内容丰富，填写完整。周历表与学校的目标/活动，以及部门和个人的行动计划是一个有机的整体。学校的总目标任务要逐级逐一分解到各部门和个人的行动计划中。周历表满足学校组织中不同群体的需求。附表填写的各项信息数据真实，无虚假现象，合情合理。

• 既重硬件，更重软件。学校发展计划不仅仅要关注学校的办学条件，更重要的是要关注学生的成长、教师的发展、学校管理以及社区与学校的共进互长。要鼓励教师自我学习和发展，重点促进学生的进步和成长，重视学校安全和对学生的关爱，并将学生成长、教师的专业发展和学校的整体改革有机结合。

• 监测到位，重在实施。学校发展计划的实施要有相应的经费支持。学校财务收支要符合学校实际，突出教育教学这个中心。计划的进度要得到系统的监测，对过程实施良好的控制，以确保实现目标。教育行政部门、社区、校长、部门负责人、个人的监测要及时到位，有定性的和可以量化的证据用作评估成果，并且要有记录。

• 不断创新，体现特色。学校发展计划虽然有一个基本的框架，但没有固定的模式。如同世界上没有两片相同的叶子一样，也没有两所学校是完全相同的。校长要有创新意识，以《指南》为纲，结合本校的实际，创造性地完成文本，充分体现自己的学校特色，促进学校可持续发展。

• 自下而上和自上而下相结合。在自下而上的同时，也要有自上而下的过程，采用上下结合的方式，既充分体现学校自身独特的特点，也要与教育行政部门的工作任务相互衔接。把上级的任务对应性地纳入到学校发展计划的对应部分当中去，尽量使两者融合起来。

需要再次说明的是前面所说的征求意见的工作做得如何，将直接决定文本的撰写质量。校长如果在社区发动工作方面做得很好，基础工作很扎实，学校的问题及解决办法心中有数，写文本时就会得心应手；而如果校长并不去做基础工作，找上几个人，闭门造车，却写出一个让外行读起来很不错的文本，这最终只是表面文章，是不可取的，在工作中要加以避免。

在文本撰写中应抓住以下几个环节：

• 接受培训是基础。校长、教师、学生、学校发展计划管理委员会成员或社区志愿者等参与制订学校发展计划的人员必须要接受学校发展计划的相关培训。

• 广泛参与是前提。学校必须要动员社区各个群体参与学校发展计划，重点关注弱势群体的参与。

• 征求意见是核心。通过访谈、座谈等形式，广泛征求各类人群对学校工作的意见和建议，做到自下而上和自上而下的结合，解决有效参与的问题。

• 确定目标是关键。依据学校发展中存在的每一个问题，确定相应的目标，策划切实可行的措施。目标和措施都要具体、量化、可实现并有时间限制。

• 任务分解是保障。学校的总目标和任务必须及时分解给各个职能部门和相关人员。

• 对应相应的问题和目标类别，可以专门制订配套的行动方案。比如类别三“教师的教与专业发展”，就可以由学校或相关职能部门专门制订“学校教师的专业发展计划”。成为学校发展计划文本的一个派生文件加以实施。并且与文本中的“第九部分　教师工作计划”有机地结合起来，从而形成一个既有学校层面的又有教师个人层面的相互对应、相互体现、相互支撑的教师专业发展的完整体系。

（二）学校发展计划的文本答辩与修改

学校发展计划的文本答辩与修改是学校发展计划文本撰写、答辩与确定过程中的第二步，如下图：

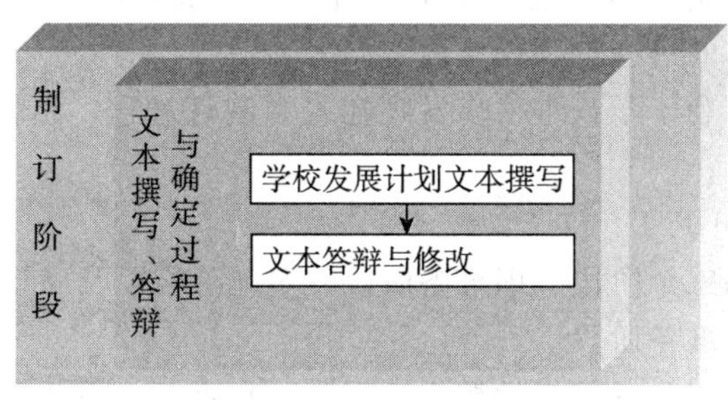

1．文本的答辩

• 什么是答辩

答辩是答复别人的提问和质疑，为自己的行为或论点辩护。学校发展计划答辩是指校长为自己学校的文本进行解释并答复上级教育行政部门工作人员及专家等的提问。

• 答辩的目的

答辩应该由县教育局、学区或中心校组织成立答辩委员会，根据文本内容，对校长进行审核的一种方式。学校发展计划答辩是为了检验文本的可行性和操作性，了解校长对文本的整体思路，有利于学校进一步发现在文本制订过程、结构和内容上存在的问题。同时，答辩也有利于学校与社区、学校师生以及教育主管部门的进一步沟通，并可以借答辩的机会向其他学校、专家和社区成员征询文本的修改意见。

这是在学校发展计划制订和实施过程中总结出的实践经验，既是文本制订过程中的一个关键环节，又是帮助校长理清思路、修改完善学校发展计划最有效的方法之一，这个环节绝对不能忽略。为什么要进行答辩？一般来说，其目的和意义是：

——答辩可以了解校长对文本的整体思路，帮助校长进一步理清学校发展的工作思路；

——答辩促使学校校务工作公开、透明，有利于学校与社区、学校师生以及教育主管部门的进一步沟通，并可以借答辩的机会向其他学校、专家和社区成员征询文本的修改意见，进一步群策群力、集思广益，更好地修改完善学校发展计划文本；

——督促校长熟悉学校发展计划内容，并全程参与学校发展计划的制订和实施；

——促进学校管理更加科学、民主、规范；

——锻炼提高校长的综合素质及能力；

——答辩是制订和实施之间承上启下的关键步骤，涉及文本的质量，它可以检验文本的可行性和操作性；

——答辩有利于学校进一步发现在文本制订过程、结构和内容上存在的问题。

● 答辩的组织

答辩可分为三个阶段，即准备阶段、实施阶段以及反馈阶段。

第一阶段：准备阶段。

教育主管部门和各答辩学校应事先沟通和协商，制订出答辩计划。

——明确答辩时间、地点、程序以及参加答辩的学校名单和顺序。答辩时间和地点教育局可与学校共同协商，一旦确定后，教育局要提前两个星期通知学校答辩时间、地点和程序。答辩地点可在乡镇举行，也可在县里统一组织。

——学校应提前向答辩主管部门提交文本和答辩人名单，了解参与答辩旁听人员的情况。答辩人一般不超过两人，答辩旁听人员的组成应该包括相关社区的代表和学校师生的代表，学校发展计划管理委员会的成员最好参加答辩旁听。

——明确答辩委员会成员的组成、答辩旁听人员的组成等。答辩委员会的组成应当具有代表性。既要有教育主管部门的管理人员，也应该有从事教学和教育研究的专家，并尽可能保证有社区的代表参加。答辩委员会的规模可根据实际情况来组织，建议 6 人左右为宜。

——主管部门应保证把参加答辩的文本提前送答辩委员会成员，要保证答辩委员会的成员有充分的时间来阅读文本。

第二阶段：实施阶段。

这一阶段一般有五个步骤，答辩过程的记录及结果应该存档，并向有关学校和主管部门通报结果。

第一步，主持人介绍。答辩委员会主任宣布答辩的基本要求和程序，介绍答辩委员会的成员和答辩学校、答辩人以及答辩旁听人员的简况。

第二步，答辩人陈述。由答辩学校的校长陈述，要求校长在 20 分钟内脱稿陈述文本的主要内容，主要包括社区概况、学校概况、学校发展展望、学校需要优先解决的问题，以及本学年学校发展的主要目标与具体措施等内容。

第三步，答辩委员会提问。由答辩委员会成员根据事先准备的提纲进行提问，答辩人回答提问。答辩旁听人员和答辩委员会成员可以自由提问，由答辩人回答或解释。

第四步，答辩委员会总结。自由答辩结束后，答辩委员会主任委员宣布休会，由答辩委员会单独交流意见，作出对答辩学校的评判及建议，复会并当场宣读后，答辩结束。

第五步，答辩意见反馈。由答辩委员会以书面形式向答辩学校提供反馈意见，答辩学校根据反馈意见修改文本。

答辩委员会可以参考下表形式书面反馈答辩结果和意见：

答辩意见反馈表

<table>
<tr><td>答辩学校</td><td colspan="3"></td></tr>
<tr><td>答辩时间</td><td></td><td>答辩地点</td><td></td></tr>
<tr><td>答辩小组成员</td><td colspan="3"></td></tr>
<tr><td>文本内容</td><td colspan="3">意见和建议</td></tr>
<tr><td>第一部分　社区概况及变化</td><td colspan="3"></td></tr>
<tr><td>第二部分　学校概况</td><td colspan="3"></td></tr>
<tr><td>第三部分　过去三年学校发展的自我评估</td><td colspan="3"></td></tr>
<tr><td>第四部分　未来三年学校发展展望</td><td colspan="3"></td></tr>
<tr><td>第五部分　本学年需优先解决的问题</td><td colspan="3"></td></tr>
<tr><td>第六部分　本学年学校发展的主要目标与具体活动</td><td colspan="3"></td></tr>
<tr><td>第七部分　学校周历表</td><td colspan="3"></td></tr>
<tr><td>第八部分　校长工作计划</td><td colspan="3"></td></tr>
</table>

续　表

<table>
<tr><td>答辩学校</td><td colspan="3"></td></tr>
<tr><td>答辩时间</td><td></td><td>答辩地点</td><td></td></tr>
<tr><td>答辩小组成员</td><td colspan="3"></td></tr>
<tr><td>文本内容</td><td colspan="3">意见和建议</td></tr>
<tr><td>第九部分　教师工作计划</td><td colspan="3"></td></tr>
<tr><td>第十部分　本学年学校发展计划的监测与评估</td><td colspan="3"></td></tr>
<tr><td colspan="4">文本总体评价：</td></tr>
<tr><td colspan="4">答辩专家委员会成员签名：
年　月　日</td></tr>
</table>

第三阶段：反馈阶段。

答辩结束并获得答辩结果的通报后，学校应该召开学校发展管理委员会会议，讨论文本的修改。修订后，向主管部门递交文本，请求实施前的最后审批。

● 校长如何进行成功的答辩

答辩是校长必须经历的一个过程，需要在准备和现场答辩等环节进行专门研究，精心策划，才可以做到成功。

首先，校长的准备要充分：要熟悉制订程序，亲自参与制订过程；掌握文本内容，必要时进行反复练习，明确主次关系；预设可能提出的问题及对策；沉着、冷静，做好心理准备；合理分配时间，把握全局，突出重点。

其次，校长答辩时要做到：陈述全面，详略得当，问题、目标、活动措施是陈述重点；有问必答，抓住关键，但暂时做不到的事情，不能承诺解决；态度诚恳，虚心求教，才能得到大家的支持和帮助；思维敏捷，随机应变，记录要点，必要时进行反问；实事求是，讲真话，讲实话，不回避尖锐问题；语言精练、准确、文明；仪表端庄，神态自然，精神饱满。

另外，答辩结束时：校长要感谢各方面的参与和支持，承诺可以解决的问题，并呼吁大家互相配合，齐心协力，共同促进学校的进一步发展。

● 需要注意的事项

首先，校长、答辩委员会、会议组织者和观众各个方面通力合作，才能做好答辩工作。

校长注意：

——必须亲自参加答辩，对文本内容进行脱稿陈述，不能让他人替代；

——陈述的时间不超过二十分钟；

——陈述的主要内容为制订过程、概况、五大类问题、目标、措施等；

——陈述力求用普通话；

——对支持小组成员的质询给予解答，并做记录。

支持小组成员注意：

——指定一名成员主持答辩会，并对每所学校的答辩作出简要评价；

——提前翻阅答辩学校的文本，作摘要记录，指导文本前期修改；

——根据成员的特长，在组内作出质询分工；

——控制好时间，质询时间不超过二十分钟。

组织者注意：

——提前布置好会议室，如会标、桌签、音响等；

——做好通知，如人员、开会时间、地点和注意事项等；

——安排会议记录人，有条件的学校可作录像；

——组织答辩委员会（或答辩小组），尽可能邀请上级领导和各界代表参加。

观众注意：

——保持安静，遵守会议纪律，必要时也可以举手提问。

其次，上述的组织过程是在比较理想状态下的要求，但各地的情况差异比较大，因此，各地答辩的组织过程可以根据实际情况（比如要考虑路途、人数多少、经费等因素），灵活安排具体的答辩时间、地点和方式，比如可以以乡镇为单位组织答辩过程，这样的方式可以让乡镇政府的领导、教师和更多的社区代表参加答辩过程，也有利于乡镇政府参与和支持学校的发展，有利于乡镇中心校对全乡镇学校工作的支持。一些地方还可以采取分片进行。但无论采用哪种答辩形式，基本程序还是一样的，都应该认真对待，而不能走过场。县教育行政部门和乡镇中心学校都要派出人员支持、指导和参加答辩的组织过程。答辩后的结果要保存上报县教育局。

2. 文本的修改

文本的修改是一个广泛参与、自下而上和自上而下结合的过程，只有不断修改完善，才能最终成为集体智慧的结晶。所以，在制订文本时，校长要随时听取各方面的意见建议，将合理的部分吸收到学校发展计划中。一般大的修改要经历四个阶段。

● 校内讨论定稿

学校在广泛征求校内外各界人士的意见建议后，分析现状，通过排序找到制约学校发展的突出问题，并提出解决问题的办法。根据办法的可行性确定每个问题的奋斗目标和相应的措施，再将学校的目标根据学校内部岗位设置逐级分解。在这个过程中，校长要尽可能广泛地征求学校管理委员会成员和学校师生等的意见建议，这是防止学校发展计划脱离学校实际的最根本方法。千万不能闭门造“本”。

学校初稿完成之后，根据学校答辩会议的要求举行校级答辩，听取来自学校直接上级和社区、师生各方面的意见建议，会后根据意见对文本作第一次修改。

● 答辩前的修改

为了参加校外组织的答辩，学校要根据上级答辩的要求，做答辩前的最后准备过程，这一过程中会听取教育局有关专家的指导意见，对文本作出第二次修改。

● 答辩后的修改

校级答辩后每所学校还要参加二次答辩，即村校、教学点到学区或教育局参加答辩，校长要充分地利用这次答辩会的机会，让各方面的专家多帮助、多提出修改意见，侧重点应放在所找的问题是不是学校存在的真实问题，确定的目标是否切合学校的实际（过高或过低），每一个目标下的活动措施是否可行、能否保证目标的实现，学校的目标是否做了合理的分解等方面。学校发展计划支持小组的成员，要通过答辩前的阅读和答辩中的质询情况，对每一所学校发展计划的制订给一个总结性的评估。校长根据答辩中的意见对文本作第三次修改。

● 实施过程的动态修改

在实施过程中，由于实施的环境与制订文本过程环境的差异及变化，都有可能影响到文本的执行效果，因此，在实施的过程中会有一个动态调整计划的过程，比如进度的调整、活动措施的变化、临时性的任务增加等。这是对文本的第四次修改。但这个修改一般只能是一种微调，不宜做太大的改动。而且，凡是作出修改的地方，要及时记录好，并向学校发展委员会作出说明。一些比较大的修改，要事先与学校发展委员会商量。适当时候要向大家公示通报。

（三）学校发展计划的文本确认与审批

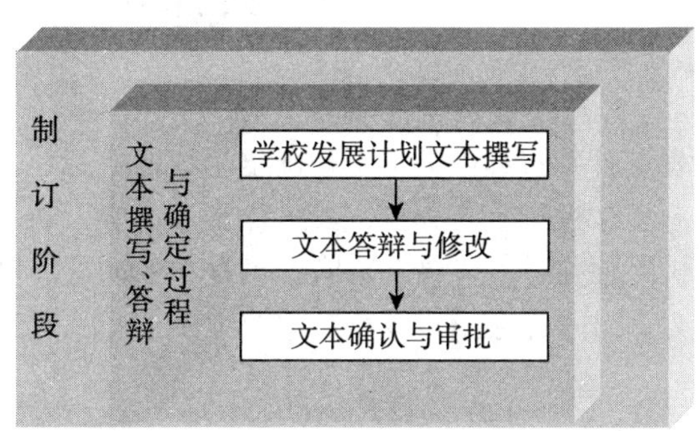

文本的确认与审批是文本制订过程的最后一个环节。这一环节首先是学校根据答辩的反馈意见，对文本进行最后的修改，经过学校发展委员会确认后，最后成文送交教育局。其次，由教育局组织人员审核后批复给学校正式执行。小学和中学的文本要报教育局备案存档，小学的文本要同时交乡镇中心校保存。

在制订学校发展计划过程中，要求校长全程参与、亲自操作，注重每一个步骤。但是由于对主客观因素估计不足，可能会出现一些困难和问题，如目标定位不恰当、措施不得力等，都会影响学校发展计划的制订。为此我们有必要寻求一些策略来解决这些困难，顺利地完成学校发展计划文本。

1．制订过程流于形式、走过场

按照制订学校发展计划的要求，制订学校发展计划文本一般需要经历以下程序：首先，学校要对什么是学校发展计划、为什么制订、哪些人参与、如何参与等向学校师生和社区人群作广泛宣传；其次，深入社区积极征求各类人群的意见建议，再将问题归纳、整理和排序，明确优先解决的问题；再次，确定解决问题的目标及活动措施；最后，分解目标，拟定校长、部门和教师个人的行动计划，进行实施。如果按规范做好这些工作，就要花费一月左右的时间，需要付出大量的心血。有些校长怕辛苦、怕付出；有的担心社区成员提意见时，会提出尖锐的问题，损害自己的形象；还有的怕影响学校的正常教学秩序，影响教学质量等，从而走过场，制订过程流于形式。

针对上述可能出现的情形，学区负责人和县级学校发展计划协调员要加强对制订过程的监督和评估，及时纠正发现的问题，指导学校按规范程序做计划。学校在制订计划时要建立健全监督机制，使每个环节得到民主监督。校长要转变管理理念，顺应时代潮流，敢于面对社区提出的问题，冷静反思自己的管理方式，积极接受吸纳新的管理模式，不断提高管理水平。

2. 分析现状不客观，报“喜”不报“忧”

在制订学校发展计划过程中，不论是确定学校的目标，还是部门和个人的目标，首先要对现状进行全面分析，找出优势和劣势，机遇和挑战。但一些学校在现状分析时往往夸大优势，隐瞒真正存在的问题，把一些无关紧要的、表面化的问题列出来，找不到学校发展中的机遇，不清楚自己面临的挑战。

校长在制订计划时首先要有诚恳的态度，虚心听取别人的意见。只有认识到个人的能力是有限的，而集体的智慧是无限的，才能够吸纳别人的意见。其次，需要广泛征求各类人群的意见，尤其是持有不同观点群体的意见，这样才能全面了解深层次的问题。再次，要有监督如何制订学校发展计划的相关机制作保障。如部门和个人进行现状分析时必须要做到相关人员的广泛参与，教育局派人监督等。

3. 目标过高或过低

确定的目标是否符合学校发展的实际需求，直接关系到学校发展计划中“活动/措施”的可行性和操作性。当目标确定过高，它就超出了社区和学校教育资源能力范围之内，无论怎样努力都不会实现，导致学校和社区参与者力不从心，容易挫伤大家的积极性和工作热情，甚至对学校发展计划产生怀疑，认为学校发展计划是一种遥不可及的幻想，使学校发展计划的制订和实施陷入被动局面。例如，在一个贫困山区，有一所农村五年制小学，全校有 5 个教学班，156 名学生。校舍是五年前修建的，没有危房，基本满足办学需要。由于生源地实行计划生育，每年适龄儿童减少 10 人左右。但是为了追求硬件建设的跨越式发展，确定了“在 2008 年修建一幢设置 12 个教室的教学楼”这一目标。很明显，这个目标过高且不符合学校长远发展的需要。

目标确定过低的时候，学校现有教育教学资源得不到应有的充分利用，造成人力物力资源的浪费，特别是社区和学校的主观能动作用得不到发挥，同样会直接影响学校和社区成员参与学校工作的积极性，久而久之就会丧失工作热情，人心涣散，使学校工作失去活力，学校发展没有动力。假如：××小学在全学区语文统考中成绩平均分达到80分，在制订新的目标时，将语文成绩奋斗目标定在75分。很明显，这所学校确定的目标没有挑战性，对提高学生的学业成绩缺乏责任感，学校很难获得长足的发展。

校长在制订学校发展计划时，一定要结合社区和学校的实际，把握好制订学校发展计划自下而上、实事求是、切实具体、轻重缓急的“四个基本原则”，针对提出的问题，确定一个合理的目标。根据解决问题的各种办法，筛选出切实可行的活动措施，反过来衡量目标的可实现程度，再调整目标。

4．学校目标没有逐级分解，难以实现

学校目标的实现需要校长、部门领导和全体师生的共同努力。有些校长虽然按程序确定了学校的总目标，但没有及时把学校的目标分解到各处室，也没有分解到每个教职员工的身上，容易导致学校工作与部门和个人工作计划相脱节，学校目标难以按期实现。

学校目标确定后，校长要立即把这些目标任务向下分解。学校中层领导又要把这些目标及时分解到每个教职员工的身上。每学期末或学年结束考核时，进行逐项考核，才能确保学校目标的全面落实。

5．问题描述不具体，确定目标难

由于对问题描述过于笼统，难以确定SMART目标，如“学校管理不善”、“教学质量很低”等。虽然这些都是问题，但其中的“不善”、“很低”都说得太笼统，无法为其确定一个明确的目标。

在座谈、访谈、广泛征求意见时要透过现象看到问题的本质，学会追问，一步一步地把问题描述具体。如果提到“教学质量很低”，就要深入一步提问：“指的是全校还是某一个年级？”如果具体到“六年级学生双科合格率低”时，可以再进一步问：“双科合格率到底是多少？”显而易见，“本学期六年级学生双科合格率低，只有35%”是一个具体的问题。至此，我们根据学校实际，确定一个具有SMART原则的目标，如“下学期，把六年级学生双科合格率提高10个百分点”。

6．活动/措施缺乏实效性

“活动/措施”就是为了实现学校发展计划目标而采取的一系列行动。要实现一个目标，一般需要有几项“活动/措施”，而且这些“活动/措施”必须要在逻辑上、时间上与目标有连贯性和一致性。每个“活动/措施”的安排要尽可能的准确：何时开始，何时结束，谁负责开展，还可以填上所需资源（人力及物力）。“活动/措施”的可行性、操作性和严格的时间性，直接决定着实现目标的效果。

假如：××小学在学校发展计划类别一“学生学业成就与综合发展”一栏中，针对“将学生安全事故发生率由上学年的0.8%降到0.5%以下”这个目标确定活动措施只有“加强安全教育，落实班主任责任”两项。很明显这两项措施很空，没有具体的活动内容、起止时间、活动的方式、负责人，不能体现安全教育的广泛参与和多方配合，这样的活动措施没有操作性，不能保证安全教育的真正落实，无法达到降低事故发生率的目标。

要逐步养成良好的工作作风，克服学校以往“只安排、无措施、不监测”的习惯。在确定“活动/措施”的时候一定要考虑到“做什么，怎么做，谁来做，什么时间做”几个主要因素，还要考虑活动之间的衔接和呼应，这样才能确保“活动/措施”的实效性。

7. 实现目标所采取的活动措施存在“等靠要”现象

制订学校发展计划的目的在于转变校长的观念，开阔校长的视野，理清校长的思路，通过社区的广泛参与，充分挖掘社区资源，合理利用自己的优势，在社区层次主动解决力所能及的问题，而不是把所有问题都推给上级。现实生活中不少校长不是积极主动地去寻找可利用的资源，而把解决问题的希望全部寄托在学校外部和上级教育行政部门，一味地“等靠要”，在等待中失去了学校发展的机遇。

校长要转变观念，克服“等靠要”的依赖思想，广泛发动各类人群，积极参与学校发展计划，集思广益，在充分发掘社区资源的基础上，解决一部分力所能及的问题，同时抢抓发展的各种机遇，多方寻求帮助支持，促进学校健康发展。

8. 制订过程中参与面不广泛

广泛参与是制订和实施学校发展计划的本质要求，但是在实际工作中因种种原因，好多人群都没有参与制订过程，如学校的所有学生和教师，社区中没有入学的孩子及其父母、残疾人、老人等，学校也没有派人对他们进行访谈，从而导致找不出五大类的问题。产生这一问题的原因是：有些校长认为让所有师生参与，会找出许多问题来，这样对自己有负面影响；还有的校长认为学生年龄小，提不出问题而不征求他们的意见等。

教育行政部门要加强对制订学校发展计划过程的监测评估。上级要督促校长按照规范操作，同时学校应该有一个保障所有人共同参与学校发展计划的监督机制。

9. 制订的文本不完整

学校发展计划文本共有十二部分构成，各部分在逻辑关系上都存在连贯性，如五大类的问题与五大类的目标是一一对应的关系，每个问题的解决办法和对应目标下的活动措施也具有对应关系。在实现目标的各种活动措施中，除涉及校长或者教师个人完成的以外，都需要经过一定的汇总后在周历表中一一反映出来。学校的目标还要逐级分解，形成一个整体，确保学校发展计划文本的系统性和完整性。但一些学校的文本总是不完整，其表现为：没有分解目标，或缺部分文本，或缺页码，或不填写附件，甚至缺少教师的个人行动计划等。

针对这种情况，一是要明确校长责任，校长是学校发展计划的第一责任人。二是教育局要把学校发展计划纳入日常的行政管理体系。三是要县级学校发展计划协调员及时行使权力，进行监督、检查和指导。四是要靠学校教师的密切配合，真正把学校发展计划作为管理学校的有效手段。

10. 缺乏有关学生关爱和安全的内容

虽然在学校发展计划培训中有学生关爱、学校安全等内容，但是在实际制订中容易忽视这几方面的问题。文本中没有学生关爱和学校安全等方面的目标，更没有活动措施，对学生的相关教育非常空洞，长此以往，教育难见成效。

在广泛征求意见时，校长要组织、带领和指导大家注意收集这几方面的问题，尤其要向学生、教师和家长征求意见。在答辩时，答辩小组要关注学校发展计划文本是否涉及这一方面的内容，如没有，应要求学校做适当的补充。

11. 学校资金的预算中缺乏对学校发展计划相关活动的支持

随着国家义务教育保障经费的逐年增加，学校的日常办公有了保证；同时也有一部分经费可以用来支持教育教学的相关活动。但是任何一所学校急需用钱解决的问题很多，如何把有限的资金用到最急需的地方，这就要做好学校资金预算工作。但有些校长可能在这方面不注意征求大家的意见，没有民主理财的意识，习惯自己“一支笔”，结果可能是资金的使用不能与学校发展计划的实施活动相协调。

校长要做到民主理财。在预算支出时，征求全体职工的意见，提出本年度的预算。既要保证日常的水电费等开支，还要突出支持学校发展计划的相关活动，确保资金使用的效益。

12. 部分校长自己不参加，委托副校长或教导主任等来答辩

出现上述问题的原因可能是：校长不重视学校发展计划，没有按制订程序完成计划，没有亲自参与制订过程，对文本内容不熟悉，陈述表达能力有限，担心出现尴尬局面等。

解决这类问题的关键在于上级主管部门，要在组织校长进行学校发展计划培训时，明确要求校长必须亲自答辩，不能由他人替代。有些校长以有特殊事情借故不参加的，可延期答辩。但最主要的还是校长本人，要认识到学校发展计划在学校管理中的作用，本着认真负责的态度，扎扎实实地走好制订工作的每一步。只有这样，校长才能顺利通过答辩关。

13．陈述不全面或者超时

校长因为语言组织、表达能力、普通话水平等方面有所欠缺，没有陈述完文本主要内容就超时了。为了避免这种情况，主持人在答辩前，要明确提醒校长陈述的时间限制。临近结束前 3 分钟或者 1 分钟时进行提醒，超时用敲杯子等适当的方式停止陈述。校长要合理分配陈述时间，做到详略得当。比如：制订过程用 5 分钟，两个概况用 4 分钟，学校现状和展望 2 分钟，存在的问题、目标、措施用 8 分钟，其他 1 分钟等。正式答辩前校长要对制订过程和文本内容进行归纳整理，抓住重点，有条理地进行脱稿复述等练习，以便完全熟悉文本内容。

14．无法应对答辩中的提问

在答辩时，答辩小组会提出多少问题，提些什么问题，这是每一个参加答辩的校长都十分关心的问题，同时这又是一个很难把握的问题，因为每个学校的文本各有自己的内容、形式、特点和不足。根据文本的不同情况，答辩老师的提问会千差万别；另一方面，即使是同一个文本，不同的答辩老师所要提问的重点也会有所不同。

事实上，答辩老师拟题提问是有一定的范围并遵循一定的原则的。了解答辩老师的出题范围和原则，对校长如何准备答辩是有帮助的。

提问一般不会是与文本内容毫无关系的问题，通常会从检验真伪、探测能力、弥补不足三个方面提出问题。(1) 检验真伪题，就是围绕文本的真实性拟题提问。它的目的是要检查文本是否为学校自己制订的。如果只是抄袭他人的成果，或是闭门造车，就难以回答出这类问题。(2) 探测水平题，这些题目与文本内容相关，用来探测校长水平高低、基础知识是否扎实、掌握知识的广度深度如何，主要涉及学校发展计划的概念、技巧工具以及应对各种挑战等方面的问题。(3) 弥补不足题，这是指围绕文本中存在的薄弱环节，如不清楚、不详细、不周全、不确切以及相互矛盾之处拟题提问，请作者在答辩中补充阐述或提出解释。

15．教学点教师制订学校发展计划有困难

教学点由于办学规模小，教师一般很少，而制订学校发展计划需要做大量的工作，这对教学点而言确实有一定的困难。要么把教学点与附近的村校捆绑在一起做学校发展计划，要么学区中心学校和附近村校对教学点给予一定的帮助，如召开社区大会时派出一些教师进行支持等。由于教学点服务的村社范围相对较小，辐射人口相对较少，这样在访谈、座谈方面所花的时间也少一些。如果有两名教师，每人负责一两个社，两名教师就可以完成访谈和座谈等任务。文本撰写中也可以分工操作，工作任务相对少一些。教学点负责人可以寻找社区内的志愿者、学校发展计划管理委员会成员及相关人员，让他们直接参与村校或中心校的教师培训，共同完成工作任务。教学点如果遇到自身难以克服的困难，就可以利用电话等向学区长、村校校长和教育局请教，使问题得到及时解决。

16. 制订学校发展计划时间紧、任务重

制订一份切实可行的学校发展计划，需要经过宣传、培训教师、成立管理委员会、广泛征求各类人群意见建议、撰写和修改文本等众多环节，时间紧、任务重。可以考虑的对策有：对学校教师和管理委员会成员等做好培训工作，让他们掌握制订学校发展计划的一系列方法和技巧，众人拾“柴”火焰高，共同参与学校发展计划。同时对教师进行合理分工。可以派教师等人员分别深入到各个村、社，访谈、座谈同步进行；也可以委托村社干部和学校发展计划管理委员会成员帮助收集社区的各类信息；还可以安排教师专门收集整理相关资料，如统计数据、保存原始资料、填写信息表等。周密安排每一项活动，如多开座谈会，等到各种信息基本收集齐全后再开社区大会。也可借助现代媒体，如打电话、发邮件等收集信息，或者安排学生收集一些信息。

四、学校发展计划的实施与总结过程

制定出《学校发展计划文本》，只是学校发展计划实施的前提，能否使计划落到实处、变成现实，真正起到促进学校发展的作用，关键在于实施。实施周期结束后还必须进行总结。

（一）学校发展计划实施前的准备

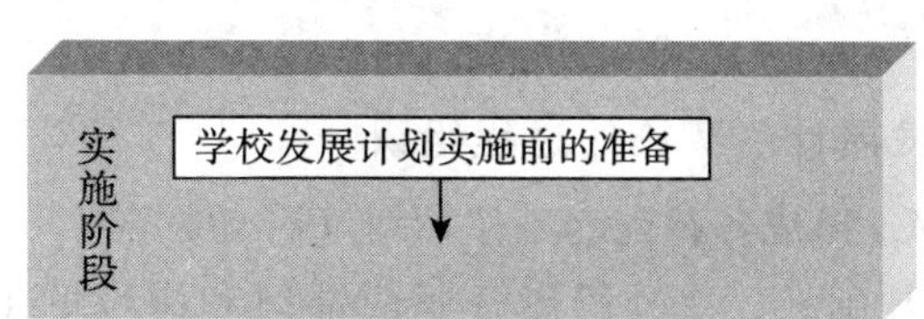

对于首次实施学校发展计划的学校来说，最基本的准备工作包括下列各项工作。

1．召开会议

可以通过召开有学校发展计划管理委员会成员、全校师生和社区各类人群等参加的社区大会，也可以由学校教导处、总务处、政教处、教研组(室)、年级组、团支部、少先队以及各班级等学校内部各部门不同层次的会议，动员、安排和部署学校发展计划的实施工作。让管委会成员、社区代表和全校师生等不同人群广泛了解学校发展计划的背景，憧憬学校的发展展望(愿景)，明确学校目前亟须解决的问题和发展目标，发展计划文本的具体内容、步骤、环节以及所要达到的目标，实现目标的活动/措施，计划开始、结束的时间等。

2．准备资料

学校可根据自己的实际，印制《学校发展计划文本》的各个部分和有关内容，分发给学校发展计划管理委员会成员、学校各部门负责人和全体教职工。有条件的学校，按学校教职工的在册人数，可以达到人手一册《学校发展计划文本》。让每个相关人员都有实施学校发展计划的资料。学校要专门建立实施学校发展计划的档案，做好分类和存档，为以后制订和实施新的学校发展计划做好准备。

3．深入宣传

宣传学校发展计划要通过多种渠道和途径，采用多种方式和方法，如利用报刊、专栏、宣传画、标语、校园广播、社区广播，发放传单，召开社区大会、家长会、班会等，广泛宣传学校发展计划的理念、制定原则、实施步骤、基本内容等，总之，要让学校发展计划深入人心、家喻户晓、人人皆知，使社区成员和全校师生都来参与、关心、支持和实施学校发展计划。

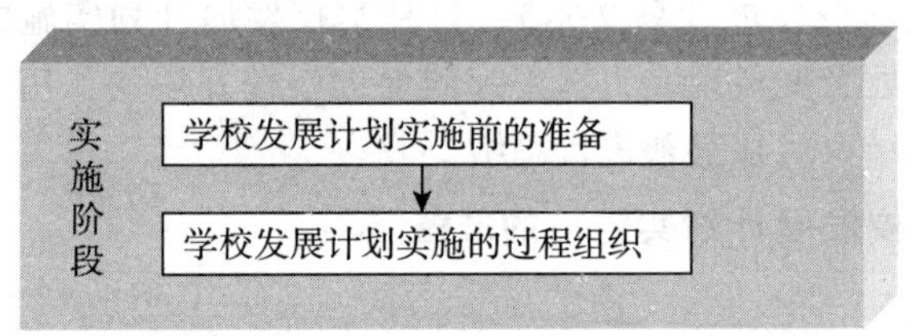

（二）学校发展计划实施的过程组织

1．任务分解，形成各种配套工作计划（行动方案）

在准备工作基础上，要分解出各职能部门和岗位的工作计划或任务说明书，最终形成整个学校的计划系统，编辑保存。每一个工作任务，要收集各种相关信息，运用 SWOT（司沃特）方法认真分析现状，寻找出主要问题，并针对这些问题确定目标及活动与措施。需要强调的是：各种工作计划表和周历表中的内容与学校发展计划文本中的“问题—目标—措施”是相互联系并对应的。“目标”要通过周历表和工作计划表中的活动来实现；“活动与措施”要在相关人员工作计划中反映出来，相互之间要形成内在的逻辑关系。周历表是学校工作的基本框架，应当通过自下而上的方式，让学校师生广泛参与，并要听取学校发展计划管理委员会成员的意见。各种工作计划应依据周历表的安排，确定其内容。(如下页图)

2. 明确职责，全员参与

学校发展计划是一项系统工程，必须依靠领导团队的智慧以及所有相关人员的共同努力才能完成。必须明确虽然校长是第一责任人，但实施学校发展计划是大家共同的事，不是校长一个人的事。学校发展计划管委会成员、学校各部门负责人都是不同层次的责任人，学校教师、学生和社区的每一位成员都是具体的参与者，因此都有责任、有义务参与学校发展计划的实施，切忌“广泛参与制订，个别参与实施”的做法。

在实施中，学校发展计划管理委员会、校长、教导主任、总务主任、教研组长、年级组长、班主任、授课教师和其他相关人员都要明确任务，必须清楚地知道工作内容、工作程序、完成时限、具体要求等。

校长是实施学校发展计划的第一责任人，具有管理、组织、协调的职责。因此，校长在学校发展计划的全过程中不仅要具备学校发展计划的管理理念、管理水平，还要带领管理委员会、校委会成员、学校各部门负责人和全体教师转变观念、增强认识、提高能力，使大家积极配合，承担各自的责任，完成自己的工作。

作为校长，要努力把日常管理中发生的事务统一纳入学校发展计划，不能把学校发展计划与学校日常管理工作割裂开来，形成两张皮，或者把制订的学校发展计划文本当作摆设，仍然使用原来的管理模式。

为了保障学校发展计划的落实，在实施学校发展计划过程中，要建立问责机制，制定一套考核奖励办法，使学校发展计划实施的各个环节都有人负责组织，每个活动都有人具体操作，每项工作都有人监测落实。做到角色清楚、责任到人、奖罚分明，保证学校发展计划有效地运行。

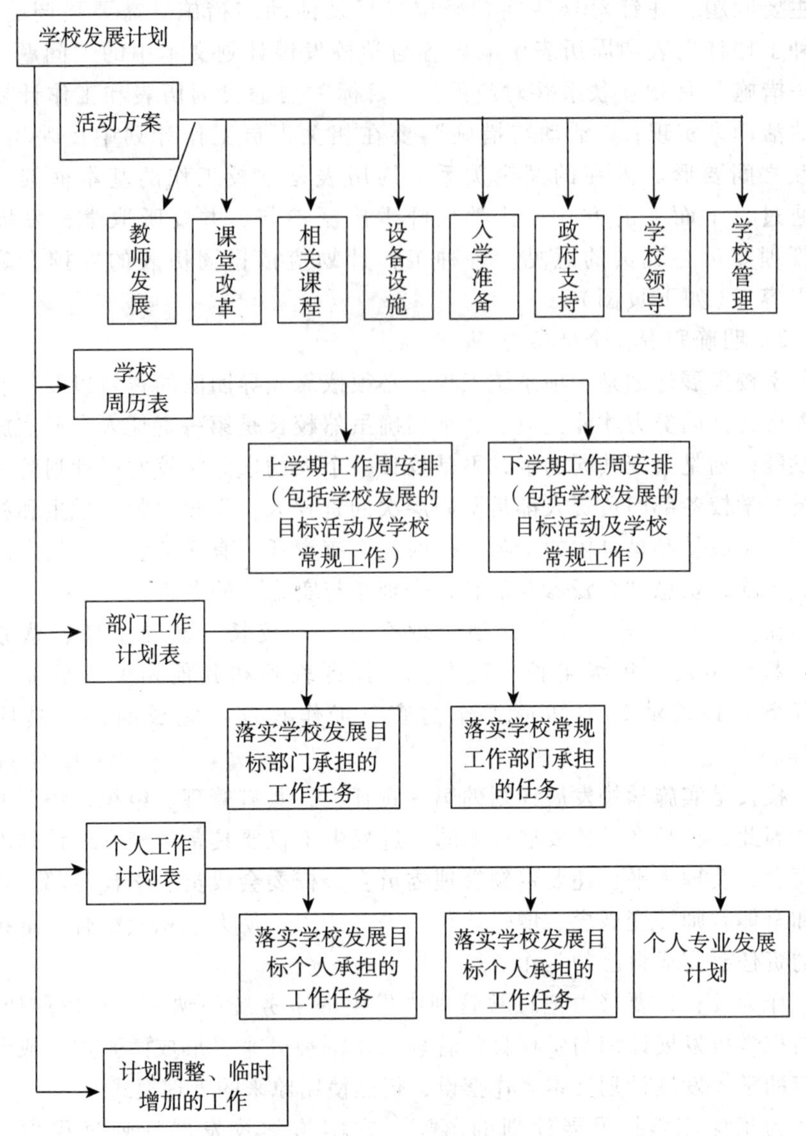

学校发展计划管理委员会的职责是监督和帮助。在管委会成员中除了有校长、教师代表、学生代表外还有村委会成员、社区各类人群的代表。村委会成员和社区代表具有广泛的代表性，他们是学校与社区联系的桥梁和纽带。由于他们是社区的代言人，所以他们更有义务和责任参与学校发展计划的实施，并对实施过程进行监测评估，把学校发展计划实施的情况告知村民，发挥监督和帮助的职责，为下一年制订和实施新的学校发展计划提出意见和建议，做好充分的准备。

教职员工是学校发展计划的主要实施者。让每一位教师把学校的发展展望、学校的问题和目标牢记心里，使大家都能有共同的发展方向、清晰的目标意识和责任意识。根据自己的工作性质和特点，他们通过对学校、社区、学生和自身的现状分析，和大家一起制订出符合社区和学校实际情况的各类工作“行动计划”，参与学校发展计划的各种教育教学活动，在不断改进、完善、总结和反思的过程中，充实“活动/措施”内容，落实“活动/措施”，完成个人制定的奋斗目标，乃至学校目标。

学生是实施学校发展计划的主体对象。学校发展计划的一切活动与目标都是为了学生的全面发展而设计。学校发展计划的成功与否，最终都要体现在学生身上，因此他们最有权利提出对学校发展计划的需求，更应该参与学校发展计划的实施。学校要鼓励他们奇思妙想，引导他们积极发言，支持他们积极参与，吸纳他们的意见和建议，使他们真正成为实施学校发展计划的主体对象。

教育局在制订和实施学校发展计划过程中，具有指导与支持学校的责任。教育局要建立具有导向性、发展性、帮助性的学校发展计划支持小组，及时深入社区和学校，了解学校发展计划的制订和实施情况，并积极参与、指导和帮助学校发展计划中的一些主要活动，如社区大会、校长答辩、审核文本、监测评估等，通过指导、支持活动，获得全面、准确的信息，制定相关制度，合理调配教学资源，帮助校长提升管理能力，促进教师专业发展，成就学生健康成长。

在实施学校发展计划过程中，学校要保持与教育局密切融洽的关系和顺畅的信息交流渠道，积极地汇报学校发展计划实施过程中出现的偏差和问题，主动寻求教育局的支持和帮助，通过相互沟通，达成共识，为实施学校发展计划提供有力的保证。

3. 从全局出发，整体改革

进行学校整体改革，应该有通盘考虑、周密策划，最好是与学校发展计划的制订、实施及评价紧密地联系起来，因为学校发展计划在制订过程中，就涉及方方面面的问题，这些方面也正是需要改革的方面。在实施过程中，又可能会不断地出现新问题，解决新问题，因此就会使改革不断地深入，最终达到良好的效果，促进学校的整体发展。

学校发展计划是统领学校发展的灵魂工程，它的实施确实为学校管理带来了深层次、全方位的变革。虽然有些变革是在项目资金支持下带来的。但更多的变革，如已经形成的政府、学校、社区多方合作管理的格局；自下而上制订计划，自上而下提供支持；从指令型管理到指导型管理的转变；教师和学生成为计划的制订者和管理的参与者等，都是在新理念的引导下发生的内在变化。正是这些内在的变化，使我们逐渐走上了自我推动、自我发展的路子。

4. 建立制度，纳入常规

保障制度是学校发展计划得以顺利实施的依托。要建立制度与学校发展计划之间相互支持、相互依存的管理机制。制度形成后，就把制度的运作纳入学校发展计划之中去实施和评估，然后成为今后学校管理的常规。

将学校发展计划纳入校本培训内容，对教师进行培训，掌握制订学校发展计划的方法、策略和技巧，从真正意义上做到教师对发展计划的理解和认同。

坚持学校发展计划的制订原则，并在实施过程中尽量做到校本化，形成自己灵活务实的管理风格。

建立定期研讨反馈制度，组织管委会成员、全体教师每学期至少对计划的目标、措施、办法、落实情况进行一次研讨反馈，扬长避短，查漏补缺，使之更符合发展的需要。

社区参与是一项难度较大的工作，在征求社区意见时，可采取分自然村召开会议等灵活的方法，再进行统一综合分析的办法，来发现问题，确定目标，降低社会参与的难度。

将学校发展计划的制订工作也纳入对校长、教师的年度考核工作当中进行评估，与个人利益挂钩以保证学校发展计划的质量。

5. 必须尽快形成与学校发展计划理念相一致的学校文化

学校发展计划需要持续使用才会带来其固有的效果，才会为学校的发展提供有效的支持。朝令夕改、反复无常最终只能是折腾学校，劳民伤财，损害学校的发展。因此，需要形成一种与之相应的学校管理文化。更重要的是，学校发展计划的实施需要一种自觉的行为。被动强迫地去执行学校发展计划是难以真实有效实施的，也难以持续维持。因此，也需要一种对应的氛围、环境和文化。

一旦学校形成与学校发展计划对应的学校文化，那么，学校发展计划的实施就会稳定、持续和有效，才会进入一种更高层次的管理状态而不是仅仅是作为一种任务去简单执行。

这样的文化特征应该是参与式的、民主的、宽容的、自然和谐的、以教师和学生为主体的。这就需要校长和全体成员在实施学校发展计划过程中有意识地去感悟、理解和领略学校发展计划所包含的思想、理念和价值观，并在执行过程中充分地去践行，逐渐改变过去的不合时宜的思想和做法，逐步形成与学校发展计划的内涵相通的思想意识和价值观念，形成行为习惯和风气。作为校长，首先要带头改变领导风格和工作作风，在决策、会议或开展其他活动的时候要按照学校发展计划的做法，广泛倾听和吸纳群众的意见，自下而上，创设各种民主参与的环境。教师在课堂教学中要广泛采用参与式教学，以学生为主体。通过一段时间之后，会逐步营造和培育出与学校发展计划相通的学校文化。

6. 实施中的注意事项

• 及时调整心态

学校发展计划对许多学校来说是一个全新的理念，从学校到社区，从校长到师生，从村委会成员到村民，无论是在心态、行为习惯，还是学校管理运行机制、工作的方式方法上，都需要一个逐步调整、适应的过程，需要通过大量的宣传、培训和学习，各类人群才能理解其内涵，明白个人在学校发展计划实施过程中的角色，并发挥积极作用。

校长不仅要以身作则，调整心态和管理方式，带动学校发展计划管理委员会成员、全体师生学习《学校发展计划文本》内容，了解实施步骤，明确自身的角色，参与学校发展计划实施，而且还要督促下属按学校发展计划开展工作。开展初期校长要有足够的耐心，宽容对待大家的不适应，引导大家逐步改善。

学校发展计划要逐步替代原来的管理模式，为学校发展注入新的活力，使学校踏上新的发展轨道。

• 狠抓目标落实

实现目标是实施学校发展计划的关键。学校发展计划包含了学校各个方面的工作，在学校发展计划中每项工作都制定了预期的目标，每个目标都由活动措施来支撑。每个活动措施都有开始和结束的时间、具体的负责人等，这些综合形成了一套学校发展计划的管理操作运行机制。只有不断地加强学校内部管理，提高管理水平，改善管理运行机制，才能充分发挥每个管理人员和工作人员的作用，抓好学校发展计划中每个活动措施的落实，从而达到解决问题、实现学校发展计划目标、促进学校发展的最终目的。

• 灵活应对变化

学校发展计划是采用“自下而上”、“广泛参与”的方式，通过实事求是地“分析现状”、“问题排序”，寻找亟须解决的“问题”，再转化为“切实可行”的“目标”，形成社区和学校共同认可的学校发展计划。一旦定稿公布，就必须执行，校长不得随意改变。在实施过程中，随时了解变化、收集信息，发现新的问题，如果确实需要修改、调整，必须在学校发展委员会主持下，召集各方面代表参与会议，把握尺度，规范调整程序、合理调整内容、明确调整目的后，提出充分的调整理由和具体的改进措施，经过讨论，达成共识，向社区群众和学校师生说明原因，及时进行调整。对于一些临时性的或突发性的事件或任务，要根据其性质和特点，对应性地吸纳进学校发展计划相关目标活动当中去。属于比较另类的问题，则可以在原有的方案基础上增加临时性的工作方案（附加在文本对应的地方），并作好说明即可。

● 保持常规工作运转

对于符合学校发展计划理念并对学校发展有价值的学校的常规工作以及历史的传统活动，首先是看是否成为实现学校发展目标当中的一个有机部分，如果是，则可以考虑把它纳入到对应的目标和活动当中去，如果不是，则要继续保持其正常运转，同时考虑在其运转方式和机制上做一些改革，使其更好地与学校发展计划的管理模式相互吻合，发挥其更新的功能。

● 有效执行上级任务

考虑到我们的国情，因此，学校发展计划的制订与实施必须是采取自下而上和自上而下相结合的方式，在充分反映学校发展的独特性外，必须确保学校正确的办学方向，并与教育行政部门的工作要求协调一致。只要是不与学校发展计划有根本冲突的上级任务，学校都应该执行。而且要有机地吸纳进学校发展计划当中，科学地安排调整好，使之成为服务于学校发展的一种力量。凡经调整过的地方或新增的任务，要在学校发展计划文本中做好记录和说明。如果遇到与学校发展计划发生根本冲突的上级任务，首先是以大局为重，学校作出适当调整，把因冲突而耽搁的目标或工作延缓到下一工作周期。其次，可以以适当的方式与相关部门领导商量和请示照顾学校的特殊情况，予以灵活安排。总之，学校发展计划不是“铁板一块”，不是一成不变，而是具有足够的弹性空间，因冲突或突发的干扰而影响到的发展目标可以延后，可以放到长远的发展大背景中去加以处理，把这样的调整放到学校发展委员会去加以说明解释，并把相关材料存档。

（三）总结阶段

当学校发展计划运转到了第三年末的时候，本周期的总结工作就要开始了，一般要在结束前的两个月左右时间里启动总结工作，使得整个过程有头有尾，对于总结经验教训，承前启后，为下一周期的开始做准备具有重要意义，必须高度重视。这是整个运转过程的最后的环节，这一阶段的工作有三个步骤，如下图：

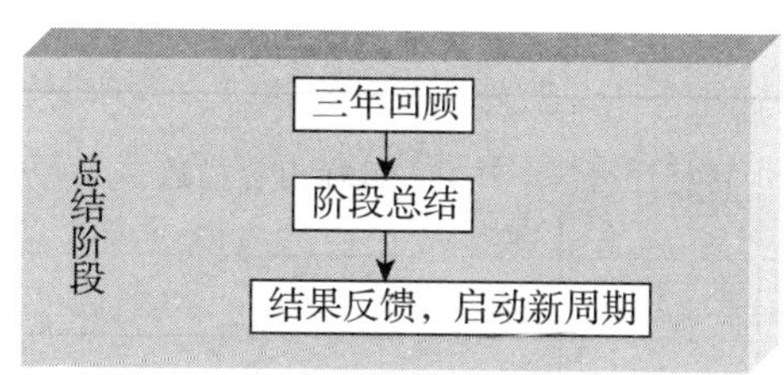

1. 三年回顾

实施学校发展计划一般以三年为一个周期。虽然三年中每学年的奋斗目标可能不一样，但是三年的总目标不变。这三年的学校发展计划目标实现率，基本上可以说明过去三年学校发展计划取得的成绩。目标实现率是衡量学校发展计划成功与否的一个重要指标。

回顾的工作还是自下而上地进行，先由广大师生员工、社区群众参与到回顾的过程，从个人到部门到学校，对应三年来个人、部门和学校各种计划的执行情况和目标实现情况进行广泛讨论和回顾，在此基础上，最后形成学校三年的总回顾，通过这一过程，让大家充分地感受到这三年来自己在其中的辛勤劳动和劳动成果，感受这三年来个人、部门和学校的变化发展。

2. 阶段总结

学校发展计划运转的不同阶段里要及时进行总结。根据不同的阶段有不同的总结，比如有学期总结、年度报告、三年周期总结。总结的形式有个人总结、学校各部门总结、学校总结。

• 学期总结。学校发展计划实施一段时间就要进行总结，特别是一学期结束后要进行一次全面的评估，通过总结发现一学期来学校发展计划实施过程中好的做法、出现的问题，并对其进行反思、分析和调整，这样才能不断地完善和改进学校发展计划，为下学期的实施工作打下良好的基础。

• 年度报告

学校发展计划实施了一年，就要转入下学年的制订过程。这时候需要对一年的实施情况进行阶段性监测评估。根据“学校发展计划个人行动计划表”、“学校发展计划制订实施评估表”、“学校现有发展水平自我监测评估表”和“学校现有发展水平自我监测评估汇总表”的内容，进行自我监测评估和总结，分析、统计和汇总“目标”、“活动/措施”、“完成情况”以及“实施情况及效果评估”的记载内容，得出年度自评结果，总结经验，为下年度制订学校计划提出改进性意见和建议。

年度自评监测评估表

学年度	问题分类	目标序号	目标内容描述	实现情况	
				实　现	未实现
二〇××年度	类别一	1			
		2			
		3			
	类别二	1			
		2			
		3			
	类别三	1			
		2			
		3			
	类别四	1			
		2			
		3			
	类别五	1			
		2			
		3			
学年度目标合计数			实现情况合计		
学年度目标实现率			%		
备　注	对未实现的年度目标，管委会要分析原因，并向社区和学校说明情况，纳入新一轮的学校发展计划中，提出改进措施，继续实施。				

学校发展计划年度自评结果出来以后，将监测评估的结果及时记录保存，在制订下年度学校发展计划之前，将其情况通过各种方式，告诉给社区的广大村民和全体师生，引起相关人群的反思和讨论，并达成共识，为

开发和制订新学年度的学校发展计划做好准备。

- 三年周期总结

在充分回顾的基础上，把三年来的总体情况作一个全面总结，特别要对每年的年度目标的达成情况作好分析，寻找成功经验和好的做法，发现失败或做不好之处，并寻找其原因，吸取教训。尚未达成的目标或欠缺要清晰地提取出来，以便下一周期衔接好。要充分利用好群众个人和部门的总结材料，充分利用好各学期总结、各年度报告，尤其要充分利用各种监测评估的数据和结论。

目标实现率是衡量学校发展计划质量的一个重要标志。学校发展计划的实施三年为一个周期，虽然三年当中每学年的奋斗目标可能不一样，但是三年的发展目标不变。撰写三年周期总结要通过这三年的结果来分析学校发展计划目标实现率，来说明过去三年学校发展计划取得的成绩。可以使用下表来对三年的目标实现情况进行汇总：

学校发展计划目标实现率监测评估表

<table>
<tr><th rowspan="2">学年度</th><th rowspan="2">问题分类</th><th rowspan="2">目标序号</th><th rowspan="2">目标内容描述</th><th colspan="2">实现情况</th></tr>
<tr><th>实　现</th><th>未实现</th></tr>
<tr><td rowspan="15">二〇〇八年度</td><td rowspan="3">类别一</td><td>1</td><td></td><td></td><td></td></tr>
<tr><td>2</td><td></td><td></td><td></td></tr>
<tr><td>3</td><td></td><td></td><td></td></tr>
<tr><td rowspan="3">类别二</td><td>1</td><td></td><td></td><td></td></tr>
<tr><td>2</td><td></td><td></td><td></td></tr>
<tr><td>3</td><td></td><td></td><td></td></tr>
<tr><td rowspan="3">类别三</td><td>1</td><td></td><td></td><td></td></tr>
<tr><td>2</td><td></td><td></td><td></td></tr>
<tr><td>3</td><td></td><td></td><td></td></tr>
<tr><td rowspan="3">类别四</td><td>1</td><td></td><td></td><td></td></tr>
<tr><td>2</td><td></td><td></td><td></td></tr>
<tr><td>3</td><td></td><td></td><td></td></tr>
<tr><td rowspan="3">类别五</td><td>1</td><td></td><td></td><td></td></tr>
<tr><td>2</td><td></td><td></td><td></td></tr>
<tr><td>3</td><td></td><td></td><td></td></tr>
</table>

续 表

学年度	问题分类	目标序号	目标内容描述	实现情况	
				实 现	未实现
二〇〇九年度	类别一	1			
		2			
		3			
	类别二	1			
		2			
		3			
	类别三	1			
		2			
		3			
	类别四	1			
		2			
		3			
	类别五	1			
		2			
		3			
……年度	类别一	1			
		2			
		3			
	……	……			
学年度目标合计数			实现情况合计		
学年度目标实现率			%		

在编写学期总结、年度报告、三年总结时，学校必须按学校发展计划的全过程进行总结，对活动完成情况、目标实现情况、取得的成效、出现的问题、改进的措施等加以综合报告。报告注意事项如下：

- 把平时多方搜集的第一手资料，作为总结报告的重要依据。
- 一定要充分使用各种监测评估的结果。
- 资料充分、具体、翔实，经得起检验。
- 总结报告以事实为根据，评价客观公正。
- 内容表达简明清楚，信息传递准确，便于理解。
- 报告中的意见、建议具体，改进措施切实可行。
- 今后的发展思路清晰，目标科学合理。

学校发展计划实施监测评估的结果呈现包括学期总结、年度自评、年度自评结果使用和三年周期总结等。

3．结果反馈，启动新一轮学校发展计划周期

把实施学校发展计划的结果反馈给社区群众和学校师生，是学校发展计划实施后不可缺少的程序。首先要把实施学校发展计划学期总结、年度报告、三年回顾的情况在学校层面进行认真细致的分析和反馈。其次，向社区公布实施学校发展计划后，学校在哪些方面发生了变化、取得了哪些成绩，以后还面临什么困难，针对以前实施中的问题提出改进计划。最后，把学期、年度、三年的实施情况写成书面材料向学区和教育局提交和存档。

在此基础上，开始启动新一轮学校发展计划的运转过程。前后两个周期的学校发展计划必须相互衔接，形成逻辑递进关系。

在实施学校发展计划过程中也可能会出现许多困难，如目标定位不恰当、措施不得力、缺少经费支持、社区与学校相互支持不够、学校与上级教育行政部门沟通少等，这些困难得不到及时解决，都会影响学校发展计划的实施效果，所以我们要主动寻求一些办法来解决这些困难，顺利地完成学校发展计划。

1．实施过程中经费短缺

产生这种问题的主要原因有三个方面：一是社区和学校没有充分认识到制订和实施学校发展计划的真正意义和目的，仅仅把学校发展计划当成了“硬件工程建设”，把“问题”与“目标”等同，“问题”多大“目标”就定多高，既没有分析和考虑社区和学校的承受能力，也没有寻找解决“问题”的可行办法。二是片面认为学校发展计划就是为上级教育行政部门反映学校和社区现状，为政府教育行政部门提供教育资源分配的决策依据；只要是学校所面临的困难，就应该得到上级及时的支持，不论问题大小都归纳到

上级经费解决的范畴。三是缺乏对问题和困难轻重缓急的通盘考虑，对国家“义保”经费的使用、安排不当，没有把有限的资金用在刀刃上。

针对这一问题，首先在文本的制订上就要把好关，切记量力而为；其次要多方寻找解决“问题”的资金来源；另外就是按照“义保”经费的使用原则，全面分析学校现状，认真做好预算工作，合理安排经费支出，优先解决最迫切的问题。

2. 社区对学校支持不到位

社区对学校支持不到位的原因有以下几点：一是受传统分工观念影响，社区与学校对彼此的关系认识不清，没有承担起相应的责任。二是社区把学校看成是教育局的单位，简单地把教育的责任全部委托给学校。三是学校的教育教学质量在当地相对落后，社区对学校比较失望，从而增加了学校与社区的矛盾。

通过学校发展计划正是为了构建学校与社区之间相互信任、相互服务、相互支持、资源共享、共谋发展的新关系。管理委员会要发挥桥梁纽带的作用，让社区不同人群的代表参与学校管理，使学校和社区信息交流渠道畅通；逐步地让社区广大群众认识到：学校不是教育局的，也不是校长和老师的，学校是社区的重要组成部分，如果社区没有学校，孩子们就要到更远的地方去上学，这样会给村民自己带来很多困难，所以学校与他们的关系密切。大家都应该关心支持学校，参与管理和保护学校。

可以加强学校内部监测评估；要求教师积极参与教研活动、培训活动和各种业务进修活动；调动学区参与学校管理的积极性，促进学校的管理水平，提高教学质量，逐步解决社区经济文化发展与学校教育发展不相适应的矛盾。

通过举办家长培训班，教给家长教育孩子的方法和技巧，让社区成员充分认识到：教育是一项十分复杂的系统工程，家庭教育、学校教育和社区教育的密切配合，才是最完美的教育、成功的教育。

学校向社区开放，将学校的可利用资源（如：网络信息、运动场所等）提供给社区使用。定期举行“家长开放日”活动，请家长全天来校，观察孩子上课、活动，使家长直接了解学校教育教学的状况和特点。

建立校务公开制度，通过校园广播、校务公开栏、印发宣传品等途径随时向社区公布学校的可利用资源、发展情况以及存在的困难等群众关心的信息，接受社区监督。学校还可以规定每周一天的接待日和在不同的区域设置意见箱，通过学生分发不记名问卷等形式收集信息和建议，专门听取各方面的意见。

3．学校对社区服务不够

造成这一现象的主要原因可能是有些学校以自我为中心的思想依然存在，学校处于封闭或半封闭办学状态，社区参与学校管理的作用被忽视。学校与社区资源没有相互开放，教育资源共享的需求受到经济利益的限制，造成资源浪费。

校长要改变“我是上级派来管理学校的，教育孩子的，为社区做好事的，应该受到村民的帮助、尊重，不与社区主动往来”的思想。学校积极地向社区提供文明教育，主动开展法律常识、科技知识、精神文明、环境保护等宣传活动，也可以通过专栏、文艺会演、社区大会、分发宣传材料、专题家长会等群众喜闻乐见的形式，提高社区群众的文明意识，培养良好的文明习惯，让社区真正感受到学校文化中心的辐射作用。有条件的学校，还可以利用学校网络信息资源，选择农闲季节组织开展社区科普、法律、环保和劳动技能等内容的培训活动，让社区群众得到实惠，提高在经济发展中的适应能力，逐渐形成畅通的交流沟通机制，改变学校与社区缺乏互信、相对独立、很少往来、互不干涉、各行其是的状态。

五、学校发展计划的监测与评估

学校发展计划的监测与评估是对学校发展计划的制订和实施进行定性定量检测、督促、评判的行为，主要包括对目标的实现、活动措施的完成等情况进行评价。监测偏重于制订与实施的过程；评估偏重于其结果和效益。监测评估是有目的、有计划、有组织、有内容的活动。监测是评估的基础，只有在充分准备的基础上进行评估才有价值。监测评估有助于学校反思、调整、改进和完善学校发展计划，提高学校自我认识和管理水平，明确发展思路，推动学校的可持续发展。作为学校发展计划运转的监测保障系统，监测与评估贯穿于学校发展计划制订、实施和回顾总结的全过程，是落实《学校发展计划文本》内容的重要保证。学校发展计划的监测评估可分为五个步骤：

第一步，学校成立自我监测与评估小组，成员一般由学校发展计划管理委员会、校委会和学校各部门负责人以及师生代表组成，给他们分配任务、明确职责。

第二步，熟悉学校发展计划监测评估的基本内容。它主要包含对《学校发展计划文本》的制订、实施和回顾总结三个方面。

第三步，掌握监测评估的技巧和方法，开发工具和指标，确定方案。

第四步，在监测与评估中不断地反思、调整、改进。

第五步，总结反馈、上报自评结果。

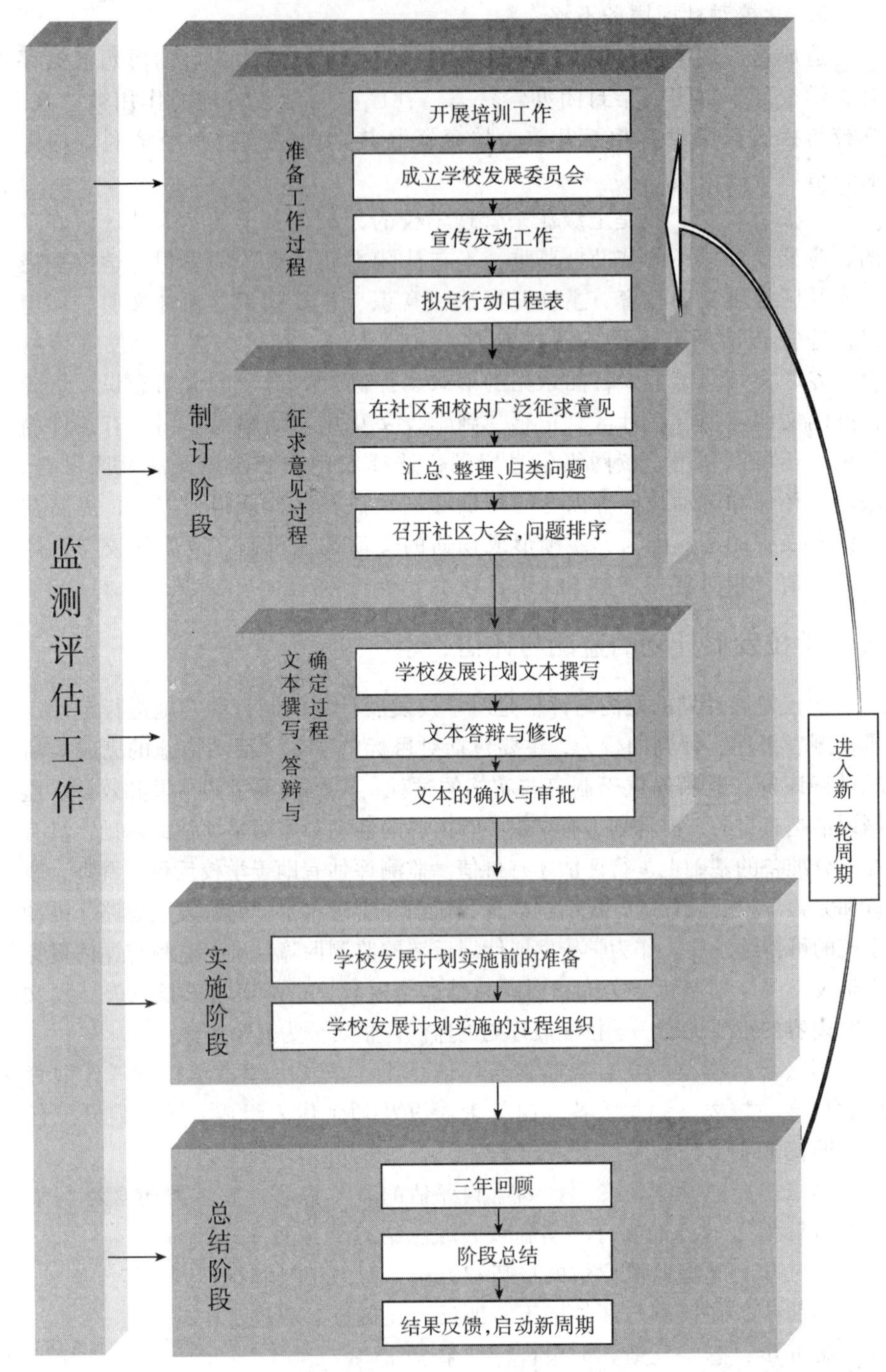
监测评估工作
制订阶段
准备工作过程
开展培训工作
成立学校发展委员会
宣传发动工作
拟定行动日程表
征求意见过程
在社区和校内广泛征求意见
汇总、整理、归类问题
召开社区大会,问题排序
确定文本撰写、答辩与过程
学校发展计划文本撰写
文本答辩与修改
文本的确认与审批
实施阶段
学校发展计划实施前的准备
学校发展计划实施的过程组织
总结阶段
三年回顾
阶段总结
结果反馈,启动新周期
进入新一轮周期

•第四章

现代学校发展的有效监督

第一节　发展性学校督导的基本概述

一、发展性学校督导的内涵

教育督导是国家教育行政管理体系的重要组成部分，是我国教育基本制度之一。教育督导不仅督促地方政府、教育行政部门和学校认真贯彻执行国家有关教育的法律法规和政策，更重要的是通过对学校教育工作的监督、检查、评估、指导，帮助学校改进教育工作，优化教育过程，提高教育质量和办学效益，更好地满足全体儿童特别是处境不利儿童受教育的需要，努力实现教育的均衡发展。

现代教育督导的目的，由注重督导对象的鉴定转变为促进督导对象的发展，引导其达到最终的教育目标；现代教育督导的职能，注重改善传统的以上下级关系为前提的监督、检查职能活动，而强调评价与指导的职能，在学校自愿合作基础上，提供专业性、技术性的指导与建议；现代教育督导的活动方式，强调督导人员与被督导者共同合作工作、共同发现和分析问题，探讨改进工作的决策，积极营造合作研究的活动氛围。

建立在现代评价原理基础上的发展性学校督导的基本含义就是，以“学校是发展主体，督导是发展保障”为宗旨，依据党和国家对学校的法规要求、学校的办学现状和学校自主选择的发展目标，指导学校制订科学合理的发展规划，建立学校自评和外部督评相结合的运行机制，运用教育督导评估的理论技术和方法，对学校发展的态势和绩效进行自我与外部的价值判断，提高学校自主发展的能力，促进学校自主发展机制的构建，逐步形成切合学校实际的、具有个性办学特色的素质教育办学模式的督导评估活动。这样的督导追求的不单纯是“结果、证明”，更重要的是追求“改进、发展”，从而使评价的功能从侧重于选拔功能、鉴定功能转为强化导向功能、诊断功能、调控功能、改进功能与激励功能。

本章所介绍的发展性学校督导主要是以中英西南基础教育项目中设计实施的模型为主，它以学校发展规划的制订、实施、总结为督导评估的主线，构建学校自主发展与行政监督相统一、学校自评与外部督评相结合的运作方式，引导学校分析自身的实际和发展规律，强化自我评价、自我监督、自我调整的行为，在自觉地执行国家和党的教育方针、政策及有关教育法律法规基础上，自主办学、主动发展，形成具有个性的素质教育办学模式，使学校在依法办学的基础上，促进学校自主、主动发展。

与以往的督导不同，新型的学校督导通过监督、检查、指导学校认真实施发展计划，使学校督导与学校发展计划有机结合，用学校督导推动学校发展计划的实施。所以在督导工作中把学校发展计划作为切入点，客观地对待学校制订的计划，透过计划看学校的发展，了解制订计划的过程，对计划的可行性、科学性进行客观的分析，从而发现学校存在的问题，进行指导，从而建立了学校发展计划制订和实施运行的保障机制。学校发展计划和督导的目标是一致的，都是推动学校发展。前者是学校内部进行自我完善、自我发展的主系统，后者则从外部对学校发展计划制订过程、实施过程以及结果进行监控评估，收集学校发展过程中的相关信息，帮助学校分析现状、发现问题、确定目标、提出建议，彼此紧密联系在一起。

二、发展性学校督导的特点

第一，学校是督导活动的主体。在新督导模式中，学校是发展的主体，也是整个督导活动的主体，是督导全过程的积极主动的参与者。督导的目的，就是要促进学校自主、持续、健康的发展。在发展性学校督导的操作过程中，学校首先要进行一系列的自我检查、自我诊断、自我评价、自我监控的工作。在这个过程中，学校的主体意识得到发挥。

第二，建立合作伙伴关系。发展性学校督导下的督导人员与校长、教师及学生之间是一种合作伙伴关系，合作的目的是共同进步和成长。发展性学校督导还注重社区和家长在学校督导中的重要作用，鼓励学校与社区进行有效的沟通与合作，提高学校竞争力，为学校可持续发展奠定基础。

第三，以学校发展计划作为切入点。学校发展计划是学校督导最主要的证据来源之一，因为它不仅包括学校和社区最基本的信息，还包括了与学校督导密切相关的内容，如过去三年学校发展的自我评估，未来三年学校发展展望，本学年需优先解决的问题，本学年学校发展的主要目标与措施等。发展性学校督导中，学校在广泛征求社区意见的基础上制订的学校发展计划成为学校督导评价的非常重要的内容。督导人员要对学校发展计划的制订和执行情况进行督导。透过学校发展计划，督导人员可以了解学校的基本状况、发展目标、具体的方法措施、有什么需求等，可以看到学校与社区的关系，学校中校长、教师和学生们的关系，学校的主体发展思路是否体现以学生为中心的办学理念等。对学校发展计划进行督导的最终目的在于帮助和促进学校的校本管理和自主发展。

第四，教与学是核心。发展性学校督导非常关注学校的教与学，特别是把改善课堂教学作为核心目标。发展性学校督导在时间分配上有明确的要求，督导中至少有50%以上的时间分配是放在课堂上。督导过程中要充分关注教师的教和学生的学，与他们的沟通和交流非常重要，同时，要为他们提供及时有效的帮助和指导。

第五，重视学校的发展。学校的发展可以通过纵向比较与横向比较来体现。发展性学校督导更注重对学校发展的纵向比较，鼓励学校在原有基础上不断进步，让学校在发展过程中不断获得成功的体验，使督导评价作为学校发展的需要和动力。

第六，督导监控。发展性学校督导要求对督导过程进行监控。督导过程是否严谨；所采集的信息质量是否保证全面、准确、可靠；所获得的信息是否以规范的方式，在有效时间里将信息结果传递给相关的单位或个人；所提的建议是否对学校的管理、教学等有建设性意义等。对督导进行监控，目的是为了保证督导工作的质量。督导人员还将协助学校建立起学校督导质量监控制度，并监督实施。

第七，反馈。发展性学校督导重视督导结果的运用，督导人员对学校督导的结果进行分类，针对不同人群，如社区群众、校长、教师、学生，以及地方政府和教育行政部门，以口头和书面形式进行反馈，使他们及时获得信息，以利于他们对学校工作的改进做更有益的事情。反馈一方面使社区群众更加了解学校的事务，更加关心学校的发展；二方面对学校不断改进工作起到督促作用；三方面督促了地方政府和教育行政部门给学校提供更多的保障和支持。

第八，督导队伍建设。发展性学校督导非常强调督导队伍的素质与专业化水平，要求对督导人员进行专门培训。发展性学校督导对督导人员的数量也提出要求，指出要按照学校的规模，班级多少、教师的数量配备相应比例的督导人员。任命和聘任督导人员时，要求从有教育教学经验、学校管理经验、督导经验的人员中产生。

发展性学校督导较之传统的模式更微观而且具体，它尽管不能代替传统模式，但它的一些做法可以为传统模式提供参考。发展性学校督导带来以下启示：

其一，督导要建立起为学校服务的理念，督导的最终目的是要为了学校的发展。学校是发展的主体，也是整个督导活动的主体，是督导全过程的积极主动的参与者。因此，督导开始前，先要考虑学校自身的特点，本着尊重学校自主发展、重视对学校发展计划制订和执行情况的督导的前提下，为学校提供指导和帮助。

其二，督导不是发号施令地监督和检查，督导人员与校长、教师及学生之间不是上下级关系，而是合作伙伴关系，社区和家长在学校督导中也发挥着重要作用。只有在彼此接纳合作的基础上，才能带来双方的成长与进步。

其三，学校存在的根本是促进学生的发展，提高教育教学质量，为国家的建设培养人才。督导工作的核心内容，应该放在关注学校的教与学上，特别是把改善课堂教学作为核心目标，充分关注教师的教和学生的学，为他们提供及时有效的帮助和指导。

其四，比较是需要的，但只要有横向的比较，就会产生最后一名。重要的是，做纵向比较时，学校是否在原有的基础上已经不断进步，不断发展。

其五，督导工作的目的是为了学校的进步与发展，因此，督导质量的监控、督导结果的反馈是不可忽视的一个环节。值得注意的是，督导的结果若发现学校有许多需要改进的方面，反馈也要使学校和教师感觉意见是客观的和积极的。

其六，督导人员也需要成长和进步，他们的观念更新，适应学校督导发展的需要，不断地接受系统而专业化的培训是督导工作质量得以保证的需要。

三、发展性学校督导的流程

发展性学校督导的流程分三个阶段，第一阶段为督前准备，督导组长通过督前访问，初步建立与学校的合作伙伴关系。第二阶段为督导中，这是督导人员在学校收集信息的时期。第三阶段为督导后，这一阶段主要是督导组长撰写督导报告、反馈提交报告和帮助学校制订跟进计划等方面的工作。

第一阶段，督前准备。督导组组长与学校沟通，了解学校各方面情况，查阅资料档案，特别是学校发展计划。在此基础上初步拟定督导计划，并告知学校本次督导的目的、意义和内容，与校长协商督导工作的计划、安排等。学校也要根据新模式的要求先进行自我评估。督导组组长还要召开督导小组督前准备会议，对小组成员进行分工。小组成员在出发往学校之前要仔细阅读学校提供的督前材料，并讨论督导重点。

督导前的沟通，一方面使学校和督导小组为督导做好准备，另一方面使督导组组长了解校长和学校，最重要的是通过沟通使学校了解督导组组长和督导的意图，为今后的合作打下良好的基础。

第二阶段，督导中。根据学校规模通常为2~4天工作。通过观课、查阅资料、观看校容校貌及设施设备、访谈、座谈会等多种方式收集相关信息，其中，学校发展计划是最主要的信息来源之一。

新模式尤其重视学校中教师的教和学生的学的问题，因此，督导人员在学校的督导总时间分配上，新模式要求督导员应将50%以上的时间用于课堂观察，在条件许可的情况下，尽量做到两个覆盖，即覆盖全体教师和所有学科，并就观课结果与任课教师进行简短的反馈和交流。

督导中，督导组成员通过与教师座谈、家长座谈、学生座谈、社区代表座谈等活动，一方面获取当地群众、师生、校长对学校发展的建议与希望，另一方面也增进当地群众、师生、校长与督导人员的合作伙伴关系。

新模式非常强调督导评价要建立在证据收集的基础上而不是督导人员的主观印象上。因此，新模式对证据表的填写也有规范的要求。督导结束时，所有的记录都记录在督导评判表中，督导组组长负责做总结，以简洁明了的语言口头反馈给校长，同时提供帮助学校改进和提高的建议。督导的主要目的是促进学校各方面工作的改进与提高，这就意味着督导必须仔细斟酌对学校和教师的反馈，即使有许多需要改进的方面，也要使学校和教师感觉反馈是客观的和积极的。

第三阶段，督导后。这一阶段包括撰写督导报告、反馈提交报告和帮助学校制订跟进计划等几项活动。督导报告的撰写要按照新的格式，内容方面要求涵盖督导的各个方面，并对学校未来规划提供明确的建议和指导。督导评估报告完成后，要提交学校、社区和教育行政部门。因为这三方在帮助学校改进方面发挥着重要作用。

督导报告给教育局提供了一个了解学校表现和学校需求的证据。教育局根据督导报告提供的信息，调整和制订当地教育发展的目标和规划。

完成报告后，督导组成员还要适时地返回学校，与学校的校长老师沟通交流，了解学校的进步情况，并给予进一步的指导。

督导组完成了督导工作，但和学校、社区、教育行政部门的合作仍将继续。关注学校是否在教育局的帮助下，根据督导组和教育行政部门的意见修正学校发展计划，使学校的各个方面工作不断取得进步。

四、发展性学校督导与传统督导模式的区别

（一）督导人员与学校的关系不同

发展性学校督导强调督导人员与学校建立伙伴关系，督导人员本身可能是校长，也可能是教师，他们对学校的管理与教学是熟悉的。这种伙伴关系不会因为他们的到来而使学校感到有压力，而是一种帮助。

传统的督导模式中，教育督导机构代表政府和教育行政部门，对下级政府和教育行政部门及所属学校既有监督检查的职责，又有评价和指导的重要责任。在整个视察、督导过程中，教育督导人员扮演着上级委派的执行者角色，肯定什么，否定什么，对督导对象影响甚大。传统模式较为强调督导人员“对下级教育工作进行监督、监察、评估、指导”的任务。教育督导常常表现为一种居高临下的行政视察行为，是代表上级来检查纠错的，他们的到来令学校感到压力。

（二）督导的内容各有侧重

传统上，“督政、督学相结合”是我国教育督导最基本的原则和特色。督政是对下级人民政府教育工作的监督、监察、评估、指导，督学是对学校办学思想、经费状况、管理水平、教育质量等方面的专门督察，从中也可能发现政府的教育职责落实情况，进而可以督促政府教育行为到位。传统的督导内容涵盖广泛，加之缺乏具体的配套措施和法律支持，导致“督政”和“督学”职能发挥不力，造成了目前我国教育督导无位、无威、无所作为的现状。

发展性学校督导更多地关注学校中学生的发展，比如学生的学业进步、基础性发展等。还关注学校能够在教育教学中提供的服务，包括教与学的质量保证、课程的实施、对学生的支持与关爱、学校环境建设等。此

外，还关注学校的领导力和管理水平。新督导模式的内容较具体，实施起来更容易操作。

（三）工作依据及过程不同

传统的督导模式依据的是《教育督导暂行规定》（以下简称《暂行规定》），是1991年国家教委以主任令形式颁发的，是我国教育督导制度恢复后唯一的一部部门文件，并成为教育督导政策体系中具有关键影响作用的“基本政策”。随后出台的《义务教育法》等有关教育类的文件也谈及督导的问题，但始终没有明确具体的操作意见。导致各地方出台的教育督导政策呈现两种情况。一种是大幅超越了《暂行规定》的内容范围，另一种是对国家政策呼应不足，有的区域至今还没有适合于本地的教育督导基本制度政策，教育政策运行所依赖的教育督导机构至今尚不健全。鉴于上述的原因，在工作过程中，督导人员的工作可能就停留在按照上级的布置进行督导，看看学校的环境、设施、建筑物，走马观花地检查一下入学率、辍学率和巩固率等。课堂教学有可能被忽略。来自一份田野调查的报告显示，督导们在学校待的时间总共大约是1小时。

发展性学校督导明确规定了督导的内容、程序和细则，还提供了观察评估工具表及操作要求，并对口头反馈和评估报告的撰写提供指导意见。在工作过程中，要求学校本身在自评的基础上，督导人员针对学校制订的学校发展计划，广泛听取多方意见，包括学校里的校长、教师、学生，还包括校外的家长、社区群众、弱势群体等的意见，在此基础上提出指导建议。此外，对督导人员在学校里的听课安排有具体的要求，听课的时间几乎占去督导人员在学校进行督导时间的一半以上，对听课过程的信息收集表及信息收集提供指导意见。

（四）督导结果的处理不同

传统的督导模式对督导结果的处理上，可能更多的是给学校评定出等级和分数，汇总起来的督导报告只向少数人反馈，比如上级领导，材料的处理上是上级领导要什么就汇报什么，随后材料就被封存起来。

发展性学校督导在材料的整理上更针对教师、学生的切身利益，更多地考虑督导报告能多大程度上有助于学校的发展。报告会提出如何改进学校管理、教学等方面的意见和建议，但重点更多的是考虑如何解决问题。报告不仅向上级反馈，而且还要向校长、教师、学生、社区群众反馈。

（五）督导队伍状况不同

传统的督导模式，督导人员大多没有接受过系统的督导训练，有的地方将那些年老体弱的人员安排进督导室，过渡一下准备退休；有的地方则把一些需要调整但尚未落实工作的人员暂时安排在督导室，一旦落实工作就调走，造成督导人员流动性大。其直接后果是，督导队伍的年龄偏大，工作能力较弱，导致教育督导工作无法得到真正的落实。

发展性学校督导对督导人员的选拔和训练方面有具体的要求。发展性学校督导对督导人员的选拔和培训提出一个主要的框架，并由此框架发展出一系列的培训模块。这些模块的培训采取参与式的方法，开展一些实用性较强的活动，如录像、模拟任务、校本工作和有中心议题的讨论等，使他们在掌握非常详细的具体工作知识和实际工作技能的基础上，明确发展性学校督导的过程和督导们的责任。

五、发展性学校督导与传统模式的联系

(一) 发展性学校督导可以成为传统模式的辅助力量

发展性学校督导与传统模式的关系，可以比作微观与宏观的关系。按照传统的观点，教育督导是教育督导组织及其人员根据党和国家的教育方针、政策和法规，对下级政府、教育行政机关和所属各级各类学校的教育、教学、管理工作，通过观察、了解和考核，作出审慎的分析和评定，指出优劣，给予评价和指导，使下级政府、教育行政机关和所属各级各类学校在教育、教学、管理工作等方面达到遵循教育规律，有效开展工作，提高教育质量的目的。《暂行规定》是我国当前教育督导政策体系中的“基本政策”。督导工作肩负着“督政”与“督学”的任务。

相对而言，发展性学校督导从内容到操作流程更多地关注学校具体的教学和管理问题，并且有具体的实施细则。而传统模式的内容涵盖更广，更抽象，操作也是笼统而模糊的。在当前督导组织功能和督导工作不够完善的情况下，要提高教育督导的工作质量和效率，比较适合采用“督导并重，以导为主；督政与督学并重，以督学为主，督政为辅”的教育督导制度。由此，发展性学校督导可以成为传统模式的辅助力量。

(二) 传统督导模式需要吸纳新模式的方法

1. 建立伙伴关系

传统模式中，《暂行规定》第三章第八条规定：“行使教育督导职权的机构应设相应的专职督学，其任免按有关国家行政机关人事管理权限和程序办理。”由此看来，教育督导人员可以说是教育公务员，但他的工作性质又不是以纯粹行政官员的身份开展工作，而是以教育专业人员的身份开展工

作。换句话说，我国的教育督导人员既是教育行政工作人员，又是教育方面的专业技术人员，是专业性的教育行政人员。他们不直接参与学校的教学与管理工作，而是以指导者、评价者的身份出现。这难免给人一种居高临下的感觉，有时可能会因为不了解学校的具体情况而作出不恰当的评价和指导，从而导致督导人员与学校的冲突。发展性学校督导的“伙伴关系”可以成为传统模式的参考。督导人员首先与学校建立伙伴关系，在这样的彼此接纳的关系基础上开展督导工作，对双方的成长进步都是有益的。

2. 规定具体的操作细则

发展性学校督导要求督导人员依据《指南》去实施督导的工作。《指南》明确规定了督导的内容、程序和工作细则。传统模式虽然也有《暂行规定》，但至今没有明确具体的操作意见。在此可以借鉴发展性学校督导的做法，根据《暂行规定》制订配套的操作细则，使督导工作开展得更有理有据。

3. 向社会公布督导报告

2006 年，我国新修订的《义务教育法》第八条明确规定：“人民政府教育督导机构对义务教育工作执行法律法规情况、教育教学质量以及义务教育均衡发展状况等进行督导，督导报告向社会公布。”虽然督导工作要求向社会公布已经是有法可依，但实际情况是社会对督导工作的结果了解并不多。新模式可以成为借鉴，督导报告要更多地考虑教师、学生的切身利益以及学校的发展，报告不仅向上级反馈，还向校长、教师、学生、社区群众反馈。

4. 建立一支督导专业化队伍

教育督导人员是教育督导机构中具有督导职位和督导专业知识与技能，代表国家教育督导部门行使教育督导职权的行政人员。他们的工作能力、工作效率、专业化水平，直接关系到教育督导的成败和实效。我国的督导队伍存在缺乏系统训练、年龄偏大、工作能力较弱的情况。发展性学校督导提供了一个好方法，即选拔合适的人员从事督导工作，并提供专业化的培训。

第二节　发展性学校督导的基本运作

一、督导工作的职责和任务

（一）县级教育行政部门的职责和任务

- 选拔和培训督导人员。

• 组建督导团队，任命督导组组长。
• 根据工作需要确定被督导学校，下发督导通知。
• 做好学校督导的后勤保障及相关统筹协调等工作。
• 监控督导质量。

（二）督导团队的职责和任务

• 制订督导计划。
• 负责督导前的组织与协调工作，包括督前与学校沟通，帮助学校进行督导准备。
• 进校督导，收集、交流、反馈信息，在个人评判的基础上，形成督导组的集体评判。
• 为学校制订整改跟进计划提供建议，促进学校发展。
• 完成督导报告。
• 向政府、教育行政部门反馈督导结果。

（三）学校的职责和任务

• 认真准备督前材料，特别是学校发展计划文本，客观反映学校基本情况。
• 积极配合督导小组开展各项工作。
• 向县教育行政部门反馈督导工作情况。
• 按督导报告要求制订学校整改跟进计划，并付诸实施。

二、督导人员的构成及行为准则

（一）督导小组的构成

督导小组由2～4人构成，包括组长和组员。在对村小、教学点进行督导时，可能只有两名督导人员开展一天的督导活动。

督导员可以是专职督学，也可以是兼职的督导员。兼职督导员可以从校长、教研员、骨干教师中选拔，人员组成应注意性别搭配，特别要注意吸纳女性督导员参与到督导工作中来。

督导小组成员应严格遴选，经过培训且成绩合格后才能上岗。

（二）督导人员行为准则

督导人员在学校督导过程中，应遵守以下行为准则：

• 深刻理解国家的教育宗旨，热爱教育事业，发扬奉献精神，恪尽职守。

● 熟悉国家督导政策，掌握教育督导与评估的理论、方法和技术；深刻理解新督导模式的理念与方法，并能在实际督导工作中熟练运用。

● 客观公正地开展学校督导工作。

● 尊重被督导学校的每一个人，与学校建立平等的伙伴关系，为促进学校发展服务。

● 在督导小组内充分发表自己的看法，同时尊重他人的看法，具有团队精神。

● 评估结果以事实为依据，提出的建议准确、中肯、可操作性强。

● 严格按照时间表开展督导工作、提交督导报告。

三、学校督导程序的流程

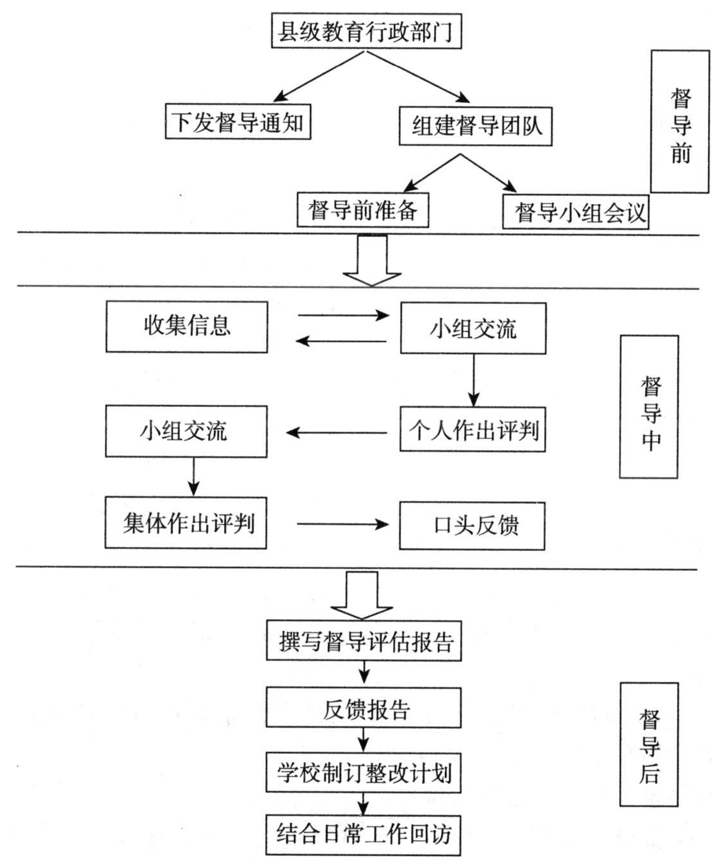

（一）督导前

督导前的目标：督导小组与学校建立平等的伙伴关系，使学校在督导前能够了解新督导模式下学校督导对学校工作的促进作用，消除顾虑，积极配合开展督前准备工作。

工作任务	责任人
• 根据督导计划或工作需要，确定督导学校。 • 任命督导人员，组建督导团队。 • 向学校下发督导通知书，内容包括督导依据、督导目的、内容、时间安排，督导组的联系方式等。 • 发放《督导质量评价表》，要求学校在督导工作完成后，直接交县督导部门。	县督导部门负责人
• 初步拟定督导计划。 • 与学校沟通：告之学校需要准备的材料，特别是学校发展计划，并与校长协商督导工作的计划、安排等。	督导组组长
• 督导小组督前准备会议：组长进行组内分工，阅读学校提供的督前材料，讨论督导重点、拟定督导计划等。	督导组全体成员

建议：

1. 县教育督导部门应提前 2 个月向学校下发督导通知书。

2. 和学校沟通的方式可以根据当地的实际情况灵活掌握，如果交通方便，督导组组长可以去学校开展督前访问，如果交通不便，可以通过电话方式沟通。

3. 根据学校的规模大小及需进行督导的学校的数量和分布，确定督导团队的大小：最大的学校由 3 名督导员开展 3 天的督导或者由 4 名督导员开展 2 天的督导；最小的村小、教学点由 2 名督导员开展 1 天的督导工作。

4. 督导小组的督前准备会议可以安排在督导前 1 天召开；如果条件有限，也可以放在进校督导的第 1 个小时召开。

学校在督导前需要准备的材料

为了使督导员在整个督导过程中收集到充分的信息资料，学校应准备好下表所列的材料，材料要客观、真实、准确。

学校准备材料一览表

序　号	名　称	时 限	说 明
1	学校发展计划	最新计划	督导前
2	课程表及教师任课表	本学期	督导前
3	学生成绩册	近三年	督导前
4	教研活动记录	近三年	
5	校务会议记录、学校发展计划管理委员会会议记录	本年度	
6	学生作品（作业、绘画、实验报告、优秀作文、诗歌、发明制作等）	近三年	
7	学校获奖证书及奖品	近三年	
8	制度汇编（岗位责任制、各种常规管理制度）	近三年	
9	教师工作档案（教学计划、个人总结、专业发展计划及成果）	近三年	
10	学生学籍档案	所有	
11	社区动员大会及女性社区成员参与学校发展计划动员会记录	近三年	
12	和家长、社区人士来往信函及记录	近三年	
13	学校、班级、少先队活动、团队活动日志	近三年	
14	教职工大会记录	近三年	
15	学校工作总结	近三年	
16	上次督导报告及学校改进计划 *		督导前

* 如果是第二轮督导，就需要在督导前提交上次督导报告及学校改进计划。

（二）督导中

督导中的目标：通过督导，帮助学校总结成绩与不足，提高学校教与学的质量，提升学校领导水平。

工 作 任 务	责任人
收集信息 ● 通过观课、查阅资料、观看校容校貌及设施设备、访谈、座谈会等多种方式收集相关信息。 ● 督导员应将50%以上的时间用于课堂观察。在条件许可的情况下，尽量做到两个覆盖，即覆盖全体教师和所有学科。就观课结果与任课教师进行简短的反馈和交流。 ● 把学校发展计划作为最主要的信息来源之一。 ● 及时、翔实地填写证据收集表。	全体督导员
处理信息 ● 按照督导评估指标体系整理收集到的信息。 ● 分析、处理、交流信息。 ● 按照等级描述对学校各方面的工作作出个人的等级评判。 ● 在个人评判的基础上，通过召开督导小组会议，形成集体评判意见，并填写《督导整体评判表》。	全体督导员
口头反馈 ● 根据集体评判的初步结果与学校交换意见，做出口头反馈。	督导组组长 学校领导

建议：

1. 在督导过程中，访谈要包括教师、学生、家长、校长等不同人群。督导人员需要有明确的分工。由于访谈家长和社区群众需要事先组织，如果是一天的督导，就需要提前和学校联系；如果是2～3天的督导，也可以在到校后立刻与校长联系，确定访谈时间，以便学校通知家长和社区群众。

2. 口头反馈的对象一般是校长或学校管理团队，也可以根据学校的要求，扩大范围，例如包括学校发展计划管理委员会成员等。

（三）督导后

督导后的目标：通过督导报告的撰写和发布，达成督导结果的运用，帮助学校不断改进工作，督促教育行政部门为学校提供保障和支持。

工 作 任 务	责任人
● 撰写督导报告初稿，征求校方意见。	督导组组长
● 督导报告正式文本主送被督导的学校，抄送教育行政部门、政府、上级督导部门。	督导组组长

续　表

工 作 任 务	责任人
• 按督导报告中提出的意见和建议，结合学校发展计划，制订整改计划。	校　长
• 结合工作情况进行回访，帮助学校落实整改计划。	县教育督导部门督导组组长
• 向县教育督导部门提交督导质量评价表。	校　长

教育实践是非常复杂的。每所学校有不同的起点、不同的发展历史，它们所拥有的师资、生源、资源可能都是非常不同的；同样，学生可能来自不同的背景，教师也可能面临不同的教学情境，例如班额、教室的空间大小、教学资源的丰富程度等。如果我们试图把督导当做帮助学校改进的手段，督导员就必须要考虑这些不同的情境和背景。

教育实践的复杂性决定了督导是一项十分具有挑战性的工作，因为我们不能保证测量的"统一"和"精确"，所以必须要更多地依赖督导员的经验、技能和专业水准来保证我们的判断是在同一尺度上，并且有利于学校的改进。

但是这并不意味着督导人员可以用自己的个人观点或对某一类教育实践的偏好对学校作出任意的评判。督导员应按照督导的指标及等级描述，收集相应的证据，运用自己的经验和教育专长，作出相对准确的判断，即在个人经验和运用指标之间建立一种平衡。指标提供我们期望学校达到什么样的目标，等级描述为督导员作出判断提供一定的指引，但同时又留有一定的弹性空间，允许督导员根据自己的经验与学校的实际情况，作出合理的判断。

1. 在收集证据的基础上作出评价，并记录在《证据收集表》中

收集证据是督导的一项重要工作，可以说，整个督导的评判就是建立在收集证据的基础上。在整个督导过程中，督导员花费大量时间，根据本指南第三章三大领域的各项指标，收集相关证据，然后作出判断。这些证据要随时以书面方式记录下来。在第六章，提供了三种表格：

第一种表格是《证据收集表》，它可以用于除了课堂观察之外的各种证据收集，例如记录学生访谈、教师访谈等，或者作业查阅等，它包括基本信息、情况记录、优势、需要改进的地方四个部分。督导员在记录的结尾要注明这一部分的证据可以用于对学校督导的哪一个或几个领域作出判断。

第二种表格是《课堂观察表》，它主要用于收集学校“教与学的质量”方面的证据。正如我们在第二章中所述，督导员一半以上的督导时间应该用于课堂观察，因为从课堂教学中我们能收集到最多的关于学校方方面面的证据，包括教与学的质量、学校的学习环境、学生学业成就的进展，甚至是学校的领导与管理。

第三种表格是专门针对学校环境证据的收集而设计的，它列出了与学校软件、硬件环境相关的种种观察角度，帮助督导员不遗漏任何重要信息。

以上的证据收集表不仅仅是证据的简单罗列，它还要求督导员根据这些证据，对某一方面（例如领导与管理，或是学生支持与关爱）作出评价，优势和需要改进的地方是什么等等。这一点尤其重要，因为督导不仅仅是作出等级评判，更重要的是帮助学校了解自己的优势和弱势，知道今后朝什么方向努力。

2. 作出评价

(1) 等级评价标准

督导使用四个等级来判断学校的绩效：

A = 优秀

B = 良好

C = 合格

D = 不合格

督导员在作出等级判断时：

- 要根据督导指标以及等级描述，找到“最适合的”等级。
- 需要运用个人的经验，或是比照类似学校的情况。
- 要参照学校发展计划中相关的目标设定，并对比其进展情况，使得等级判断可以为学校提供进一步发展的指引。

(2) 如何做出评价

一旦督导活动开始，督导员会收集大量的有关学校和课堂教学的信息和证据，从这些证据里，督导员很快就能对学校作出一个基本的判断，学校现状如何，今后如何改进。到督导快结束时，督导员的一个重要任务就是把记录在证据表中的所有证据，以及对每一个领域及次领域的评判转化成对学校的全面评判。这是一项非常具有挑战性的工作，特别是在一组督导员对一所大型学校开展督导时尤其如此。他们需要处理大量的证据，需要一定的程序和特定的安排保证用一种系统而有效的方式完成。

不管是在师生数少的小学校，还是大型学校，作出评价的原则应该是相同的。督导人员需要确保他们的评价：尽可能基于第一手的证据；认真比照每个次领域的每项指标，以及等级描述来作出评价；是由所有的督导员共同作出的集体评价。

a. 整体评价需要在督导结束时才能作出，而不是在督导过程中作出。

b. 整体评价是督导小组作出的集体评价或小组评价。

c. 这些评价是最终的评价，因为随后督导工作就结束了，以后也不再有机会去考虑或收集其他第一手的证据。

在督导工作的最后阶段，特别是在对较大的学校进行督导时，会有大量的信息记录在证据表（包括课堂观察表）中，涉及督导的各个领域。在这一阶段，只有《督导整体评判表》上有等级，其他证据表上只有评价意见，没有等级，为什么呢？因为正如前面所言，督导人员只有在收集到需要的所有证据之后，才能对学校的绩效作出整体的评判。

督导人员需要精心的组织，才能把证据表中的大量信息转化为整体评价，否则可能既花费大量时间，最后的结论还不可靠，这一点在督导员以小组形式进行督导时尤其重要。整体评价主要是在督导员的最后一次会议上完成的。需要记住的是，这次会议的成果为学校督导报告的撰写、督导结束时对校长的口头反馈提供了基础。一旦督导工作结束，这些整体评判表及其结论是这次督导工作保留下来的最重要的书面记录。所以，督导组在小组讨论作出最终评价时，就需要确保：

- 评判结论是准确而可信的，能全面反映收集到的各种证据。
- 不能仅仅说出给予的等级，而且要提供对于学校优势和弱点的清楚的评估。
- 提供有关学校在哪些地方需要改进以及如何改进的建议。

不管是由一组督导人员，还是由一名督导人员开展的学校督导，都要留出充足的时间把证据转化为评价。如果是一组人员进行督导，督导组组长就要把督导小组会议正式列入督导期间的工作日程。会议可能要开 90 分钟，它的长度和效率很大程度上取决于督导组组长如何分配督导员的工作和职责。组长要根据督导组的人员多少以及学校的实际情况做出安排。

3. 完成《督导整体评判表》

在督导工作的最后阶段，如果是一组督导员开展的督导，将是在督导组的最后会议上，需要填写《督导整体评判表》。在表格里，列出了三大领域、八个次领域，督导员要对每个次领域作出等级评判。作出评判的过程，也是召开督导组会议的过程，即：

第一阶段：先按照《督导整体评判表》里的表格，讨论每一个次领域的等级评判，并在小组内达成一致意见后，填写在评价表中。

第二阶段：使用《督导整体评判表》的第二页，讨论学校的优势和弱势，并列出主要的几点，优势记在表格的第一栏，在第二栏里填上对学校的弱势分析和改进的建议。此时，不要简单重复第一阶段中对某一领域的讨论结果，要看到不同领域之间的联系，然后从整体上看学校的优势和弱势，因为很少有一项弱势是单独存在、与其他弱势毫无联系的。例如，如果学生的成绩不够好，反映到教学上，就会是教的质量较差，那是否意味着学校的领导和管理水平不高？如果教学质量很好，是否也说明学校的领导与管理很出色？在《督导整体评判表》第二页的描述中，尽量体现不同领域之间的联系。

《督导整体评判表》的等级评判部分应作为督导报告的附件附上。

在督导组内进行分工，让不同的督导员在督导小组最后的会议上负责领导一个（或几个）领域的讨论。这并不是说，他们仅仅就他们所负责的领域进行督导，作为督导组的成员，他们需要对学校工作的所有领域进行督导。之所以进行这样的分工，只是为了帮助督导组在最后的会议上更好地利用证据表中收集的实际证据和评价，而不是根据督导人员的印象或者是未记录下来的证据，作为讨论的基础。这意味着，在最后的会议之前，督导人员需要把所有他负责的领域的证据表通读一遍，为主持会上相关领域的讨论做好准备。但这并不意味着，这名督导员对于他所负责的领域有最终的决定权，决定应该是反映整个督导组的集体决定。

组长一定要详细记录下会议的讨论内容，以便撰写督导报告。

4. 口头反馈和学校督导报告

督导组在督导工作的尾声，会将初步的评估意见对校长或学校管理团队做一个口头反馈，在反馈时要注意以下几点：

• 以《督导整体评判表》为依据，列出学校所有的主要优势和需要改进的地方，不需要面面俱到。

• 要在充分肯定学校已经取得的成绩基础上，提出有建设性的改进意见。

在说出结论时，要有一定的证据支持，并且听取校长的意见，避免督导报告出现事实性的错误。

• 始终牢记督导的目的是促进学校发展，而不是去“教训”学校，在反馈过程中，督导员应始终保持平等友好的态度。

学校督导报告的格式和内容见第二章，在撰写时要注意以下几点：

• 报告不需要太长，一般2000至3000字。

• 应尽可能涵盖督导的每一个领域，并提供充分的证据支持。

• 对于小型学校的督导报告可能会略微短一些，但是也要涵盖督导框架的各个领域，所以不应该太短。

• 文字简洁、准确。

第三节　发展性学校督导的主要内容

督导内容，它为督导人员、校长和教师以及相关部门和人员提供了学校督导的评估领域、指标及其等级评判标准。对于督导人员来说，它是评估最重要的依据；对于学校来说，既可以帮助学校了解评估标准，使学校积极参与到督导评估过程中，又可以帮助学校根据它所提供的指标进行自我评估，以促进学校的全面发展。其具体内容结构框架如下图：

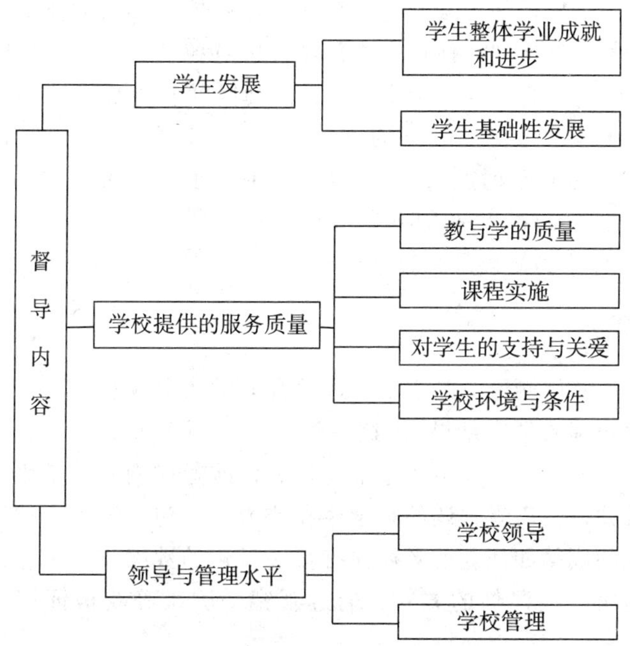

督导内容分为学生发展、学校提供的服务质量、领导与管理水平三大领域，学生发展侧重的是学生通过学校教育教学在学业以及非学业方面所取得的成就，它强调的是“结果”；学校提供的服务质量侧重的是学校为了学生的发展在教学、课程、环境与条件等方面提供了哪些服务，以及质

量如何，它强调的是取得结果的“过程”；领导与管理水平侧重的是如何通过领导与管理，为“过程”提供相应的“支持”，为“结果”提供相应的保障。督导人员既要了解不同领域的具体区别，又要看到这三大领域的内在联系。

每个领域都包括不同的次领域，每个次领域又分别有相应的评估指标，以及相应的证据收集途径。督导人员要依据评估指标去收集相应的证据，然后按照等级评判标准对每个次领域作出等级评判。等级评判分为 A、B、C、D 四个等级，除了等级评判之外，最重要的是，督导人员要对学校在各个领域中所具有的优势以及取得的成绩予以充分的肯定，并对学校需要改进的地方以及如何改进提出中肯的建议。

因为各地各校的实际情况存在较大差异，在对各类学校进行具体督导时，应结合各地的实际情况，来解释和运用评估指标和等级标准，因地制宜地开展学校督导工作。

下面将对督导评估各领域的内容和要点做较为详尽的介绍，使督导员清楚地了解每个领域的评估重点。督导员在对各领域作出评价时，必须涵盖该领域的主要指标，同时突出重点，以确保以下四点：

- 督导评价的标准是统一的。
- 督导员在评价时所采集的信息是全面、真实、准确的。
- 督导评价的过程是透明开放的。
- 督导评价的结果是客观公正的。

一、学生发展

学生发展领域侧重的是学生通过教育教学在学业和非学业方面所达成的水平，它强调的是“结果”。这一领域分为两个方面：一是学生的学业成就与进步情况，二是学生的基础性发展，前者强调的是学生在智育方面取得的成就如何，后者强调的是学生在非智育，包括德育、体育和美育等方面所取得的成就如何。前者往往有很多量化的数据支持来作出判断，后者则需要运用质性评估的方式，通过观察、访谈等获得证据，以便作出判断。

（一）学生学业成就和进步情况

学生的整体学业成就关注的是学生通过学校教育教学活动，在学业发展上所取得的结果如何。所谓“整体”，是指通过所有学生的学业成就（特别是各科的作业情况、测验结果、考试成绩等），来评估学校“全体学生”在学业上所取得的成就；通过与过去三年学生的成绩、其他同类学校的学生的整体成绩相比，来评价学校在这一方面的“发展趋势”。因此，督导员要时常反问自己这样的问题：学生的学业成就达到了他们应有的发展水平了吗？他们是否还能做得更好、取得更大的进步？他们在哪些方面的发展还需要得到更多的关爱与帮助？

在学业成就方面，还要关注学科之间的均衡发展，这并不意味着要看“某一个学生”是否有偏科现象，而是要通过对各科学业成就之间的比较，找出学校发展较好的学科，以及是否存在薄弱学科，以便今后予以改进。

因此，为了判断测试成绩是否真实地反映出学生的进步情况，不仅需要将测试成绩与当地其他学校的成绩相比较，更要与学生原有的成绩相比较，还要将不同学科之间的成绩进行比较，同时还要全面了解课堂内外作业的质量和学科比赛、竞赛等情况。督导员还应根据学生在学科成绩上的变化情况来评判他们的进步。即使当学生的表现水平不高时，也可能由于好的教学使学生在原有的基础上取得进步。

在对学生整体学业进步程度作出判断时，我们还要特别注重对处境不利的学生学业进步程度给予高度关注，对他们的学业成绩和进步情况进行分析，关注这类学生是否得到了应有的关心和帮助，教育公平的理念是否真正得到了体现。同时还要特别关注那些由于学习困难而产生厌学情绪而辍学的学生，在国家全面实施“两免一补”政策后，“质量控辍”应当成为我们关注的热点。

<table>
<tr><th>评估指标</th><th>证据收集方法</th></tr>
<tr><td>1. 学生整体学业成绩与过去三年相比有进步。</td><td rowspan="6">• 查阅近三年来学生成绩统计表
• 从县教育部门或学区了解与同类学校相比，学校学生的整体学业成就水平
• 查阅学生课内外作业及作品
• 学生、家长、教师访谈
• 查阅学生学籍档案</td></tr>
<tr><td>2. 学生整体学业成就的进步度高于当地同类学校。</td></tr>
<tr><td>3. 学生在不同学科学业成就发展均衡，没有偏科现象。</td></tr>
<tr><td>4. 不同性别、民族、家庭背景的学生在学业成就上没有明显的差异。</td></tr>
<tr><td>5. 有特殊教育需求的学生与过去三年相比学业有进步。</td></tr>
<tr><td>6. 学生辍学率控制在国家标准之内并逐年降低。</td></tr>
</table>

等级评判标准

等级	评判标准
A	以上指标有5项表现优秀，1项良好。学生整体学业成就与过去三年、与同类学校相比进步很大；不同性别、民族、家庭背景的学生学业成绩没有明显差异；特殊教育需求的学生的学业成就普遍得到提高；学生不同学科之间学业发展均衡，没有偏科现象；辍学率控制在国家标准之内并逐年下降。
B	6项指标有5项良好以上，没有不合格指标。学生整体学业成绩与过去三年、与同类学校相比进步较大；不同性别、民族、家庭背景的学生学业成就差异不大；有特殊教育需求的学生学业成就有所提高；学生不同学科之间学业发展基本均衡；辍学率控制在国家标准之内。
C	6项指标基本合格。学生整体学业成绩与过去三年、与同类学校相比有所进步，但进步幅度较小；不同性别、民族、家庭背景的学生学业成就与学生整体成就有差异；有特殊教育需求的学生学业成就变化不大；学生存在偏科情况，但不严重。辍学率超过国家标准。
D	6项指标均不合格。学生整体学业成绩与过去三年、与同类学校相比没有进步，不同性别、民族、家庭背景的学生学业成绩与学生整体成就存在明显差异；学生不同学科之间学业成绩不均衡，存在严重偏科现象；辍学率超过国家标准并有上升趋势。

（二）学生基础性发展

基础性发展是学生发展的重要方面，它为学生的终身学习和发展奠定十分重要的基础。督导员既要从学生的道德品质、身心健康、审美情趣等方面对学生的基础性发展进行观察和评价，更要了解和观察学生个性的发展与培养。

对学生的基础性发展作出判断，需要督导员从不同渠道、通过不同方式收集证据，作出综合性的判断，特别是要通过对学生行为表现的观察结果作出评价。督导员可以通过现场观察学生行为表现，与教师、学生座谈交流，访问社区群众，查阅学校课程表及德育、体育、艺术等活动记录和体能检测成绩，查阅学校有关工作记录材料等方面来收集更多的信息。督导员要熟悉课程标准和相关规定，把握统一标准和尺度，尽量减少主观因素对评判所产生的影响。同时，要依据督导评估指标的具体要求和等级描述，作出最“切合”学校情况的判断。

评估指标	证据收集方法
1. 学生文明礼貌，与同学友好相处，理解和关心他人。	• 现场观察学生行为表现 • 学生访谈 • 家长和教师访谈 • 查阅学校课程表及德育、体育、艺术等活动记录和体能检测成绩 • 查阅学校有关工作记录材料
2. 有一定分辨是非和抵制不良行为的能力。	
3. 养成体育锻炼习惯，体质体能达标。	
4. 学生有良好的卫生习惯。	
5. 积极参加文艺活动，有一定的文化艺术欣赏和表现能力。	
6. 学生逐步养成自我管理的能力和习惯，学生对生活、学习有着积极的情绪体验，自尊自信。	

等级评判标准

A	以上6项指标至少有5项达到优秀，另外1项是良好或良好以上。学生非常有礼貌，行为文明，积极参加文体活动，具有良好的卫生习惯，师生、同学之间友好相处，明礼诚实守信，有自我管理能力、自信心和积极向上的精神风貌。
B	以上6项指标中至少有5项达到良好，且没有不合格的指标。大部分学生的语言、行为文明，能参加文体活动，基本养成较好的卫生习惯，师生、同学之间能正常相处，具有明辨是非和抵制不良行为的能力，有一定的自我管理能力、自信心和较好的精神风貌。
C	以上6项指标基本达到合格。学生的语言、行为基本符合规范，能按学校要求参加各项文体活动，体质体能达标。
D	以上6项指标中，有2项及以上不合格。部分学生的语言、行为不够文明，经常不参加文体活动，卫生习惯差，师生、同学关系紧张，缺乏自我管理能力、违规违纪现象较多。

二、学校提供的服务质量

学校服务是指学校为学生的学习、成长、发展而提供的教育教学服务，它包括教与学的服务，可供学生学习、选择的课程内容，对学生的支持与关爱，学校环境与条件等内容。学生是教育教学的主体，学校的所有活动，都是围绕学生的成长而开展的，为学生提供什么样的教育内容、什么样的生活学习条件，怎样帮助学生学习和发展，都是学校必须考虑的核心问题。

学校服务质量评估是对学校所提供的教育服务的价值判断，学校服务质量的好坏，直接关系到整个学校的教育教学质量，是学校督导评估的中心内容。在评估过程中，要紧紧抓住教与学的质量、课程内容的提供、对学生提供的支持、学习条件和环境的创设等方面进行，全面评估学校的服务质量状况。

（一）教与学的质量

教与学是学校的中心工作，教与学的质量，是判断学校教育质量的主要指标。

教与学的质量分为教的质量和学的质量两个方面。教的质量，主要是反映教师教的过程及其所表现出来的结果；学的质量主要是反映学生学的过程及其结果。在评估过程中，要把过程性质量和结果性质量有机结合起来进行判断，不能只重视教与学的结果方面的变化，特别是不能仅以考试分数来判断教的质量和学的质量，教师教的过程和学生学的过程是质量生成的重要基础，因此，在教与学的质量的评价上，要更重视教与学的过程中所体现出来的质量证据。

	评估指标	证据收集方法
教的质量	1. 熟悉课程标准和教材，教学内容无错误。	• 课堂观察 • 教师访谈 • 学生访谈 • 查阅备课本、学生作业
	2. 教学目标清晰，教学计划准备充分。	
	3. 教学策略恰当，时间安排合理，并能根据学生的学习情况随时调整教学策略。	
	4. 采用多种方法调动和激发学生学习的积极性和学习兴趣。	
	5. 重视对学习方法的指导，培养学生自主学习的能力。	
	6. 教学过程注重全员参与，关注学生差异。	
	7. 合理使用教学资源。	
学的质量	1. 学到了新的知识和技能。	• 课堂观察 • 教师访谈 • 学生访谈 • 查阅学生作业
	2. 学生积极参与教学活动，认真思考，主动回答问题。	
	3. 能选择有效的学习方法进行学习。	
	4. 有良好的学习习惯。	
	5. 既有独立学习的能力，又能合作学习。	

等级评判标准

A	以上12项指标至少有10项为优秀，另外2项为良好或以上。教师能准确讲解教学内容，教学目标明确、思路清晰，充分调动学生的学习积极性，教学过程全体学生全程参与，关注学生差异；学生学到了新的知识和技能，有良好的学习习惯，既能独立学习，又能合作学习。
B	以上至少有10条指标能达到良好，没有不合格的指标。教师能准确讲解教学内容，教学目标明确、思路清晰；大多数学生都能积极参与，并学到了新的知识和技能，有良好的学习习惯，掌握了一定的学习方法。
C	以上指标基本达到合格。教师能准确讲解教学内容，教学目标明确，思路清晰；学习氛围一般，有些学生能积极参与教学活动，学习效果一般。
D	两项以上的指标不合格。教师教学目标明确，但思路不够清晰，有知识性错误，教学方法单调；大多数学生没有学到新的知识和技能。

（二）课程实施

课程集中体现了教育的目标和价值，课程改革是整个教育改革的核心内容。关注对课程实施的督导评价是课程改革成败的关键性因素，也是促进课程自身建设走向健康发展的重要手段。

根据国家课程计划和标准的有关精神，课程实施的督导评价主要从国家课程计划和标准、地方课程和校本课程、课外活动和社团活动（活动课程）三个方面入手，在客观评价的基础上提供建设性的指导意见。

国家课程计划和标准——国家课程计划和标准是国家政策规定的课程设置及其所开课程的基本标准，按课程计划开足、开齐课程是衡量一所学校合格与否的首要标准，即使是经济欠发达地区，督导评价也要统一要求。

地方课程和校本课程——地方课程和校本课程是按照地方政策要求和学校教育教学需要而开设的课程，这些课程的开设是国家发展不平衡和对人才的需要存在区域差异而产生的客观需要。按照新课程的理念，校本课程开发的目的在于体现学校办学个性。通过学校自主性、创造性并且结合学校自身实际的校本课程开发，为学生的全面发展提供服务。这一方面的督导评价其意义在于既肯定校本开发的已有成绩，更重视与学校共谋新校本建设的规划与策略。

课外活动和社团活动——课外活动和社团活动在任何学校都是必须开展的，也是培养人的重要课程，督导评估要关注这些课程的实施及其学生的参与情况。一是要充分考虑学校因地制宜的特点，二是要充分照顾不同年龄阶段、不同经济状况的学生，既要体现广泛的参与面，还要特别关注处境不利学生的参与情况。

评估指标	证据收集方法
1. 依照国家课程标准和计划，开足开齐课程。	● 学生访谈 ● 查阅课表 ● 查阅课程与教学计划、教案 ● 查看学生配备教材
2. 开发地方课程和校本课程。	
3. 开展丰富多彩的课外活动或社团活动。	

等级评判标准

A	3项指标均为优秀或良好以上。按照课程计划开齐国家课程，合理设置地方、校本课程，课外活动和社团活动开展效果好，已经取得了突出的成绩。
B	至少有2项指标良好以上，没有不合格的指标。在课程设置、校本地方课程开发及课外活动开展等方面不忽视国家标准课程设置，能够使在校学生在得到基本教育的基础上，在某一方面取得了较好的成绩。
C	3项指标基本合格。充分利用人力、物力资源坚持正常开课，使在校学生能够满足基本的学习要求，同时因陋就简，在校本开发或课外活动某一方面取得了一定的成绩。
D	2项以上的指标不合格。课程设置较随意，长期不能解决开足国家标准课程的问题，没有开设地方和校本课程，没有因地制宜地开展课外活动，难以满足学生全面发展的需要。

（三）对学生的支持与关爱

在学校提供的所有服务中，对学生的支持与关爱是一项软性服务，关乎学生对学校的人性化体验，但却往往容易被湮没在学校环境、教师的教、学生的学等因素中。然而学生们，尤其是寄宿生和弱势群体学生，如果能够在学校得到他们需要的支持与关爱，将对他们的身心健康和学业成长起到相当大的促进作用。

对学生的支持与关爱，不一定非要用钱来解决，重要的是有意识、有制度保证、有一颗关爱学生的心。我们从以下四个方面来督导这方面工作的开展：

1. 学校基础设施及基本制度能让全体学生生活学习在一个安全舒适的环境中。

2. 学校校风文明，管理严格，为全体学生提供了一个友爱和谐的学习和生活环境；每一个学生都没有遭受来自任何方面的欺辱和侵犯。

3. 学校着力于卫生、健康方面的教育和管理工作，十分重视学校文明卫生环境的建设及学生卫生习惯的养成。

4. 重视寄宿制学生的严格管理及文明卫生习惯的养成，为寄宿制学生提供了一个生活方便、环境洁净、管理严格的学习和生活环境。

在观察学校对学生的支持和关爱方面的表现时，需要督导员带着爱心和对孩子们的关切，用敏锐的观察捕捉相关信息，才能够作出相应的评价。因为除了规章制度外，其余的指标都难以得到定量的信息。

在做此项观察时，需要多从侧面了解孩子们在校园的生活情况。例如，通过与学生交谈所获得的信息，可能比直接提问所获得的信息更准确。此外，多观察校长、教师与孩子们的交流方式和身体语言，也可以得到第一手的证据。

此外，对学生的支持和关爱，也体现了学校在教育公平方面所做出的努力，培养孩子们健康的心态和健全的人格，也是“树人”的一项大计，不容忽视。

评估指标	证据收集方法
1. 重视学生生命教育、心理健康教育和卫生习惯养成教育，保障学生安全，促进学生身心健康发展。	• 校园观察 • 走访宿舍 • 学生访谈 • 家长访谈
2. 制定具体措施，为处境不利的学生提供相应的支持和帮助。	
3. 关心寄宿制学生的生活和学习，为寄宿制学生提供相应的支持和帮助。	

等级评判标准

A	以上指标均为优秀或良好。在学生的支持与关爱的所有方面都达到最高水平，具体说就是安全、卫生、健康及住校生管理等方面都令人十分满意。
B	至少 2 个指标为良好以上，没有不合格的指标。在学生的支持与关爱的所有方面达到了较高水平，尽管某一方面需要进一步完善，但也达到了合格的水平。
C	所有指标基本合格。在学生的支持与关爱的所有评估方面基本合格，具体说就是安全、卫生、健康及住校生管理等指标中尽管可能存在着某些方面需要完善的地方，但各指标基本合格。
D	2 项以上的指标为不合格。学校缺乏基本的安全卫生等方面制度建设，住校生管理也较随意，不能为学生提供一个安全、舒适、方便的学习和生活环境。

（四）学校环境与条件

学校环境与条件是开展教育教学活动的重要基础，学校环境与条件建设的主要内容包括学校基础设施（硬件）建设、学校物质环境建设、学校文化环境建设及其管理使用等方面。学校基础设施的建设，主要依靠政府的投入，学校自身难以解决这一个问题。因此，对学校环境与条件的督导评估，主要是评估在现有条件下，学校是怎样管理、使用现有教育教学资源的，是怎样发挥积极主动性，建设、改善学校物质环境和文化环境的。

评估指标	证据收集方法
1. 重视学校绿化美化，校园环境整洁卫生安全。	• 校园观察 • 查阅相关资料
2. 学校文化建设符合学生身心特点，有较好的文化氛围。	
3. 现有设施设备管理完好，维修及时，能有效使用现有教学资源。	

等级评判标准

A	在以上三项指标中，第一项达到优秀，第二、三项都达到良好或以上。校园环境建设注重激发学生的学习兴趣，对学生友好，教室墙面上贴有学生作品且能定期更新。对现有校舍及设施很好地维护和利用；室内外和环境卫生干净、整洁；有校园绿化计划并逐步落实，对现有绿化管理好；校园文化能充分体现为学生成长服务。

续　表

B	以上三项指标至少有两项达到良好，且没有不合格的指标。学校环境对学生有较大的吸引力；教室墙面上贴有学生作品但更新不够及时。对现有校舍及设施能维护和利用较好；对现有绿化管理好。
C	以上三项指标至少两项达到合格。学校环境虽然不是很有吸引力，但是没有不适合学生身心特点的内容；对现有校舍维护还有待改进；对现有绿化管理一般。
D	以上三项指标有两项以上不合格。学校环境对学生没有吸引力；没有维护和利用好现有设施；对现有绿化管理不当。

三、领导与管理水平

领导与管理是实现学校发展目的的两个不同的方面。前者侧重于解决方向问题，后者是有效实现领导方向的具体的操作，侧重于技术层面。有正确的领导和科学的管理才能确保学校的正常运转和持续发展。

（一）学校的领导

要发挥领导的功能就必须首先要求学校领导者要具备相应的领导力。领导力是指学校领导者在领导学校发展过程中的影响力，特别是指校长的影响力。督导员要侧重于以下几个方面来考察校长的领导力：

- 与所有成员共享的清晰的愿景和办学目标。
- 反映学校发展目标的有效的战略规划。
- 调动和影响教职工和学生的能力，创造有效团队的能力。

评估指标	证据收集方法
1. 学校形成了核心的价值观（办学理念），有获得师生共同认可的清晰的发展愿景和办学方向或办学目标，并有效地反映在其学校发展计划等文件上。	● 查阅学校发展计划 ● 访谈校长、教师、学生、家长、社区成员
2. 校长及学校管理团队有较强的凝聚力和影响力，建立了有效的工作团队，并对学校的优势和弱势形成了一致的认识。	

等级评判标准

A	在领导的两项指标上都做到优秀。学校有核心价值观和共同发展愿景，领导团队有凝聚力和影响力。
B	在领导的两项指标上都做到良好及以上。学校有一定的价值取向和愿景导向，对自身的优势和弱势有较为清晰的判断和一致的认识。
C	在领导的两项指标上都做到合格，有学校发展计划，但还需与师生一起形成学校办学理念的共识，校长及管理团队的凝聚力和影响力还有待进一步加强。
D	在领导的两项指标上有一项不合格。

（二）学校的管理

学校管理是学校管理者通过科学合理的组织形式和运行方式，依据学校办学章程和学校发展计划，发挥学校人、财、物、时空、信息等资源的最佳效能，协调社区、家长等社会力量，以实现学校发展计划和教育目标的活动。科学的学校管理对促进和提高学校教育教学质量和整体办学水平起到关键作用。

督导员评判学校管理时，要从整体上把握以下几个方面：

• 学校整体的制度建设，各项规章制度是否健全，并且不停留在纸面上，从而保证学校各项工作高效运转。

• 学校发展计划是否是高质量的，并能对实施情况定期监测，根据监测结果灵活修订。

• 对教师专业发展的支持，包括：在选用合适教师方面的态度和投入；对新教师的培训；确保教师的个人专业发展计划与学校整体发展的一致性，但同时又照顾到个体差异，从而有效地促进教师个体的发展。

• 对教育公平的重视程度，使得不同群体的学生都能得到学校提供的最高质量的教育，例如针对有特殊教育需求的学生，是否制订了有效的措施来帮助他们获得学业成就的提高（包括课程设置，设备的使用，对教师提供额外的帮助以及寻找更好地帮助学生的方法等方面）。

• 重视与政府相关部门、社区、家长的沟通、协作，充分利用校内外教育资源，满足学生发展、社会发展的需求。

<table>
<tr><th>评估指标</th><th>证据收集方法</th></tr>
<tr><td>1. 学校有健全的机制和相应的制度，确保学校各项工作有效地实施和开展。</td><td rowspan="6">● 查阅学校发展计划
● 访谈校长、教师、学生、家长、社区成员
● 查阅教师专业发展规划、规章制度和工作记录材料
● 实地考察有关设备设施的管理使用情况</td></tr>
<tr><td>2. 真实有效地制订和实施学校发展计划，并能定期监测和评估学校发展计划的实施情况和效果。</td></tr>
<tr><td>3. 有具体的政策、措施和资源支持教师的专业发展，促进教师的专业水平不断提高。</td></tr>
<tr><td>4. 学校有促进教育公平的具体措施，使那些有特殊教育需要的学生获得应有的支持。</td></tr>
<tr><td>5. 与社区、政府相关部门保持良好的关系，以促进学校的建设和发展，以及学生的学业成就和基础性发展。</td></tr>
<tr><td>6. 有效管理和使用学校现有的教育资源，包括教职工的时间等人力资源。</td></tr>
</table>

等级评判标准

A	在管理的六项指标上至少四项做到优秀，且所有指标都达到良好以上。学校有较完善的工作制度，建立运行、监测和自我完善机制，各项工作能有序有效开展，学校发展计划实施质量高，学校现有的教育资源得到较好的管理、使用和开发，教师获得专业发展的支持，社区、家长为学校提供大力支持和有效帮助。
B	在管理的六项指标上至少四项做到良好，且所有指标都达到良好以上。学校有较完善的工作制度，建立运行、监测和自我完善机制，学校发展计划实施质量较高，学校无违反有关教育法律法规现象，无责任事故发生，各项工作能有序有效开展，学校现有的教育资源得到较好的管理和使用，教师在专业发展方面获得了一定的支持。学校与社区、家长保持良好的关系。
C	在管理的六项指标上至少四项做到合格。学校无违反有关教育法律法规现象，无责任事故发生，各项工作能正常有序开展，学校现有的教育资源得到较好的管理和使用，教师获得专业发展的支持，与社区、家长有联系。
D	在管理的六项指标上有三项不合格。学校管理混乱，管理人员与教职员工关系紧张，学校现有资源不能得到合理运用，缺乏教师专业发展的支持系统，与家长及社区缺乏沟通。

第四节　发展性学校督导的主要工具

督导工具主要有六个方面：

一、课堂观察表

课堂观察表，供督导员在进校观课时使用。它包含正反两页的内容，正面除了记录听课班级和科目等基本情况外，主要分两栏，左边记录教学的基本环节，右边记录根据评估指标所收集到的证据。课堂观察表背面包含四个部分，分别是这节课的主要优点、存在的问题及改进建议、等级评判，以及主要的观课指标。督导员需要在一节课结束时完成整个表格的填写，尽量不遗漏任何信息，因为这节课结束后，督导员很难再有时间去回忆、补写课堂观察表。

<table>
<tr><td>学校/班级：</td><td colspan="2">教师姓名：</td><td>评估者姓名：</td></tr>
<tr><td colspan="2">教学科目：
课堂观察时间：</td><td colspan="2">出勤人数：男（　），女（　）
总计（　）</td></tr>
<tr><td colspan="2">基本环节</td><td colspan="2">证据记录（请对应指标填写）</td></tr>
</table>

续　表

<table>
<tr><td colspan="2">主要优点：</td></tr>
<tr><td colspan="2">存在的主要问题及改进建议：</td></tr>
<tr><td>等级评判（请参照以下的评估指标，而不是仅凭经验和印象，根据课堂的观察结果作出评判）：A＝优秀，B＝良好，C＝合格，D＝不合格。</td><td></td></tr>
<tr><td>主要观课指标
教师的教：
● 熟悉课程标准和教材，教学内容无错误。
● 教学目标清晰，教学计划准备充分。
● 教学策略恰当，时间安排合理，并能根据学生的学习情况随时调整教学策略。
● 采用多种方法调动和激发学生学习的积极性和学习兴趣。
● 重视对学习方法的指导，培养学生自主学习的能力。
● 教学过程注重全员参与，关注学生差异。
● 合理使用教学资源。
学生的学：
● 学到了新的知识和技能。
● 学生积极参与教学活动，认真思考，主动回答问题。
● 能选择有效的学习方法进行学习。
● 有良好的学习习惯。
● 既有独立学习的能力，又能合作学习。</td><td></td></tr>
</table>

二、证据收集表

证据收集表，用于课堂观察之外的证据记录，例如访谈或者作业查阅等，它包括基本信息、情况记录、优势、需要改进的地方四个部分。

学校： **评估时间：**

基本信息（根据证据性质的不同，填写不同的信息。例如访谈记录，就要填写访谈时间、对象等）
情况记录
优势
需要改进的地方
督导员（签字）

三、学校环境证据收集表

专门针对学校环境证据的收集而设计的表格，它列出了与学校软件、硬件环境相关的种种观察角度，帮助督导员不遗漏任何重要信息。

学校：　　　　　　　　**评估时间：**

学校地理位置	
校园布置（口号、标语、黑板报、展示栏等）	
教室布置（学生作品展示、图书角、墙面布置、黑板报、桌椅的摆放方式等）	
学校设施（体育设施、功能教室等）	
绿化情况	
寄宿条件	
学生感受	

四、督导整体评判表

整体评判表，一般是督导员在内部小组会上使用。每位督导员督导结束时要根据自己收集到的证据，给每一个领域的不同方面（共八个方面）打出等级，然后小组内讨论，形成一致意见。这个等级评判将作为督导报告的附录。除了等级评判外，还需要写出学校的主要优势以及改进建议。

对于每一个督导领域的集体评判

领域 1：学生表现

	等级
学生整体学业成就和进步情况	
学生基础性发展；学生的社会、道德和情感的发展，以及他们是否为下一阶段的教育/生活做好了准备	

领域 2：学校提供服务的质量

	等级
教与学的质量	
课程实施的有效性	
学校对学生的支持与关爱情况	
学校是否创造了“爱生”的环境与条件	

领域 3：学校领导和管理水平

	等级
校长领导的有效性如何	
学校管理的有效性如何	

学校的主要优势（简短地一条条列出）

学校有待改进的方面及具体建议

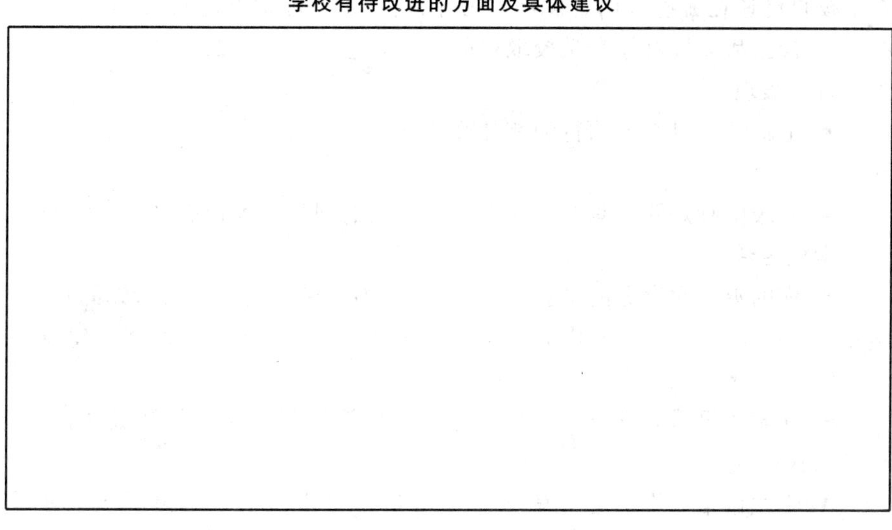

五、访谈提纲

访谈提纲，包括对学生、教师、家长、校长四类人群的访谈提纲，它仅仅作为督导的参考；督导人员要根据学校的实际情况，特别是需要收集哪方面的证据，从中选择适合自己使用的访谈问题，不需要使用本章提供的所有问题；此外，这些问题只是提供了一些思路，督导人员可以根据自己的需要，设计新的问题。

（一）学生访谈提纲建议

课堂学习

● 喜欢上什么课，为什么？不喜欢上什么课，为什么？

● 有没有感到很容易（难）的课？举个例子？有跟老师交流过自己的感受吗？老师怎样回应的？

● 如果学习上有问题，会去问谁？（还可追问是否问老师，为什么？）

● 作业多长时间布置一次？都是什么类型的作业？如果没能按时完成，教师会如何处理？教师如何批改作业？批改方式对你的帮助有多大帮助？

关于课堂学习效果，最有效的方式还是课堂上的随机访谈，参见下面关于课堂上访谈的问题。

学业成就

● 你觉得自己的学习成绩如何？如何判断的？除了成绩之外，你觉得在学校自己还在哪些方面有发展？为什么？（最好能举例说明。）

• 自己和父母对你在学校取得的进步满意吗？为什么？

行为表现

• 了解学校对学生的行为有什么要求吗？自己符合吗？为什么？其他同学呢？

• 班级中有好朋友吗？有没有很不喜欢的同学？为什么？

学校生活

• 你的观点和意见能被教师/学校采纳吗？举个例子：因为你的建议，学校做了哪方面的变化？你有没有机会担负起学校或班级管理、建设的职责？

• 在学校里感到安全吗？如果遇到安全性问题（比如，被威胁），知道应该找谁说吗？

• 学生做错了事，老师怎么惩罚学生？有体罚学生的情况吗？如果有，如何体罚？

• 每天都有机会进行一定的室外活动吗？如果有机会，会利用这个机会出去活动吗？

• 参加学校的课外活动吗？喜欢这些活动吗？如果没有参加为什么？有什么建议吗？

• 你对学校的环境和设施满意吗？为什么？

• 在学校开心吗？为什么开心？为什么不开心？最喜欢学校的什么？你们最希望学校在哪方面有变化？

在课堂上

注：了解学生课堂学习效果最好的办法就是问学生。如果能够在学生们做练习或者小组活动/讨论的时候，评估人员能四处走动，并找机会与学生简短攀谈，可以得到非常宝贵的信息。所以，也设计了下面一些问题仅供参考：

• 如果正在做练习或者小组活动，可以问：你是否明白老师的要求？你是否能够按照老师的要求完成？（后面一问，可以在观察中以其他方式追问）

• 课堂接近尾声的时候，或者下课的时候，可以问学生：这节课你学到了什么新的知识和技能？哪些内容是你已经知道的？

• 你觉得这节课的内容对你而言，是简单了，还是难了？

• 教师的教学方式——这位老师通常上课都是这个样子吗？或者有变化？有怎样的不同？

（二）教师访谈提纲

如果听了这位教师的课，可以借此机会询问一些和您观课相关的问题。

课堂教与学

• 您一般如何评价学生的学习效果？（注意分为课上的评价与课后的评价来问）您怎样根据评价的结果来调整教学？请举例说明。

• 您认为自己所教的学科中，对学生而言，最为关键的知识和技能是什么？

• 您如何将现代信息技术用在教学中？您认为使用它最大的好处和不足是什么？

• 您对教材的选择、教材进度的安排以及教材中内容的增减方面具有多大的自由度？关于以上的选择，您依据什么来决定？请举例说明。

专业发展

• 在教学中，如果您需要专业上的帮助或者需要更新自己的教学知识时，从哪里获得？

• 您是如何制订教学计划的？如何确定每个学期的重点？

• 本学科或本年级在制订学科与年级计划时，会征求您的意见吗？如果有的话，请举例说明。

• 学校要求您制订自己的专业发展计划吗？或者您自己制订专业发展计划吗？如何制订的？

• 学校如何评价您的工作业绩？多久评价一次？是只有正式评价吗？评价结果对您有什么帮助？

学校管理

• 学校在制定规章制度或其他与您相关的决策时，是否征求您的意见？是以什么样的方式征求您的意见的？请举例说明。

• 如果对学校工作有意见和建议，您如何以及向谁表达？请举例说明。

• 您在什么情况下，以什么方式与校长沟通？请举例说明。

• 您知道学校的办学理念是什么吗？您是怎么理解的？学校在制订办学理念的过程中，是否有征求您的意见？怎么征求的？请举例说明。

• 学校有发展计划吗？您知道其内容吗？这一计划对您自身的工作有什么影响？请举例说明。

• 您如何与家长沟通，多久沟通一次，沟通的主要内容是什么？

（三）家长访谈提纲

家长访谈提纲

- 您觉得自己的孩子喜欢学校吗？为什么？
- 您对孩子在学校的进步满意吗？为什么？除了成绩之外，还有其他方面的发展吗？
- 您觉得孩子对学习有兴趣吗？
- 您的孩子遇到困难时，会找谁来帮助？
- 您对学校的安全和卫生满意吗？为什么？
- 您的孩子经常跟您说学校的事情吗？什么样的事情？
- 您通过什么途径了解孩子在学校的情况？（学习、生活、安全等）
- 您多久参加一次家长会？家长会的形式和内容是什么？您有什么建议？
- 除了家长会之外，您还参加学生的什么活动吗？您希望学校提供更多的这样的机会吗？为什么？
- 您认为学校还有哪些工作需要改进？

（四）校长访谈提纲

校长访谈提纲

- 你们学校的办学理念和办学目标是什么？它们是如何产生的？
- 教师和学生有机会参与学校的管理吗？请举例说明。
- 你们的学校发展计划是如何制订的？在制订和实施过程中，有哪些困难？
- 作为校长，您是如何理解新课程的？你们学校又是如何实施新课程的？
- 学校有校本课程吗？如果有，是如何开发和实施的？
- 学校对处境不利的学生提供了哪些支持和帮助？
- 对寄宿制学生你们是如何管理的？
- 您平常听课吗？大约多长时间听一次课？学校在教师专业发展方面有什么措施？
- 学校和社区的关系如何？请举例说明。

六、学校督导质量评价表

学校督导质量评价表，它由学校填写，在学校督导完成后、督导报告收到前，由校长直接交县教育督导部门。

学校督导质量评价表

____________________县______________学校

项目	评价标准	评价等级			
		A	B	C	D
理念与态度	体现新督导的理念，督导组进校后，每位督导员在督导过程中认真履行职责，与学校领导、教师、学生在平等、公正、公平的气氛中开展督导工作，受到学校欢迎。				
督导程序	能按《学校督导指南》规定的督导程序，规范、灵活地操作运行。督导过程的各环节衔接紧凑、安排有序。				
方法与技能	督学能熟练运用学校督导工具：(1) 各种信息收集方法多样，收集内容翔实；(2) 依据信息评判准确；(3) 听课后反馈的意见对授课教师有帮助；(4) 口头反馈方法得体，依据充分。				
督导结论	督导结论能准确反映学校的特点，对学校工作的成绩、不足与问题阐述具体、客观；分析有理论、有依据，深度、广度体现明显，提出的建议中肯、具体、可操作，对改进学校工作有帮助。				
社区反映	督导小组能及时向社区、家长宣传新督导的理念及做法；社区和家长对督导工作能理解、支持，对督导的结果满意，并能提出合理化建议。				
督学素质	督导组团结合作，能把新督导的理念变为自己的督导行为，督导过程中各种技能运用娴熟，观察力敏锐，能及时发现问题、解决问题。				
整体评判等级					
评价意见（经验问题建议）					

注：此表由学校填写，在学校督导完成后、收到督导报告前由校长直接交县教育督导部门。

• 第五章

现代学校发展的理想追求

第一节　现代学校发展中教师专业成长

一、教师专业发展的目标定位

学校发展计划促进了学校教师参与学校发展和建设，有利于鼓励和督促教师提高业务水平和促进教师专业的不断发展，从而实现教师专业发展的目的。就教师个体专业发展的目的而言，就是要实现从“普通人”向“教育者”的转变，使其在专业知识、专业技能、专业道德和专业情意等方面都符合教育要求。也就是通过终身的专业训练，习得教育专业知识技能，实施专业自主，表现专业道德，逐步提高自身从教素质，成为一个良好的教育专业工作者，这一目的的实现就是动态的、内涵不断丰富和主体不断努力的过程。为了实现这一目的，可以在不同阶段（一年、三年、五年或短期、中期、长期）树立不同的目标，在新课程背景下，很多学校根据自己学校的实际情况把教师的专业发展目标定位在不同层次上，有的学校把教师专业发展定位在成为“名师”、“专家”层次，有的定位在成为

“研究型教师”“学者”上，也有的学校教师则定位在三个目标层次上：会设计教学、会组织课堂、教学中能照顾差异，有的学校教师则定位在掌握某一技能或获得某一荣誉、职称或奖励上。其实，目标的设置除要根据学校的实际情况以及教师本人的需要外，更重要的是让它要起到启动、引导、激励的功能。

二、教师专业发展的策略

自从素质教育实施以来，特别是推行新课程改革以来，使教师专业发展有了良好的契机，教师专业发展由过去的被动的进行转变为主动，各地积极推动本地或本校的教师专业发展，形成了多种教师专业发展策略，主要有如下几种：

（一）自主发展策略

自主发展策略是指教师具有自我发展的意识和动力，自觉承担专业发展的主要责任，通过不断的学习、实践、反思、探索，使自己的教育教学能力不断提高，并不断向更高层次的方向发展。

人的发展需要动力，动力有外源性也有内源性，自主发展模式的教师，其动力是来源于内部的，教师自身的努力起着不可忽视的作用。自主发展的主要策略有：

1. 努力提升教师专业自主发展的内驱力。学校应有意识地增强教师专业发展的责任感，努力提升教师专业自主发展的内驱力，提升教师自我发展意识，这是教师真正实现专业素质提高的基础和前提。

2. 倡导教师个人生活实践的体验和感悟，并在其中感悟、学习、提高。它要求教师自主地学习社会、学习做人、学习生活，使教师在各自不同的体验感悟中实现自我的学习和升华。

3. 强调教师自我反思的系统化、经常化。专业发展所要求的大量的缄默知识和实践智慧，只有靠教师自己在日常教学实践中不断反思、探索和创造才能获得。此外，还应经常记录对自己专业成长影响较大的关键事件，为反思专业发展历程提供基本的原始素材，为能够更好地实行专业发展的自控和调节奠定基础。

4. 寻求与同行之间的交流、合作。

5. 开发教师专业发展记录和计划，制订教师自我生涯发展规划。把学校目标和教师的个人发展有机地结合起来，计划的长期性和一致性更有利于促进教师专业发展。

教师专业发展记录和计划结构范例

教师个人的专业发展记录和计划
第一部分：专业资格和培训：
第二部分：你的经验、技巧和品质。你的学习和发展。反思你的教与学。分析你的优点和需进一步发展的领域：
第三部分：设定优先学习的事项并制订计划： 你的学习目标是什么？ 你将和谁一起合作？
如何实现目标，何时实现？ 你需要收集哪些方面的证据？ 如何知道实现了这些目标？

专业发展记录的第一部分包括取得成绩的证据，如证书、资格认证、参加的相关课程、职位和特定职责。专业发展记录的第二部分是专业发展的发展部分，在这部分，教师可以：

（1）记录他们的经验，技巧和品质；

（2）记录他们的学习和发展；

（3）反思他们的教与学；

（4）分析他们的优点和需进一步发展的领域。

第三部分是设定优先学习的事项，并计划：

为什么做教师专业发展的记录？

教师应准备以下证据：

（1）工作面试材料；

（2）工作绩效评估会议；

（3）可能的学历性学习；

教师通过以下方法为他们的职业做规划：

（1）记录职业历史；

（2）收集目前取得的成绩的证据；

（3）展示出自己在一些领域中具有的技巧和改进情况，如团队建设、共同合作、激励大家、自信心；

（4）反思自己作为一个教师取得的进展和学习活动。

（二）校本研究策略

教师个人、教师集体、专业研究人员是校本研究的三个核心要素，他们构成了校本研究的三位一体的关系，教师个人的自我反思、教师集体的同伴互助、专业研究人员的专业引领是开展校本研究和促进教师专业发展的三种基本力量。校本教研是校本教师专业发展的途径保障。开展以教师为研究主体的校本教研，以新课程实施过程中随时出现的问题为研究对象，重点研究和解决教学实际问题，总结和提升教师的教学效果，让教师丰富自己的教育思想，创造新的专业知识，提高教学和科研能力，增强教师的自我发展能力。校本研究主要策略有：

1. 开展微格教学。微格教学以明确具体和便于操作的基本技能技巧训练为目标，使教师便于模仿和尝试实践，减少了教学的复杂程度和对真实教学所产生的心理压力，使教师可以较为顺利地进入真实的教学环境中，通过如下环节：事前的学习和研究 → 提供示范 → 确定培训技能、编写教案 →微格教学实践 →反馈评价 → 修改教案，提高教师专业技能。

2. 从事课堂观察。课堂观察就是我们所熟知的“听课”。英国著名的课堂观察研究专家瑞格（E. C. Wragg）认为，新教师的成长需要经常听课学习，带教教师指导实习教师需要通过听课的形式来提高业务素质。由于观察者（教师或研究人员）从日常教学活动的点滴行为中窥视出被观察者（教师）教学行为或教学事件发生、发展和变化的过程，教师与学生之间的互动情况以及针对教材内容所展开的教学情况等，从而确立正确的教学行为，把握教材内容中的重点与难点。因此，听课是教师专业技能发展的重要途径之一。

3. 反思性教学。反思（reflection）是教师以自己的教学活动为思考对象，来对自己所做出的行为、决策以及由此所产生的结果进行审视和分析的过程，是一种通过提高参与者的自我觉察水平来促进能力发展的途径。波斯纳（G. J. Posner）曾提出过一个教师成长的简要公式：“经验 + 反思 = 成长。”美国教育家布鲁巴赫（J. W. Brubacher）等认为，反思性教学实践可分为三类：一是“对实践的反思”（reflection-on-practice）；二是“实践中反思”（reflection-in-practice）；三是“为实践反思”（reflection-for-practice）。“对实践的反思”是指反思发生在实践之后，“实践中反思”指的是反思发生在实践的过程中，而“为实践反思”则是前两种反思的预期结果，“实践后反思”与“实践中反思”的目的最终形成超前性的反思，从而形成在实践之前的三思而行的良好习惯。

教学反思表范例：班次：____________姓名：____________日期：____________

主题	
时间	
师生互动过程	
我的反思与心得	

教师可将此表格附于每课教案之后，在教学告一段落之后填写此表格，主要就“反思与心得”予以梳理和记录。

4. 形成教学案例。通过案例来解决教师培养中所面临的一些问题，为教师教育提供了一条新路。

5. 开展行动研究。教师通过"问题筛选—理论优选—运用和反思"这一行动研究模式，将"研究"和"实践效果"有机结合，让教师在自身的教育教学过程中边学习、边提高，可以促使教师在较短的时间内由"教书匠型"向"反思型"教师转变，从而真正提高教育教学质量。

（三）团队建设策略

学校团队有很多，这些团队的建设对于教师的发展都是有益的。但就教师专业发展而言，主要是通过如下两个团队的建设来进行：

1. 教学团队建设是教师专业发展的重要策略。教学团队是教师基于共同的目标和兴趣，旨在通过合作机制不断深化教育教学改革、开发优质教学资源、促进教学研讨和教学经验交流、加速教师的教育专业发展、培养可持续发展的教学队伍、最终达到提高教育教学质量目的而组织起来的正式群体。从遴选团队带头人、合理配置团队成员、建立共同愿景、营造合作文化、完善教学评价方法等方面入手来建设高水平的教学团队，对于激发教师教育专业发展的积极性、建构教师的教学实践知识、拓展教师教育专业发展的学习资源等方面发挥着十分重要的作用。

2. 协同成长团队是建设团队的另一个方式，它是一群专业人员在一段时间内，持续且定期聚会、交换专业经验、分享心得，或讲座所面临的实践问题，以促进彼此的专业素养的一种方式。其活动方式有读书会式、问题导向式和主题中心式成长团队。

（四）教师专业发展的支持系统

有效的教师专业发展系统需要学校领导（校长及管理团队）、教师、社区、地方教育机构和政府的共同投入，以对教师的教学和学生的学业成绩产生积极的影响，尤其是需要校长和教育行政部门领导在学校和乡镇一级建立支持教师专业发展的体系。

1. 构建良好的学校内部支持系统。这个系统包括学校制度、课程与教学的材料供应系统、教师专业发展的支持系统、教学评价系统以及资源系统等，使教师在行政政策、机制、专业以及文化上形成强有力的支持，促进教师专业发展。主要措施有改进学校管理制度、改进教师评价制度、建立合理的激励机制、加强科组建设、营建良好的校园文化，人与人之间的对话文化、合作文化等。

学校校本培训如何支持教师专业发展的范例

观察表现出色的实践者
- 观察其他教师的教学
- 观看同事做演示
- 观察一个来访的专家
- 将好的经验技巧传递给其他同事
- 访问和观察正在采取行动的学校
- 参与“学习社区”的建设

拓展专业经验
- 组织校本在职培训，并作出贡献
- 轮流承担任务
- 制订自己的专业发展计划
- 协调/管理一个学科
- 在学校采取的一个特殊的措施中担当领导的角色
- 在课堂/学校里开展行动研究
- 为发表专业文章作出贡献
- 获得访谈经验
- 请同事听课
- 课外活动
- 与其他学校的教师建立联系并分享经验
- 小组教学
- 通过与别人一起开展的专业实践来学习
- 咨询家长
- 指导同事，如指导一个经验稍差的教师
- 与同事协作，组织一次展示

与学生一起工作
- 在出游活动中，负责照看一组学生
- 针对不同年龄和不同能力的学生，发展相应的教学技巧
- 面向全校，与学生一起合作做一次演示、戏剧、音乐表演或其他活动
- 与学生一起合作，制作一本学校年鉴

评估自己的教学实践
- 做记录
- 邀请同事来观察自己的教学实践
- 从自己的学生那里获得反馈信息
- 分析课堂作业和考试情况
- 使用电子邮件/视频会议工具
- 与学生一起活动
- 指导单个学生
- 回顾作业批改情况
- 给自己的教学实践录像

2. 寻求良好的外部支持系统。得到当地政府、家长、学生和社会人士等多方面力量的支持，并争取地方机构、媒体、校外人士和大专院校的支持，为教师创造良好舒适的工作环境，想办法扭转影响改革的负面因素，关心和支持有改革决心、热情、思路和准备的教师，营造一种开放的、宽容的、探索的、合作的教学改革氛围，把改革看作是学校工作重心来抓，为教师提供交流的机会等，为教师专业发展提供支持。就我国大多数农村而言，乡镇一级对学校的影响不可忽视，乡镇一级也应该支持教师专业发展。较自信且经验更丰富的教师（和校长）可以帮助提高所有教师的技能和自信心，从而提高整个乡镇的学生学业成绩。中心校应与附属学校协调，将乡镇一级的在职培训课程和为教师提供在职支持纳入他们的学校发展计划。特别要注意支持在最具挑战的学校工作的教师，例如服务于贫困、边远和少数民族社区的教师。代课教师也应纳入支持体系中，以确保他们的学生也能通过改善后的课堂教学实践受益。乡镇的学校应一起为到村小和教学点进行支持性的考察活动制订一个实际的计划，从而使村校和教学点的教师可以获得在职支持。

三、教师专业发展的模式

教师专业发展的内涵极为多元化，加上影响教师专业发展的因素在不同地区、不同对象身上体现不同，因此，通过了解教师专业发展的模式，进而选择有效的教师专业发展策略，引领教师专业发展。

目前，在我国教育实践中，教师专业发展模式归纳为五种类型，即个人自主发展模式，观察、评估模式，参与发展、改进过程模式，培训模式和探究模式。这五种不同的模式体现了不同的教师专业发展策略，对我们很有启发。

个人自我自主发展模式。这种模式具有一个共同特征：教师自主设计学习活动，自我确立学习目标，选择为实现目标需要进行的学习活动并进行自我激励。这种模式认为成人的学习愿望受现实生活的任务和问题的激发而形成，教师专业发展的方式因人而异。因此应该调动教师自我发展的愿望。

观察、评估模式。这种模式有各种不同的形式，如同行指导、视导和教师评估等。一般来说，他人的观察可促进被观察者的思考和完善行为。教学是教师独立完成的工作，他人的观察为教师的教学活动提供了“很多双不同视角的眼睛”。另外，观察和评估对观察者和被观察者双方都起到促进作用，被观察者受益于对方的评价和反馈，而观察者则在观察、准备需要反馈的资料和与对方共同讨论的过程中得到收获和启示。

参与发展模式。教师发展、学校改革及课程改革是并驾齐驱的。这种模式要求教师开发或改编课程、设计方案和参与以改善课堂教学或课程为目的的学校全面改革活动，使教师在参与过程中通过多种学习的结合获得所要求具备的知识和技能。

培训模式。培训是教师专业发展的不可少的环节，经过培训可以改变教学行为。多数教师也习惯于参加由授课人确定内容和活动流程的培训班式的培训课程。通常这种课程有一整套清楚的目标或学员预期收获，包括对知识和技能的掌握。现代教师培训强调参与式培训，教师个体参与到群体活动中与其他个体共同合作学习，主张参加培训的教师根据自己的需要和条件即兴创造培训的形式。

探究模式。这种模式是教师能根据教学实践提出有效问题并寻求问题的客观答案。探究模式可以个人开展、小组或全体教师一起开展。

这里重点介绍的是校本教师专业发展 SDP 模式。

SDP 发展方式就是自下而上的问题解决方式，即教师通过研究和解决现存的教育教学问题，满足教师自身发展与学生成长的需要。

SDP 发展方式的操作程序如下：

阶段 1：问题诊断（明确专业发展需要）

- 发现问题的方法
- 分析问题的方法
- 确认关键问题

阶段 2：制订个人发展计划

- 个人发展目标以及预期给学生带来的益处
- 发展行动安排以及所需的资源与支持
- 发展计划的可行性评估

阶段 3：发展过程的实施，以及自我监控与反思

- 过程自我监控
- 阶段性自我评估（每学期）

阶段 4：发展的成效自我评定

评估指标

- 目标实现程度评估
- 对教师专业发展满意程度调查
- 教师个人专业发展对学生成长的效应

（备注：在上述过程中，同步建立教师专业发展档案袋）

（一）“问题诊断”——认识、分析教师存在的问题，确定教师专业发展需要

确认专业发展需要，是开展教师专业发展活动的第一步。

教师之所以需要开展专业发展活动，提高专业能力和改善专业态度，那是因为：①他们的教学技能和行为还没有达到专业标准的要求；②他们在教育教学中面临一些问题和困难；③他们的教学质量和教学行为还不能完全满足雇主（办学方）、顾客（学生与家长）的需要；④他们个人有更高的职业成就需要。

1．运用方法发现问题

有三种方法——主观感觉法、征询意见法、标准对照法——可以帮助教师寻找存在的问题，明确自己的专业发展需要。

（1）主观感觉法——凭主观感觉或反思，说出在教育教学中自己面临的问题和困难。

【例子】林老师面临以下问题

	问题与发展需求
教学工作	◆ 满堂灌——以教师为中心观念根深蒂固，教学没有做到以学生为主体。课堂教学教师讲得多，学生学得被动。 ◆ 作文教学质量不理想——学生写作文特别困难。
育人工作	◆ 教师在场时，学生还规矩；教师不在场，学生闹翻天——班主任工作中包办代替学生事务，学生自觉自理能力不足。 ◆ 与家长沟通不足，与某些家长关系紧张。
其他	◆ 感到科研很困难

（2）征询意见法——征求学生、家长、同事、领导意见，发现问题。

（3）标准对照法——对照专业标准或要求，发现自己的优势与不足。

【例子】新课标对老师提出以下要求，请对照一下，哪些方面你做得好（优势），哪些方面你还不会做（不足）。如果你还不会做，就需要发展。

新课标对教师要求——教师发展的总方向
◇三大目标（知识技能、过程方法、情感态度价值观）的制订与测评技术。
◇三大学习（自主学习、合作学习、探究学习）以及参与式教学的实施。
◇三类课程（分科课程、活动课程、综合课程）的实施。
◇一个精神（创新精神）和一个能力（实践能力）的培养与教学方法。
◇国家课程新标准、新教材的校本化处理与相应配套资源开发。
◇校本课程开发。
◇新型教学评价与学生评价。
◇民主平等的师生关系建立。

2. 排序——确认关键问题

对所找到的问题进行分类，然后对同类问题进行排序，找到关键的、优先解决的问题。

排序的程序如下：

（1）按重要性排序——越是与教学质量直接相关、对学生成长发展影响大的问题，就越是重要。

（2）按可行性排序（问题可控度、资源易得性、方法易用性、阻力与动力）。

（3）按紧迫性排序。

（4）选出关键问题——所谓“关键问题”，就是最重要的、有能力加以解决的问题。

【例子】

排序——需优先解决的问题

（优先解决前 1 ~ 3 个问题）	
关键问题	① 学生写作文特别困难。 ② 以教师为中心观念根深蒂固，教学没有做到以学生为主体。课堂教学教师讲得多，学生学得被动。
一般问题	③ 班主任工作中包办代替学生事务，学生自觉自理能力不足。
次要问题	④ 感到科研很困难。 ⑤ 与家长沟通不足，与某些家长关系紧张。

3. 问题分析——分析问题产生的原因，并寻找解决问题的对策

分析问题的过程：环节 A，原因要素分析；
环节 B，因果分析——原因逻辑序列；
环节 C，对策构想——问题树向结果树的转化。

【环节 A】：原因要素分析

分析问题的方法——问题树

找原因——要素分析

- 直接要素——问题的直接当事人
- 间接要素——与直接要素相互作用的那些要素
- 基础要素——作用于间接要素的那些要素，通常是社会背景与条件、观念、习俗等

原因（要素）性质分类——可控的、难控的、不可控的

• 可控的——问题解决的主体可直接施加决定性，或主导性影响的方面。

• 不可控的——问题解决的主体几乎无能为力的方面。

• 难控的——界于“可控”与“不可控”之间的方面。

【环节 B】：原因逻辑序列因果分析

原因逻辑序列（层次排列）——因果分析

• 直接原因——直接导致问题的原因

• 间接原因——造成直接原因的原因

• 基础原因——社会背景与条件、思想观念等

例如，对于“学习成绩总不及格”这个问题，直接原因可能是“孩子的智商低”，间接原因可能是“母亲怀孕时吃富含农药的蔬菜”，基础原因可能是“农药广泛使用”。

例如，关于前面的“辍学”问题，我们可以利用“问题树”进行原因逻辑序列的因果分析，并把部分分析结果列在下表中。

<table>
<tr><th colspan="3">直接要素
（学生原因）</th><th>间接要素
（原因）</th><th>背景要素
（原因）</th><th>解决对策</th></tr>
<tr><td colspan="3">身体患病</td><td>／</td><td>／</td><td>／</td></tr>
<tr><td rowspan="6">仍想上学</td><td colspan="2" rowspan="4">不能上</td><td>父母供不起</td><td>收入极少（终）</td><td></td></tr>
<tr><td rowspan="2">父母供得起不供</td><td>读书不如挣钱（终）</td><td></td></tr>
<tr><td>孩子学不好（循环）</td><td></td></tr>
<tr><td>父母需要劳动力</td><td></td><td></td></tr>
<tr><td rowspan="2">不敢上</td><td>学生惹仇</td><td>仇人追杀（终）</td><td>社会问题</td><td></td></tr>
<tr><td>学生犯错</td><td>教师惩罚</td><td>制度不容（终）</td><td></td></tr>
<tr><td>不想上学</td><td colspan="5">（请学员对“不想上学”即“厌学”这部分学生的辍学原因进行逻辑序列因果分析）</td></tr>
</table>

【环节 C】：解决问题的对策构想

问题树向结果树的转化（左边为问题树，右边为结果树，即解决问题的对策）

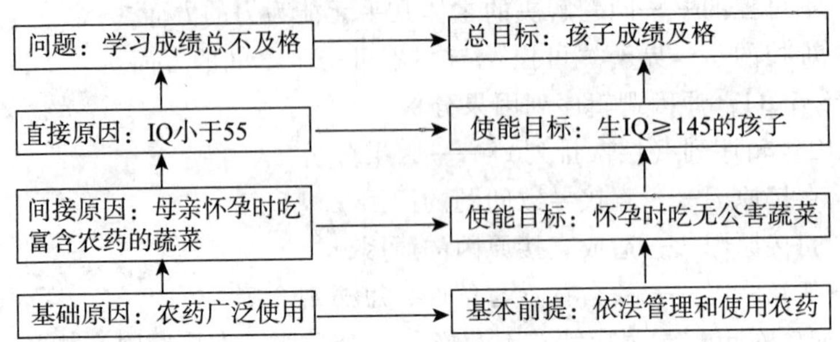

（二）教师专业发展计划——引领教师专业发展

1. 认识教师专业发展规划

（1）什么是教师专业发展规划

教师的专业发展规划，是对教师专业发展的各个方面和各个阶段进行的设想和规划。教师专业发展规划包括教师个人的专业发展规划和学校校本教师专业发展规划。

（2）制订教师专业发展规划的意义

①对教师专业发展的意义

第一，促进教师的反思与行为。

第二，获得学校内部有关教育教学工作机会的信息。

第三，确定专业发展目标，指导教师的专业成长与发展。

第四，满足教师不断发展的需求。

②对学校发展的意义

第一，使学校的发展目标与教师专业发展目标有机地结合起来。

第二，培养学校发展所必需的人才。

第三，激发教师的工作积极性。

第四，获得教师对学校的认同感，使学校和教师有共同的愿景。

2. 制订教师个人专业发展规划的技术指导

教师的专业发展规划有多种形式。从时间上区分，有几个层次：长期规划（10 年左右）、中期规划（3 ~ 5 年）、短期计划（年度计划、月计划和日计划）。前两种是长计划，第三种是短安排。短安排比较容易制订，中长期规划则难做。

①指导教师学习教师专业发展的理论。

②引导教师梳理五个“W”，进行自我反思。

Who are you?（你是谁）

What do you want?（你想干什么）

What can you do?（你能干什么）

What supports can you get?（你能获得什么）

What can you be in the end?（最终你能成为什么样的人）

③指导教师确立明确恰当的发展目标。

【例子】教师发展目标（直接方式）

问题❶　学生写作文特别困难	发展方向：改进作文教学法
发展目标❶ 针对不同的作文类型，研究出相应的作文教学法；学生对写作文有兴趣、有信心；学生作文成绩能达到学校平均水平。	

问题❷以教师为中心观念根深蒂固，教学没有做到以学生为主体。课堂教学教师讲得多，学生学得被动。	发展方向：更新教学观念，引入以学生为主体的课堂教学方式。
发展目标❷ 在语文课堂教学中运用参与式教学法，教师讲授时间平均控制在50%以下； 学生习得自主学习的方法。	

【例子】教师发展目标（整合方式）

问题❶学生写作文特别困难。 问题❷以教师为中心观念根深蒂固，教学没有做到以学生为主体。课堂教学教师讲得多，学生学得被动。 问题❸感到科研很困难。
发展目标： • 在作文教学中开展参与式教学实验研究，提高作文学习兴趣。（过程目标） • 在作文教学中同时开展行动研究，学习使用情境作文教学法。（过程目标） • 学生对写作文有兴趣、有信心，班级作文成绩能达到学校平均水平。（结果目标）

④指导教师制订切实可行的行动计划

指导教师写出为实现发展目标而要采取的行动措施、所需资源以及时间分配。

【例子】发展行动与措施示例

<table>
<tr><td colspan="3">问题❶ 学生写作文特别困难。</td></tr>
<tr><td colspan="3">发展目标❶ 针对不同的作文类型，研究出相应的作文教学法；学生对写作文有兴趣、有信心；学生作文成绩能达到学校平均水平。</td></tr>
<tr><td>发展行动与措施</td><td>时间</td><td>所需资源与支持</td></tr>
<tr><td>1.1 请本校张老师指导本人作文教学。
1.2 查阅作文教学法资料，观摩全国特级语文教师作文课堂教学片。
1.3 请教研组老师前来观察本人作文教学课，帮助寻找问题。
1.4 开展有关研究，写作文教学反思日记和研究记录，提高作文教学能力。
1.5 上研究汇报课。</td><td>2003 年 9 月 ~ 2004 年 5 月
2003 年 9 ~ 12 月
2003 年 9 月起每月帮助诊断 1 次
2003 年 9 月 ~ 2004 年 5 月
2004 年 6 月</td><td>1. 请张老师具体帮助指导。
2. 学校订购作文教学有关资料、优秀教学录像带或 CD。
3. 希望 2004 年 6 月学校组织一次作文比赛活动，检验本人作文教学是否有提高。</td></tr>
</table>

<table>
<tr><td colspan="3">问题❷ 以教师为中心观念根深蒂固，教学没有做到以学生为主体。课堂教学教师讲得多，学生学得被动。</td></tr>
<tr><td colspan="3">发展目标❷
在语文课堂教学中运用参与式教学法，教师讲授的时间平均控制在 50% 以下；学生习得自主学习的方法。</td></tr>
<tr><td>发展行动与措施</td><td>时间</td><td>所需资源与支持</td></tr>
<tr><td>1.1 查阅学生自主学习与参与式教学资料，与教研组老师交流。
1.2 外出学习，观摩优秀教学。
1.3 进行相关课题研究
1.4 上实验课
1.5 总结，写研究报告。</td><td>2003 年 9 ~ 11 月
2003 年 12 月
2003 年 12 月 ~ 2004 年 5 月
2004 年 5 月
2004 年 6 月</td><td>1. 学校提供外出观摩学习机会和经费。
2. 教研组有关老师给予协助和指导。
3. 改革传统教学可能对考试成绩有影响，望校长支持。</td></tr>
</table>

教师个人专业发展规划内容纲要

【参考】

前言与说明

一、外部环境的分析

（一）社会与教育事业环境

（二）社区与学校环境

（三）家庭环境

（四）结论：有利的方面，不利的方面

二、自身成长历程和素质的分析

（一）成长的历程和现在所处的阶段

（二）专业知识方面的分析

（三）教育教学能力方面的分析

（四）职业道德及个性特征的分析

（五）身体及其他方面

（六）结论：优势、不足、类型和风格

三、个人专业发展目标

（一）总目标

（二）具体目标

1．教学方面的目标

2．教育和班级管理方面的目标

3．教育科研方面的目标

4．学习和其他方面的目标

四、措施和条件

（一）自身素质的改进

（二）客观条件的改善

（三）专业发展的模式和途径

（四）专业发展的策略

（五）时间与经费的预算

（六）预期的结果及评价

3．教师个人发展规划的可行性评估

通过以下可行性评估，计划才能得以批准实施，否则要修订计划。

【例子】教师个人发展计划可行性评审

			优良	合格	欠缺
计划可行性	发展目标明确	1. 尽可能确立结果性目标——对发展结果有可供观察和检测的标准或指标。			
		2. 过程性目标——对发展过程表述得具体清晰，有可操作的程序要求。			
		3. 只针对1～2个最重要问题提出发展目标，不能超过3个。			
		4. 规定了完成目标的时间。			
	行动方案可行	1. 行动方案详细具体。			
		2. 行动具体严密，行动方案制订符合程序和技术要求。 (1) 行动步骤、方法手段不偏离目标，是实现目标所需。 (2) 行动步骤具体说明谁做什么、怎么做、在何时何地做，顺序合理。 (3) 自我监控措施落实到每个事项。			
		3. 资源保障 (1) 列出行动所需要的资源或支持。 (2) 所需资源或支持能否得到供应保障?			
		4. 对困难的估计与应对 (1) 你有足够时间、精力和能力，在规定时间完成任务吗? (2) 对计划执行过程中可能遇到的困难作出充分考虑了吗? 准备相应对策了吗?			

(三) 制定学校教师专业发展规划

1. 制定学校教师专业发展规划时需考虑下列问题:

★ 是否综合考虑教师个人、小组及学校整体的需要?

★ 当资源有限而需要发展的方面很多时，如何识别及设立不同需要的优先等级？

★ 需要重新定义教师在学校运作中的角色吗？

★ 教师是否参与规划的制订？

★ 若没有，如何鼓励教师参与？

★ 如何制订教师专业发展规划？

★ 规划是否精心设计，是否有清晰的政策、合适的资源及安排？

2. 制定和实施学校教师专业发展规划的步骤

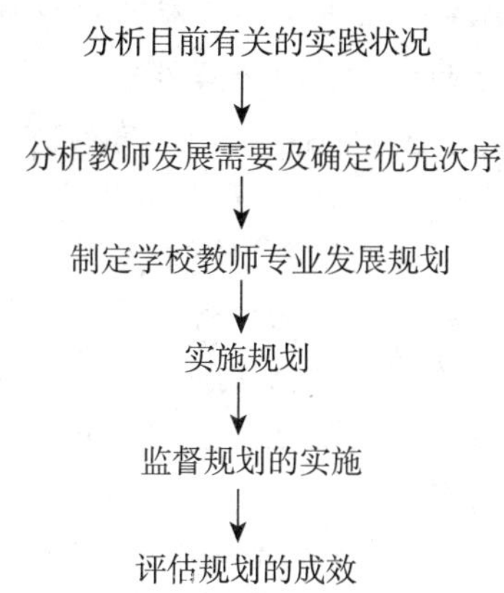

3. 学校教师专业发展规划的内容纲要

【参考】

学校教师专业发展规划

一、指导思想

二、学校教师队伍现状分析

三、教师专业发展目标和任务

四、教师专业发展实施措施

五、教师专业发展保障机制

阅读资料：

教师个人专业五年发展规划

俗话说“凡事预则立，不预则废”。为了更好地贯彻“素质教育”的要求，把握好新世纪学校体育教育正确的发展方向，培养出高素质的人才，圆满地完成好体育教学任务，我运用专业发展的理论结合自身的实际情况，特制订了个人专业五年发展规划，用以指导今后的体育教学工作。

一、外部环境的分析

1．从社会和教育事业环境的角度来看。随着科技进步和社会的不断向前发展，学校体育课程体系更加完善，逐渐向科学化、生活化、个性化调整，面向终身体育，面向全民健身计划，面向教学的现代化，已成为一种必然趋势。受此影响，学校体育也应该发生相应变化，不应再单纯将体育作为调节脑力劳动、强身健体的工具存在，而应视为未来一生体育生活的入门阶段或一个重要环节，并相应提高学生运动娱乐兴趣。21世纪学校体育不仅要考虑增强学生的体质，培养学生终身体育锻炼的能力，而且要考虑培养学生的体育素质，使他们对作为教育组成部分的体育有一个正确的认识。所以，把握好新世纪学校体育正确的发展方向，培养出高素质的人才以迎接新世纪的挑战，是我们每一个教育工作者义不容辞的责任。

2．从社区和学校环境来看。我们九中是南开区的体育传统校，在田径、乒乓球、体操等方面均有很强的优势，曾多次在市、区举行的体育竞赛中取得优异的成绩。虽然学校场地、器材等还不够完善，但是我们有一支团结奋斗、协同作战的师生队伍。

3．从家庭环境来看。我的家庭是一个老、中、小相结合的有机整体。公、婆都是六十来岁，身体不太好但是能够自理，还能够帮我照顾儿子，先生在政府部门工作，爱好体育运动，闲暇之余，也能给我的教学方面提出一些好的建议。

4．综上所述，我认为对我有利的方面包括：社会和教育事业的大环境很好，为体育教育事业指明了前进的方向，并提供了理论上的支持；学校在软件建设方面，领导非常重视，支持并鼓励年轻教师多参加培训学习、多交流，更好地提高了我们的教学水平；家庭方面，没有后顾之忧，全家老少都很支持我的工作。不利的方面包括：从个人角度来讲，对大环境的发展变化把握的不是很准确，工作中难免出现偏颇的现象；学校的硬件建设方面因历史原因，没有更好的体育设施和场地，不利于体育教学任务的全面实施。

二、自身成长历程和素质的分析

1．成长的过程和现在所处的阶段。我出生于一个纯朴的农民家庭，从父母身上我学到了勤恳耐劳、踏实做人、待人友善、永不服输的精神。上大学以后，认真学习文化知识，刻苦钻研专业理论，细心揣摩教学方法，为现在更好地从事教学工作打下了坚实的理论基础。现在作为一名青年体育教师，我非常热爱我的本职工作，在工作过程中，虚心向老同志们学习请教，定期和同事们交流教学体会，从而不断地提高自己的教学水平。

2. 专业知识方面。我毕业于天津体育学院体育系体育教育专业。在大学期间，系统地学习了专业体育知识、体育教育理论知识和心理学等相关课程。毕业以后又参加了“体育教育研修班”的学习，并以优异的成绩结业。现在又参加继续教育的学习，不断充实自己的专业知识，为以后的教学工作奠定了坚实的理论基础。

3. 教育教学能力方面。工作几年来，通过自己的理论实践和老教师们的悉心指导，我在教育教学能力方面有了很大的提高，并形成了自己的特色。参加区里的说课、双优课、育才杯的比赛分获二、三等奖。所撰写的论文共四篇分获市一等奖、区级一、二、三等奖。所带体操运动队多次获市级一等奖。

4. 职业道德及个性特点。爱岗敬业是最基本的职业道德。体育教学是中学教育的重要组成部分，其主要任务是使学生学习和掌握体育基本知识、技术、技能和锻炼身体的方法，提高生理、心理机能能力。通过教学实践，我形成了以下几方面的特点：作为一名青年体育教师，首先，我确立素质教育的思想，充分发挥教师的主导作用。其次，正确把握分寸，不断改进教法和学习方法。在体育教学中，光靠强制性的练习，学生必然会产生逆反心理，俗话说：学习有法，教无定法。无论采取哪种教学方法，有两点必须明确，一是“引趣”，因为“引趣”可以激发学生求知欲。二是“学习”和“练习”中进行练习指导，并采用一定的身体素质强化手段，让学生在有意或无意中进行高强度、大运动的素质练习，既提高学生体能，而又使学生不觉得疲劳和枯燥。

5. 身体及其他方面。多年的体育训练和教学，在我的身上留下了些许的痕迹，腰、腿、颈椎均留下了不同程度的伤痛，但也培养了我钢铁般的意志和自控能力。为了让学生更好地领会动作要领，每一个动作细节我都亲自多次重复示范，直到大多数学生都能熟练掌握为止。课后虽然累得腰酸腿痛，但是看到同学们掌握技巧后那种满足的笑脸，我早就把伤痛抛到了脑后。

6. 结论。以上是对我自身成长历程和素质的分析。我的成长过程教会了我投身工作踏实肯干的态度；专业的知识和教学能力为我的教学提供了充分的理论基础和强劲的动力；爱岗敬业的职业道德决定了我对工作的忘我的投入；现在所处的阶段表明我还年轻，在教育战线上还是一个新兵，我还有很多需要学习、努力的空间和目标。

三、自我定位及总目标

作为一名青年教师，必须以现代的教育思想，教育理念为指导，以先进的教育思想、科学的教学原则、正确的教学方法为前提，尽快由技能教育型向科研型转变，更新知识，提高体育教育的科研能力。体育教学，从传统技能传授课转到研究体质、提高健康水平选择教学手段方法的运动处方课。为实现这一教学目标，我计划通过五年的时间，力争达到思想素质高、敬业精神强、具有较高科研工作能力、专项结构齐全、专项特长突出、教学训练能力水平高、能够适应中学教育教学水平发展需要的青年骨干教师的水平。

四、分项目标和任务

1. 教学方面的目标。在教学方面尽快实现思想上的转变，认真学习体育与健康新课标，并以新的理念指导学生使其主动参与并养成终生锻炼的意识。

2. 教育科研方面的目标。以现代的教育思想、教育理念为指导，以先进的教育思想、科学的教学原则、正确的教学方法为前提，尽快由技能教育型向科研型转变，力争每年完成一到两篇高质量、高水平的论文或课题研究。

3. 学习和其他方面的目标。在搞好体育教学的同时，继续《学生心理学》的学习和研究，以便更好地与学生沟通交流，为今后的教学工作打下坚实的基础。

五、措施和条件

1. 保障措施。为了更好地实施教师个人专业五年发展规划，实现既定的教学及科研方面的目标，把发展规划的每一个细项都能落到实处，我在制订五年发展规划的基础上，设定了一些切实可行的短期目标，并制订了详细的计划和保障措施。一个规划的实施能否成功，既取决于个人自身的努力，也在于学校的大力支持和老教师们的悉心指导和帮助，所以还请校领导和老教师们多多帮助我，使我能够真正实现教师个人专业五年发展规划。

2. 客观条件的改善。对于实现规划不利方面最主要的就是客观条件的落后，因场地的限制，很多教学内容都不能得到很好的实施，希望领导们能够给予更多的关注，尽可能地为我们体育教学创造更好的教学环境。

3. 预期的成果及评价。我计划通过五年的时间，力争达到思想素质高、敬业精神强、具有较高科研工作能力、专项结构齐全、专项特长突出、教学训练能力水平高、能够适应中学教育教学水平发展需要的青年骨干教师的水平。

第二节　现代学校发展中学校资源的开发、配置及利用

学校资源无处不在，无时不在，关键在于如何去认识、开发它们，如何去合理配置、有效利用它们。

一、树立正确的学校资源观念

学校资源的开发、配置和利用的主体是学校管理者、教师，他们对学校资源是否能正确认识，是否具有正确的资源观直接影响到学校资源的开发和利用。

（一）学校教育目标观（目标观）

学校资源是指能够促使学校教育目标实现的有利于学校发展、教师发展、学生发展的一切可开发和利用的各种因素。学校开发和利用各种资源的目的是实现学校的教育目标。因此，学校要明确自己远期、中期、近期的教育目标，根据目标确定实现目标的措施，根据措施配置资源，以此来保证学校教育目标的实现。

（二）全面的学校资源观

对学校资源的认识上，要从片面的学校资源观向全面的学校资源观转变。

全面的学校资源观强调的是资源的内容是丰富多样的，资源是具有多质性的，同一种资源它具有多种作用。在实际工作中，既要认识和利用学校的人力、物力、财力，又要科学安排时间，搜集和用好各种信息资源；要开发和利用有形的学校资源，更要认识、分析学校的无形资源，开发和利用好学校的各种关系、政策、信息、文化、教师及学生的知识、经验、技能、品性等；要重视校内资源的开发和利用，也要重视校外资源的开发和利用。在现实中我们不难发现，同一种学校资源，不同的主体对其价值的不同认识会导致其功能发挥上差异很大。因此，我们要尽量挖掘学校资源中的教育内涵，用好、用足各种资源。

阅读资料

校长的教育资源意识

在美国访问学校，常常会为学校充足的教学资源所惊叹，也常常会被校长的精打细算所折服。

在华盛顿州半岛学区的Gig Harbor高级中学，整个学校大楼的中间就是一个很大的学生餐厅，我们走进学校的时候，正是学生用餐的时间，校长Mike West告诉我们，因为学生多，餐厅小，全校的学生要分三批进餐，只要合理安排上课时间，这个问题的解决并不困难。果然，不到二十分钟，一千九百名学生便就餐完毕，然后，同学们把带轮子的餐桌推到旁边，餐厅立刻变成了两个球场。在美国我们走了好多中小学，没有见到哪一所学校有专门的餐厅，在他们看来，搞那么一个很大的建筑，只是在午餐的时候用上十几分钟时间，这种浪费太不可思议了。想一想我们的许多学校，什么都有专门的，会议室有专门的，会客室有专门的，寥无人迹的教师阅览室也是专门的，甚至校长开会都有专门的场所，而这些场所，一般都是严禁学生出入的。这种专门的场所一多，挤占掉的就必然是学生活动的空间，管理观念的陈旧，必然带来教育资源的浪费。

走进学校图书馆，阅览室的一角早已摆放得像一个报告厅，演讲台、听众席、书记席一应俱全，那是专门安排向我们中国教育代表团介绍情况的，当我们参观完校园又回到图书馆的时候，组建起的“报告厅”没有了，满是精神食粮的阅览室里又搞起了招待代表团的午餐会。让你既感受不到铺张，又不会认为小气。我随手翻了一下学校为学生及其家长准备的《课程手册和注册指南》，从中可以看出学校的良苦用心。在这个手册的第一页，是校长致辞：“亲爱的各位家长和同学们：作为吉格·哈博高级中学的校长，非常荣幸向您奉献这本我校2003～2004学年的学科目录和注册指南。本指南将有效地帮助您获取达到毕业要求的重要信息，感兴趣的课程介绍和您的专业选择。在您选择课程后，我们将开始安排学校的各项日程，聘请教职工，购买日用品、课本和其他设备。因此，请你慎重选择您的课程。此外，报名者的数量和班级的选择也是我们下一年是否开课的依据。……”从这里，我们可以看出学校的资源建设是围绕着学生而不是相反。创造适合学生的教育，而不是让学生去适应学校已经拥有的一切，从校长的致辞中可以看得十分清楚，当然，学校对资源的珍惜，对组织资源的慎重，由此也可见一斑。

打开学校的网站，首页上有一个学校教职员表，一个有趣的现象引起了我们的兴趣，在全校15类90多个教职员中，每一类差不多都用小数来表示人员的数量，其中有0.6个教务长、4.5个咨询员、53.6个教师、0.4个护士等。原来，学校的教职员有好多都是一人两用甚至几用，有的既是优秀的化学教师，同时又兼做护士；有的既是咨询员，又是技师。再有一些岗位没办法从学校的固定职员中聘任，学校就从社会上招聘一些有教师资格的专业人员，精打细算的校长们，往往不会因人设事，他们的原则是因事设岗，我需要多少，我就聘用多少，于是，就出现了一些如上所述的零碎的岗位工作量。有多少工作量，才有多少薪酬，所以，一位教师是不会长期待在不满工作量的岗位上无动于衷的。相互兼职、跨校兼课，也就变得十分自然了。

与美国的校长交谈，他们往往喜欢与你谈到一个我们在学校里很少提及的话题，就是学校教育资源对社区的贡献。学校的图书馆什么时间向社区开放，运动场什么时候可以举行社区比赛，都有明确的规定，而且每所学校都通过网络或其他手段向社区公布了服务电话。在Gig Harbor高级中学，我们发现，学校在网站的首页上把学生使用体育馆、会堂、游泳池、运动场的日程表向社区公布，其他时间则全力满足社区居民的需要。

因为工作关系，笔者曾经对一些学校建筑的使用情况作过调查，结果发现，一般的学生去不了也不能去的场所，在有的学校竟占到我们不能想象的比例。一些看上去是专为学生建造的建筑，譬如天文馆，竟然也是学生根本去不了的地方。在一些学校，往往还有常年装满档案，又常年不见有人出入的档案室，我们自己都不知道这些档案到底是用来干什么的，只有到检查的时候才打开让评估的人们评定等级。但却占去了几间房舍，成了与学生、与教育无关的资源。这样一些事情我们实在不能尽数。

（李希贵：《校长的教育资源意识》，载《当代教育科学》，2004年第14期）

（三）效益观

效益既反映了学校资源利用的状况，学校管理的水平和质量，也是学校管理者、教师素质和能力的体现。由于受传统教育观的影响，把教育作为单纯的社会福利事业，造成学校资源的开发和利用低效或无效。要改变这种现状，提高学校资源开发和利用的效率，学校管理者、教师要摒弃旧观念，树立正确的效益观。

学校资源的使用效益体现在学校资源的投入与教育成果数量和质量的对比关系上。强调资源的效益，就要在资源的开发与利用中尽可能用最少的投入，达到最理想的效果，力求让现有的教育资源充分发挥作用，创造出更多的效益。

二、调查分析学校资源

学校资源的开发、配置与利用是基于对本校资源的认识的基础上进行的，这就要做好资源的调查、分析工作。

资源调查就是对学校已有的、有待开发和利用的各种资源进行盘点的过程。学校资源的调查的方法多种多样，可采用问卷调查、访谈、现场考察、相关文献分析等。通过资源调查，可以使学校管理者、教师了解学校所拥有的资源，以及为实现学校教育目标还需要哪些资源。

资源分析是指在资源调查的基础上，系统地将学校的各种资源进行综合评估的过程。

对学校资源的分析，可以采取多种方式进行。目前，不少学校采用SWOT方法来分析学校资源。SWOT分析法（自我诊断方法）是一种能够较客观而准确地分析和研究一个单位现实情况的方法。SWOT四个英文字母代表Strength，Weakness，Opportunity，Threat。意思分别为：S，强项、优势；W，弱项、劣势；O，机会、机遇；T，威胁、挑战。运用SWOT方法，通过对学校内部、外部各种资源进行综合评估，学校对自己资源的状况有更为清晰的把握，为资源的配置和利用奠定基础。

需要注意的是，在资源的调查分析过程中，参与者的来源应多样化，如学校管理者、教师、学生、家长、社区成员等，这样才能反映不同群体的看法。

阅读资料：

案例　××学校资源状况分析

因　素	优　势	劣　势	机　会	威　胁
地理环境	1. 香坊区商业中心地带； 2. 学校门前有4个公交线路站台； 3. 坐落在安埠小区。	1. 门前有一座立交桥，车水马龙，没有斑马线，学生过街危险； 2. 校前方有一趟平房挡着，遮挡着学校的门脸。	右邻钢家具厂即将搬迁，余地将开辟一条大道，我校后面可让出上千平方米地，改道工程即将实施。	1. 周边环境不安全； 2. 在校门左前有一公厕； 3. 学校位置不正。

续　表

因　素	优　势	劣　势	机　会	威　胁
学校模式	1. 民办公助体制，有经费来源，多少能解决教师待遇问题； 2. 校型小，学生可小班额授课。	1. 校舍不可能满足扩大生源的需要； 2. 教师压力大于其他公办校教师，不稳定。	人事制度改革如果转轨，成为股份制学校可推动学校的前进。	1. 各公办校都招择校生，影响有限的生源； 2. 教师有流动的现象，影响教学； 3. 编制少。
硬件设备	1. 微机室（40台）； 2. 语音室（48座）； 3. 程控系统； 4. 各班有电视； 5. 有主控室； 6. 学校有食堂。	1. 计算机需要更新换代； 2. 语音系统不能正常使用，找不到维修人员； 3. 校舍陈旧，需维修。	1. 可通过教委按比例 1:1 配置购置新设备； 2. 今年暑期将对校舍进行维修、施工。	硬件设备落后于“五大家”，家长不满意；教育经费投入何处？不能满足需要。
教师队伍	1. 班主任队伍很优秀，均是来自名校的优秀教师； 2. 骨干占任课教师 80%，覆盖率居全市第一。	1. 名优教师满足现状，缺少继续提高进修的意愿； 2. 个别教师不愿意教班，想走行政； 3. 有流动的现象。	1. 骨干教师 5 年需要进修再次认定； 2. 人事制度改革编制减少，定岗定编； 3. 落实教师岗位责任制。	1. 对学校体制有忧虑； 2. 家长、学校的压力对教师造成了较大的心理负担。
行政人员	1. 老中青人员搭配合理； 2. 每人特长与弱项互补； 3. 一线教师，有实践经验。	1. 成员在区、市知名度不高，没有品牌领导； 2. 没有复合型人才，强项单一。	1. 应聘上岗，调动了行政人员的积极性； 2. 年轻，有上进心，能够吃苦耐劳。	1. 中层主任面临提拔使用致使人才流失； 2. 学校发展计划人为受阻。

续 表

因 素	优 势	劣 势	机 会	威 胁
学生生源	1. 学生素质较高，学前受过教育； 2. 主要来源于本区、动力区。	1. 居住分散、较远； 2. 没有学校通勤车，由社会送子车接送孩子，有不安全因素。	来自各方学生给予广泛宣传，有市场效应。	1. 各校招择校生； 2. 各校办特色班吸引学生； 3. 地区生源减少。
家长资源	1. 普通人员特别重视教育； 2. 有经济条件（但不是特别有实力）或工薪层。	1. 家长要求过高，达不到就立刻提意见； 2. 部分家长素质不高。	1. 家长满意率达90%以上，支持学校，对班主任认可； 2. 家长学校使家长走进校园，气氛好。	家长从众心理强，对学生心理期望值高致使教育失去了方法和科学性。
社区参与	1. 为学生提供体验基地； 2. 能广泛宣传学校。	安埠地区经济、管理属于香坊区中等水平。	安埠小区改变工程成为样板小区。	
地方资源	1. 哈市有大专院校数所，本区有东北农大； 2. 有博物馆、科技馆，有各种特色建筑物。	1. 没有与任何大专院校合作，高等教育没有任务于基础教育。 2. 为了学生安全，不能经常组织参观这样的大型活动。		

三、立足现实，做好学校资源的计划

学校资源是有限的，要使学校有限的资源能够充分而有效的利用，学校需要做好学校资源计划。

学校资源计划以学校的现实为基础。学校是千差万别的，这种差别体现在学校的性质、学校的规模、学校的办学思想、学校的教育目标、学校的资源状况、学校的社区环境等，离开了学校的现实基础来制订学校的资源计划无疑是纸上谈兵。要保证一份学校资源计划切实可行，真正起指导作用，就必须立足于学校的实际。

围绕学校的教育目标和活动进行资源计划。学校资源的开发和利用是为实现学校教育目标服务的。学校要明确自己未来发展的目标，包括长期、中期、短期目标，以目标为导向，明确实现目标的措施和活动，根据措施和活动来配置资源，保证活动的顺利进行，实现目标。在资源配置过程中，并不是平均用力，平均分配，学校对自己的教育目标进行重要性和可行性排序，明确自己一年、三年中重要的、可实现的目标；提出实现目标要采取的措施和要组织的活动，对所提出的活动、措施的可行性、有效性进行排序，确定行之有效地实现目标的措施和活动，在此基础上配置学校资源，力求资源的配置保证重点、集中使用。

学校资源计划要用足学校资源，建立最佳资源结构。学校资源的开发既要解决“资源不足”的问题，又要避免“资源过度”状况，因此，在进行学校资源计划时，要以全面的资源观为指导，全面分析学校资源状况，深度挖掘学校资源的教育功能，力求让现有的学校资源充分发挥作用，创造出更多的效益；以效益观为指导，建立最佳资源结构，对学校的人力、物力、财力、时间、信息等资源进行合理配置，使各类资源有合理的比例关系，人尽其力、物尽其用、财尽其效，提高资源的利用率。

学校资源计划融入学校发展规划之中。学校发展计划是学校发展的总体计划，是学校办学的行动指南，是推动学校不断发展的工具，许多学校都努力制订切实可行的、真正具有指向作用的学校发展计划。值得注意的是强调学校资源计划的制订并不是另起炉灶，学校资源计划应融于学校发展规划之中，学校发展计划应包含学校资源计划的内容。在广西实施世界银行贷款/英国政府赠款西部地区教育发展项目中的学校发展计划就重视了资源的分析和配置，比如在其学校发展计划文本的第六部分内容就明确要求要对相关资源进行对应性的配置。

第六部分　20 __至 20 __学年问题解决的目标与措施

类别一：与社区儿童入学和巩固有关的问题。

<table>
<tr><td colspan="6">问题：</td></tr>
<tr><td colspan="6">问题解决的主要目标：</td></tr>
<tr><td rowspan="2">具体措施</td><td rowspan="2">开始/
结束
时间</td><td rowspan="2">负责人</td><td rowspan="2">所需资源
（资金/
人力等）</td><td colspan="2">实施情况记载</td></tr>
<tr><td>进展情况</td><td>记载人
及时间</td></tr>
<tr><td></td><td></td><td></td><td></td><td></td><td></td></tr>
<tr><td></td><td></td><td></td><td></td><td></td><td></td></tr>
<tr><td></td><td></td><td></td><td></td><td></td><td></td></tr>
<tr><td></td><td></td><td></td><td></td><td></td><td></td></tr>
<tr><td></td><td></td><td></td><td></td><td></td><td></td></tr>
<tr><td></td><td></td><td></td><td></td><td></td><td></td></tr>
</table>

注：每个问题一页。“问题解决的主要目标”必须是具体的、量化的、有时间限制的。

四、提高对学校资源的管理水平

管理可以出效率，严格而科学的管理可以调动人的积极性，使人力、物力、财力、时间、信息等得到合理而充分的利用，既能减少消耗，又能增加产出。因此，提高学校的整体管理水平，是提高教育资源使用效率和减少教育资源浪费的重要途径。

提高对学校资源的管理水平，最关键的在于提高管理人员的素质和水平。管理者应不断地学习和提升自己，成为一个具有强烈的事业心、崇高的责任感、精湛的专业知识和谙熟的业务能力的学校管理人才。

提高对学校资源的管理水平，要求管理工作者要遵循管理工作的原理和规律，按周密计划—科学组织—指挥协调—定期检查—总结考核的管理程序进行科学管理，使教育资源在教育过程中充分发挥效能。

提高对教育资源的管理水平，还必须建立健全种种机制和规章制度。机制是协调各个要素在一定结构中的相互关系的一种运作方式；学校制度是指规范、约束、协调学校中人们行为和关系的规则、习惯、信念或组织关系。学校可以利用责任机制、监督机制、竞争机制、激励机制等机制，制订人事制度、财务制度、行为规范制度、部门职责制度等，提高学校资源开发利用效率。

五、利用和培植学校无形资源

无形资源通常是指那些不具有一定实物、实体形态的资源，如人力（侧重于人的教育观念、智力、道德、人格、方法、经验等）、学校和班级的风气、学校的声誉、学校的品牌、学校人际关系和社会关系、信息环境、社区的历史传统、社区的参与感、责任感、荣誉感、群体意识、民俗风情、民间艺术等。学校的无形资源是学校资源的重要组成部分。但是，许多学校管理者依然停留在管好人、财、物、事的传统理念上，缺乏无形资源意识和对无形资源开发利用的紧迫感，以致造成学校无形资源闲置和流失，错过了发展的良机。资源是动态发展的，无形资源尤其如此，因此，学校要认识学校的无形资源，开发利用无形资源，并要注意培植学校的无形资源。

学校人力资源的开发、利用和培植

学校人力资源指投入到学校各项活动中的人员。学校的人力资源是学校所有资源中最核心也是最活跃的一种资源，其他任何资源的作用发挥都离不开人力资源的作用，所以，人力资源的开发、利用和培植对学校管理来说就具有非同一般的意义。学校人力资源开发和利用其目的就是不断提升学校人力资源的贡献率，不断提高学校人力资源的参与意识，提高其参与的程度和水平，充分发挥人力资源的作用，促进学校的发展。

树立“人本管理”的理念。人本管理就是把人看做管理的主要对象和管理的最重要资源，尊重人的价值，重视人的特点，全面开发人的潜能，以谋求人的全面自由发展为最终目的。学校管理要以人为本，不但以学生为本，也要以教师为本。学校管理以“人本管理”的理念为指导，注重创设学校的软环境，充分启动内部活力，营造一个尊重人才、信任人才、关心人才、理解人才的氛围，让学校的教职员工、学生都富有热情、富有责任感地去进行创造性的实践。

鼓励参与。学校发展有赖于校内外人员的有效参与，而各种人力资源也是在参与的过程中才能发挥他们的作用，体现他们的价值。学校尽力采取各种措施，鼓励、支持校内外人员参与学校的教育教学管理活动。如建立教师民主参与机制，将教师对学校发展的建议，及时地吸收到学校管理中来；教师运用新的教学方法和手段，促进学生积极参与教学活动；学校建立了校长助理制、校长信箱、定期学生调查等制度，利用网络、宣传、调查等手段，让学生共同参与设计、组织和实施学校的文体活动等，将学生的力量吸收到学校管理中来；学校建立包括社区成员、家长、教师等组成的学校发展管理委员会，为各方人员参与学校管理提供了机会和保障；社区大会、家长会的召开，访谈、问卷调查、学校的开放日等活动，使社区成员能够参与学校的教育教学管理活动。校内外人员参与者的效果与他们的参与意识和能力有关，因此，学校要加强宣传和培训，提高校内外人员的参与意识和参与能力。

第三节　现代学校发展中学校与社区的互动融合

社区是一定区域范围中的有关联的人群和组织的集合体。社区类型多种多样，如乡村、城镇、街道、城市都是规模不等的社区。社区主要分为城市社区、城镇社区和农村社区三种。

学校与社区是有着紧密关联的。任何学校都存在于一定的社区之中，学校与社会的联系主要是通过与具体的社区相联系。社区是学校的外在环境，社区是学校教育的基础，社区物质、精神、文化等各方面的条件都制约和影响着学校教育的改革与发展，离开社区的生活，离开社区的成长，学校无法单独完成教育的目标。社区内的学校，具有知识、智力、场地、教育设备等方面的优势，它是社区精神和资源的中心，可以成为社区精神文明建设的基地，对于社区的建设和提高社区民众的素质有其自身的作用。学校与社区的互动效应将给学校发展带来另一种推动力。

但是，长期以来保守封闭的办学思想，分数驱动的教育模式，加之某些社区教育意识的淡薄，导致学校与社区彼此隔离，关系疏远，学校对社区封闭，学校孤立于社区，崇尚知识中心、书本中心、课堂中心，学校关起门来传授知识，不重视生动的社会实际，不重视学校对社区的影响和作用；而社区更多地认为办学校和如何办好学校是政府的事情，是教育部门的事情，与社区没有太大的关系，因而也从来不觉得学校首先是社区的学校，也就谈不上主人翁的意识。因此，促进学校与社区的互动融合，对社区和学校的发展有着积极的意义。第三次全国基础教育工作会议提出“要探索建立现代中小学管理制度，建立政府为主，社会各界共同参与的学校发展、管理与监督机制，鼓励社区、家长参与学校管理，形成社区积极支持基础教育改革和发展、积极参与学校管理与监督的模式”。

学校发展计划与传统的学校计划最大的区别在于，它是自下而上，通过学校和社区共同合作，基于社区和学校的问题自主制订的，旨在满足社区和学校发展需要的计划。学校发展计划的管理模式注重学校与社区的互动融合，努力在学校和社区之间建立互动、互助、互利的有效机制，促进学校的发展和社区的发展。

学校和社区的互动融合，一方面学校主动向社区开放，辐射、服务于社区，也应将自己取得的成果运用于社区的建设和完善，并吸收和引进社区对学校有益的各种教育资源，充实学校教育教学内容，提高全体教职员工理论联系实际的水平，卓有成效地培养学生的实践能力、生活能力，同时，学校从社区角度思考办学与教育问题，满足社区对学校教育的特定需要；另一方面社区也要对学校事务采取参与、渗透和开放。

一、学校与社区互动融合的基本原则

在学校发展计划的管理模式下，学校与社区的互动融合要遵循以下基本原则：

（一）学校与社区之间的相互开放和参与

传统上，对于社区与学校的关系，往往从学校教育的观点出发，认为社区教育是学校教育的一种补充，社区是学生校外教育的阵地，希望社区向学校开放，希望能给学校提供更多的帮助，为学校教育提供一个优良的社区环境。其实，学校是社区的一部分，是社区的公共财产，社区对于当地学校资源有分享的权利和分摊责任的义务，同时，学校服务的直接对象是学生，而间接的服务对象则包括社区的学生家长与社区成员，因此，学校与社区应该是互为开放的。学校必须主动担负起自身发展的责任，而不能只要求社区为学校做什么，而应该更多地考虑学校应为社区做什么。这种开放更多地体现为资源的开放。学校对社区的开放是社区利用学校的教育资源；而社区对学校的开放，则是学校要利用社区教育资源。学校在充分利用社区资源的同时，积极地开放学校资源；社区在享受学校资源的同时也要积极地向学校开放自身的资源支持学校的发展。

作为学校要以开放的观念和姿态，一方面积极向社区开放，为社区提供更多的服务，支持社区的发展。学校向社区的开放是多方面的。如：开放学校的物质资源。学校所拥有的物质资源如教育教学设施、文化体育活动场所和设施对于社区教育具有很大的使用价值，学校将各类文化体育设施、教育教学设施在不影响学校正常工作和学习的情况下向社区成员开放，为社区成员提供运动休闲、学习进步、发展提高的场所。再如人力资源的开放。学校拥有专职教师队伍，可以弥补社区教育的师资不足，为社区教育工作提供智力支持。学校教育资源向社区开放以确保学校正常教学秩序和学校、社区居民的安全为原则，学校和社区就资源开放的内容、方式、时间以及双方权利和义务等进行协商，明确各自责任，并共同研究制定相应的管理制度，使学校资源能更好地为社区服务。另一方面积极与社区沟通，充分利用校外的各种资源，赢得社区的理解、帮助、参与、支持。

学校与社区的开放不仅要相互提供与利用资源或服务，而且要实现双向参与。学校应主动担负自己发展的责任，不能只需求社区为学校做什么，应该更多地考虑学校应为社区做什么，学校能为社区做什么。学校根据自身的特点和长处，参与到社区的活动尤其是社区的教育活动中。学校参与社区教育的形式有：（1）学校以组织志愿者队伍的形式参与社区教育。学校组织青年教师志愿者或学生志愿者，利用课余和假日定期到附近社区为社区居民举办各种讲座培训，或参加社区公益活动。（2）学校成立专门的活动室或用专门活动日向社区开放，以便居民进行文体活动。

学校积极参与社区活动的同时，也应引导社区参与学校的活动。学校通过加强与社区的联系，让社区认识、关注学校，有参与的意愿；学校建立一些组织和机构，为社区成员的参与创造条件（学校发展计划管理委员会、家长委员会等）；学校组织多种活动（文体活动、社区大会、家长开放日），为社区的参与创造机会，学校制定相关的制度保证社区的参与；学校创出品牌与特色，吸引社区的参与。

社区参与是学校发展计划的重要思想。社区的参与包括参与学校发展计划的制订、实施、评估；既包括物质、资金的支持，也包括人力、智力的参与。社区参与学校发展计划有五种形式：

1. "资金"参与。一是在有条件的情况下为学校提供资金上的支持，帮助学校发展；二是利用广泛的社会关系（老乡关系、同学关系、同事关系、上下级关系等），为学校牵线搭桥，引进资金，促进学校发展；三是利用社区成员中的特殊人才优势，如人大代表、政协委员、退休领导、社区代表等，以其特殊身份帮助学校到上级有关部门"跑资金"，为学校开拓筹措发展经费的有效渠道。

2. 智力参与。主要表现在对学校的发展提出意见、建议，为解决学校发展过程中存在的问题出谋划策；随时到学校听课、评课，对学校教师的教育教学工作提出意见、建议；按时参加"学校发展计划管理委员会"召开的会议，对项目实施工作进行检视、反思、评价，对下一阶段的工作提出意见；列席学校相关会议，同学校行政、教师共商学校发展大计。

3. 特殊组织参与。发挥"老年人协会"、"关心下一代工作委员会"等社区群众组织的积极作用，帮助学校净化校园周边环境，对学校周边的不健康社会因素，如"网吧"、"舞厅"、不良噪声、违章建筑、安全隐患等进行干预，为学校创设一个温馨宜人的教育教学环境，维护学校、学生的合法权益，促进学生健康成长。

4. 资源参与。一是利用社区文艺团体，如"夕阳红艺术团"、"山歌协会"等，深入学校对学生进行品德教育工作，如"社会主义荣辱观教育"、"感恩教育"、"社会主义前途理想教育"、"五爱教育"等；二是将一些社区场馆（如图书馆、博物馆、生态公园、青少年活动中心、体育中心等）作为教育教学资源向学校无偿或半无偿开放，帮助学校提高育人质量等。

5. 制度参与。为了使学校发展计划得以有效实施，"学校发展计划管理委员会"应该制定相关制度，以制约"学校发展计划管理委员会"全体成员参与学校发展计划实施过程的行为，发挥每一个成员的最大作用。而每一个"学校发展计划管理委员会"的社区成员，要自觉遵守规章制度，把学校的事当作自己的事，按时参加有关会议，按时完成相关任务，为学校发展计划的顺利实施贡献力量。

（二）树立全新的学校资源观

学校与社区的互为开放很重要的是资源的开放。资源是学校生存和发展不可缺少的。长期以来，我国中小学资源一方面存在有限和稀缺的特征，另一方面学校的资源开发和利用效率比较低。获取资源的途径比较单一，在我国贫困农村，教育资源配置的方式通常是自上而下的，学校常常是消极地等待财政拨款。对资源的认识比较狭隘，把目光更多地放在钱和物上。为此，学校发展计划强调要有新的资源观，正确地认识资源，合理开发和利用资源。

资源是多种多样的，重视校外资源，挖掘校外资源。就学校而言，凡是为实现学校办学目标可开发和利用的各种因素，都是学校资源。资源是多种多样的，有校内资源，有校外资源，而校内和校外资源同样多种多样。学校既要用好有限的校外资源，又要认识校外资源，利用校外的资源力量，形成学校教育的支持系统。

资源是多种多样的，要认识有形资源，重视无形资源。教育资源的开发不仅仅是找钱、要物，更要重视教师的智力、教师的经验、教师的职业道德、教师的风格、教师的教学能力、学生的学风、学生的学习能力、学校的声誉、学校的校风、学校的历史、学校的人际关系、社区的历史传统、社区的参与意识、社区的群体意识、社区风气、民俗、民间艺术等无形资源的开发和利用。

资源是开放的。学校资源、社区资源是相互开放的，学校资源向社区开放，为社区服务；社区资源向学校开放，支持学校的教育。

获取资源的途径是多种的。长期以来，学校获取资源的渠道单一，更多的是等、靠、要，向上级伸手，等上级教育部门的给予。新的课程观强调学校要主动去开发资源，拓展资源获取的渠道。

资源是需要培育的。学校要用发展的眼光来培育资源。学校可以采取多种措施培育校内外资源，如通过开放和宣传、访谈、社区大会、邀请社区人士参与学校等方式使社区了解、关心学校，密切学校与社区的关系；学校通过向社区开放学校设施、协助社区活动等建立起学校与社区的良好关系；满足社区的教育需要，提高社区所有成员参与学校活动的意识和能力；加强学校与教育行政部门之间的联系和沟通，促使行政部门在教育资源的分配上更多地从学校实际需要出发，满足不同学校的发展需要；养成学校自主发展的意识和能力，提高学校的管理水平和可持续发展的能力；通过校本研修等方式提升学校教师素质；改变管理方式，形成良好的人际关系等。

（三）互惠互利，共创双赢

在学校与社区互动过程中，并不是某一方单纯给予，而另一方单纯地接受，如果给予的一方长期得不到回报，就不会再有为另一方提供资源的动力。学校与社区互动融合关系能持续发展下去，很重要的一点就是互惠，也就是说学校和社区在互动的过程中能获得自己的利益和实现自己的价值。这种实惠和利益的呈现是多样化的，如活动场地、设备的增加、经费来源增多、好的教育氛围的形成、学生素质及社区成员素质的提升、家庭教育观念的转变、学校办学理念和制度的变革、教师专业素养得到提升、学校教育教学质量不断提高，等等。

要实现学校与社区的互惠性，学校与社区要遵循平等的原则，在资源的利用和学生的教育方面等都享有一定的权利和应分摊责任的义务；互动的双方各有自身的特点、立场和要求，因此，双方应彼此并重，尽可能满足双方的要求。

二、学校与社区互动融合的内容

学校与社区互动融合的内容十分丰富，在实施学校发展计划的时候可以从以下几方面把握：

（一）在育人方面的融合

学生的成长离不开家庭、学校和社会，家庭、学校、社会对学生的成长、对他们品行的形成都会产生不同程度的影响。因此，教师、家长、学校、社区在教育和培养学生方面要通力合作。

协调教育立场、共担责任。在育人的过程中，改变教育仅仅是学校和教师责任的观点，明确学校是教育的主阵地，社区是一个时空宽泛的德育课堂，而家庭教育是一支重要教育力量的观念，形成处处育人、人人是教育者的大教育观，强化学校、社区、家庭共同育人的社区责任，融合三者力量完成育人的任务。

共同营造校内外健康文明的育人环境。环境包括软件环境和硬件环境两个方面，前者是指影响和制约思想道德建设的政治、经济、文化状况和社会风俗等人文条件，后者是指学校和社区的基础设施等物质环境。环境对学生成长起着潜移默化的影响。因此，学校、社区、家庭要携手营造整洁、美观、文明、安全、友爱、向上的育人环境，使学生在此之中受到好的熏陶和感染。

共同商议，形成良好的教育聚合力。教育的效果取决于学校教育、社区教育、家庭教育影响的一致性。因此，学校、家庭、社区共同商议教育学生的要求、内容、方式方法，采取协调一致的教育要求与行动。学校、家庭、社区加强沟通，对学生的要求在方向上保持统一，使学生无论在学校、家庭还是社区，都感受到共同的期望和要求，从而明确自己的努力方向；社区、家庭在交流中了解学校教育的意图、内容和方法，努力在教育的态度、评价和处理方式上和学校保持一致，并对学校不正确的教育内容和方式提出意见和建议。

各方共同参与学生（育人质量）评估，敦促养成学生自立、自理、为社区服务的良好品质。

（二）在课程方面的融合

课程方面的融合体现为教师、家长、学生、学校、社区共同参与课程与教学建设、实施和评估。

学校要打破封闭的状态，通过不同的方式让社区、家长了解学校的课程设置、课程实施及课程改革的情况，以开放的心态接纳社区、家长提出的合理化建议，并接受社区、家长对教学的评估。

学校的教学要融入社区的实际和文化特质。在学科教学中，注意与学生的生活、社区的需要、社区的资源结合起来，既注意教学的科学性，又提高教学的实用性和生活性。

学校利用社区资源开发校本课程。校本课程的目标应根据社区的需要、学校的特点、师生的兴趣和特长等方面的情况，使课程目标适应社区、学校与学生个体的特定需要，适应学生身心全面和谐发展的需要。校本课程内容关注学校及所在社区的一些具体特点，有效地将社区文化、物质环境等方面的特点组织进课程教学中。在校本课程的实施中，根据课程目标和内容，创设学生与社区接触的机会，并充分挖掘和利用社区资源以提高校本课程的质量。为了保证校本课程评价的科学性，社区内的专家、学者、教师、学校管理者、家长以及其他社区人士都参与课程评价。改变过去课程管理过于集中的状况，让整个社区参与其中，对课程进行建议、监督和评价，实现课程的科学化与民主化。

（三）在教师发展上的融合

在教师发展上的融合一方面是教师、家长、学生、学校、社区共同参与教师评估，促进教师改进教育教学及管理，促进教师的专业发展；另一方面，学校与社区的互动融合要求教师的角色发生变化，能力不断拓展和提升。教师不仅是学校中的教师，而且是“社区型”的教师，是社区教育、科学、文化事业的建设者，因此教师要充分考虑学生和社区的需求，认识和挖掘社区的资源，提高教育教学质量，同时，积极参与社区的活动，成为社区发展的促进者。

（四）在学校物质环境建设上的融合

在学校的物质环境的建设中，社区的参与是十分重要的。社区可以从学生的需要、社区及社会的需要及社区的特点出发，提出学校物质环境建设的意见和建议；也可以改变学校单纯依靠政府改善办学条件的局面，为学校办学出资献力，捐款捐物。

（五）在文化建设上的融合

文化建设包括了校园文化建设及社区文化建设。

在学校文化建设中，教师、家长、学生、学校、社区共同参与文明校园的建设。学校开展参与式的大型的学校文化活动、体育活动，以及各种传统活动，校园文化活动的开展可以围绕社区文化特色进行，学校可以请社区相关活动的业余爱好者和行家进行指导。

在社区文化建设中，学校作为社区重要文化机构，要适应社区发展的需要，积极地参与社区文化建设。学校通过培养高素质的学生，为社区创造高度文明的文化环境奠定基础；学校主动向社区开放，使其成为社区的文化中心，利用教师、设备、场地、图书馆（室）等教育资源与社区联办文化、体育活动，开展读书、读报等丰富多彩的社区教育活动，促进广大居民思想道德素质和文化素质的提高；学校组织教师、学生参与社区的各项公益活动，促进社区文化建设。

（六）在学校管理方面的融合

教师、家长、学生、学校、社区共同组成学校管理与发展委员会，参与制定和实施学校发展规划；就学校建设与管理的重大事项进行商议、决策，共同承担责任；参与学校的督导和评估；参与校长的选拔和评估。学校在自我评估中把社区利益和公众意见纳入相关的目标和指标体系。

（七）在资源利用方面的融合

在资源利用方面的融合体现在社区资源为学校教育服务，学校资源为社区精神文明建设服务。

三、学校与社区融合机制的建立

学校与社区融合机制是学校与社区融合的制度保证。在实施学校发展计划的过程中，要打破学校的封闭状况，努力建立学校与社区融合机制，使学校、社区之间更好地沟通与交流，以达到学校与社区的互利、互惠。就学校而言可以做好以下几方面工作：

（一）建立激励机制，增强学校、社区互动的后劲

没有激励就没有推动力。学校与社区互动的一个重要特征，是学校与社区的全体成员自发地、自主地进行全程、全方位的互动。但在学校与社区互动的初始阶段，互动对于学校和社区来说被动的成分显得还是要多些。由被动变为主动，一方面来自学校和社区互动内在的相互促进、共同发展的需求，另一方面也需要外在因素的激发。① 为了调动学校与社区的积极性，需要建立学校与社区互动融合的激励机制，对学校和社区的互动付出的努力和互动过程与结果进行评价、反馈、给予奖励。

（二）构建参与机制，保证社区、学校的相互参与

社区对学校的发展有着直接和重要的影响，学校的发展离不开社区的参与和支持，社区参与的积极性越高，对学校的支持越大，越有利于学校办活、办好。

1. 建立组织机构，保证社区参与学校管理。

建立组织机构及其正常的运行，能够使学校与社区长期互动，有效融合。

学校发展计划非常重视社区的参与。为了保证社区的参与，学校成立“学校发展计划管理委员会”，这个委员会一般由10人左右组成，除了校长、教师代表外，其成员还包括各级社区代表、家长代表、宗教人士等。

目前，学校为了促进家长参与学校的管理，成立家长委员会，并定期或不定期召开家长委员会会议。

为了保证组织机构的正常运行，学校与社区商议制定组织章程及相关的工作制度，使其职责明确。

2. 建立信息公开平台，让社区、家长更好地了解、关心学校，支持、参与学校的工作。

家长、社区要参与学校各项事务管理，就必须要知道足够的信息，因此，现代学校管理强调学校必须破除自我封闭的藩篱，增强学校管理的透明度，对内对外都要体现适度的公开性，以有助于家长、社区参与学校的各项决策。学校要广泛向社区、家长宣传，通过各种途径和方式使社区、

---

① 李卫英：《学校与社区互动机制的分析》，载《玉溪师范学院学报》，2007（1）。

家长更好地了解学校的现状、已取得的成就以及面临的问题与困难等，支持、参与学校的工作。

3. 建立个人、学校、家庭、社区相结合的综合评价制度，让家长、社区共同参与学校评价。

现代的教育评价强调评价主体的多样性，因此要建立个人、学校、家庭相结合的综合评价制度，让家长、社区共同参与学校评价。如在对学生发展的评价方面，学校可以针对学生不同的年龄特点，印发学生整体发展评价表，请家长按照评价标准，联系实际，逐条对照全面评价自己的孩子；学校还可以通过广泛听取社区对学校、教师、学生的意见，更客观、全面地对学校师生发展进行评价；请社区成员、家长对学校的管理工作、教学工作、教学质量等进行考评与监督等。

4. 制定相关的管理制度，保障学校对社区的开放与参与。

学校资源向社区开放，也为学校和社区双方进一步相互融合、互相合作、促进社区教育的进一步发展和学校现代教育制度的建立开辟了新的途径。学校资源向社区开放涉及场所、设备、时间、经费、人力等问题，这使学校的管理工作发生了变化，学校要制定相关的管理制度，保障学校对社区的开放与参与。

（三）建立评价机制，推进学校和社区良性互动的形成和发展

建立学校、社区互动融合的评价机制，对学校和社区互动融合过程和结果进行评价、反馈，可以激发学校与社区互动的愿望和热情，提高学校与社区互动的实效，推进学校和社区良性互动的形成和发展。

就学校而言，学校和社区互动的评价机制包括以下几个方面：

1. 学校促进社区参与学校工作的评价。

2. 社区参与学校工作的评价。

3. 学校为社区服务的评价。

四、学校与社区融合的途径、方法

学校与社区的融合需要学校与社区的共同努力。学校可以从多方面入手，实现与社区的互动融合。

（一）认识、分析学校与社区情况，为学校与社区的融合奠定基础

学校发展计划项目十分强调学校要充分认识和分析学校与社区的概况，这有利于学校能基于自身的实际情况，制订适合自己学校的、切实可行的学校发展计划，这也为学校与社区的互动融合奠定了基础。

学校认识和分析社区概况，可以帮助学校把握社区的需要，发现社区可利用的资源，找到与社区沟通与合作的有效方式。社区概况包括社区人口、民族、经济、地理位置和环境、社会文化等有关方面，在分析时应从学校的角度，侧重于与教育有密切关联、对学校发展有较大影响的内容。

案例：

××学校的社区概况

××社区是××县××镇党政所在地，位于××县西南方。全社区管辖12个自然村，服务的人口有1008户共3448人。社区内有汉族、瑶族、壮族的人共同居住，其中汉族人口占95%。社区交通便利，有蒙山至夏宜的公路贯通全村。群众经济收入以种植、外出打工和小商贩为主。农业作物主要有生姜、甘蔗、橙子、稻谷等。畜牧业有鸡、鸭、猪等。全村耕地面积2444亩。每年人均收入1920元。适龄儿童242人，全部入学。

社区特征：

1. 学校周边的2个自然村相隔不远，比较集中。学校坐落于社区的中心位置，非常有利于各个自然村的儿童上学，距离学校最远的学生家约2.1千米。12个自然村的交通都十分便利，没有闭塞的地方。水源、电力充足，种植业、信息业都比较发达。农民的文化程度高，致富门路多。

2. ××镇行政中心坐落在社区内，镇里有关部门的领导经常到社区里、学校里调查、讨论、指导、督查工作。这样非常有利于社区、学校的发展。

学校对自身概况的分析其内容包括学校性质、学校地理位置及服务半径、学校办学条件和环境、入学率、巩固率、升学率、教师和学生状况、课程设置、学校的管理等方面，在分析的过程中要突出学校特色，分析学校的优势、劣势，面临的机遇、挑战，并注意反映各方面的看法。

对学校状况的分析可以采用SWOT分析法。利用这种方法可以从中找出对自己有利的、值得发扬的因素，以及对自己不利的、如何去避开的东西，发现存在的问题，找出解决办法，并明确以后的发展方向。

案例：

××学校的学校概况

××县××中心小学坐落在××县县城城东区。学校始建于1932年，原名××小学，十一届三中全会后改名为××中心小学，2004年因学校坐落于县城东江路开发区，服务范围不断扩大故改为现在校名，是一镇属六年制完全小学。

学校现有教职工19人，其中男教师2人。具有大专以上学历教师10人，中师学历9人，小学高级教师9人，教职工中学历达标率达100%。学校现有7个教学班，其中一个为学前班，在校学生共有252名，其中女生108人。

学校现占地面积2900平方米，有教学楼两幢，校舍建筑面积1680平方米，附属面积400平方米，生均占地面积11.5平方米。生均校舍面积为6、7平方米。目前具有教室16间，设有电脑室、实验室、仪器室、图书室、阅览室，少先队队室等，另有办公室两间，学校配有61多万元的语文、数学、自然、音乐、卫生、美术、体育、图书等教学仪器及设备，学校“普实”设备达2类标准，任教教师合理利用学校各类教学设备及资源，学校自2003年9月开展语文教学《关于正确引导学生进行自主（或合作）（或探究）学习的研究》、《小学数学教学中学生应用意识（或实践能力）培养的研究》等课题研究以来，教师的教学能力、实践能力取得了阶段性成果，几年来共有46篇论文获奖，其中国家级5篇，自治区级16篇，市级25篇。

通过课题研究，促进了课堂教学效率的提高，多年来我校教育质量一直居全县前列，曾被多次评为先进单位。

学校现状分析：

优势

1. 学校位于县城城区东区，环境优美宁静，为同学提供上佳的学习环境。

2. 校园环境设施不断更新，学生活动空间、学校设备有所改善，校外资源丰富。

3. 社区、家长一向热心支持学校工作，对学校政策十分支持。

4. 学校行政管理日趋规范，教职员工专业得以充分发挥。

5. 具有一支稳定、具有教学经验及热衷教育事业的教师队伍，教师有共同目标和信念，积极投入教育教学工作且乐意学习，充实自我，提升教育教学质量。

6. 学生学习气氛浓、求知欲望强，部分学生可塑性高。

劣势

1. 学校教育质量与镇内一小、二小相比有一定的差距，家长为子女选校时不会将本校列为首选，影响生员质量。

2. 大部分家庭、父母外出打工，或早出晚归务农，未能有充裕的时间关顾子女学业及品行。

3. 学生学习动手能力差，创新意识欠缺。学生学习动机不明显，部分学生学习能力差。需花时间培养和个别辅导。

4. 缺乏多媒体教室，网络教学配置低，学生活动资源缺乏，教学设施有待进一步完善。

（二）扩大宣传，让社区组织和个人了解学校

学校与社区双向了解才能更好地互动融合。因此，学校一方面主动了解社区，另一方面要加大宣传的力度，让社区组织和个人了解学校。宣传的途径和方法是多种多样的：

1. 通过制作和发放文本材料来宣传学校。学校可以通过制作和发放宣传单、宣传手册、校报、校刊等，向社区展示学校的成果，促进社区对学校的了解；通过板报的方式宣传学校；通过信件与家长联系，让家长关心孩子、关心学校。

案例

致社区群众的一封信

敬爱的乡亲：

在过去的几十年中，我国的教育管理体制，尤其是农村教育管理体制经历了相当大的变化。但有一个主要的特征并没有根本的变革：学校缺乏自主权，学校与社区发展缺乏有机联系，教育部门和学校之间是一种单纯的上下级行政关系。

为彻底解决这些问题，我校从2006年秋季学期开始实施“世行贷款/英国政府赠款‘西部地区基础教育发展’项目‘学校发展计划’子项目”，为使各位乡亲对该项目有一定的了解，并积极参与到其中，特发此信，敬请各位乡亲仔细阅读。

一、学校发展计划的内涵

学校发展计划是在学校层次，通过自下而上的方式，广泛征求社区群

众的意见，由学校和社区自主制订的关于学校未来发展的计划，包括三年发展展望和学年度的行动计划。它要分析学校的现状、存在的主要问题，明确应该优先解决的问题、未来的主要目标、所需的投入等，并进一步区分学校各项工作的轻重缓急。

二、制订学校发展计划的基本步骤

1. 广泛宣传；2. 成立学校发展计划管理委员会，并组织骨干人员的培训；3. 广泛征求社区和学校各方面人士对学校发展的意见、看法和建议；4. 归纳并明确学校面临的主要问题，并对问题进行排序，分清问题的轻重缓急，确定学校需要解决的问题，确定解决这些问题的措施；5. 草拟学校发展计划；6. 县项目办审核、修改、审批学校发展计划；7. 在学校发展计划管理委员会监督下，执行学校发展计划；8. 回顾和总结学校发展计划。

三、谁将参与制订学校发展计划？如何参与？

社区的所有人群，包括有子女上学的家长、无子女上学的家长、宗教人士、社区干部、学生、未上学的孩子、教师等；社区群众主要是通过个别访谈、小组讨论及社区大会参与学校发展计划的制订。

四、制订学校发展计划的关键步骤

学校发展计划制订的关键步骤是广泛征求意见，即学校组织教师进入社区，广泛听取社区和学校各方面人士对学校发展的意见、看法和建议，诸如学校目前存在的主要问题、原因何在、如何解决这些问题、学校发展的优先目标等。以便对问题进行重要性的优先次序排列，以发现问题的轻重缓急，进而确定学校亟须解决的问题，把其转化为学校未来的发展目标。

五、社区群众如何参与学校发展计划的制订

乡亲们，无论您有无孩子上学，处在何等地位，您要在学校组织教师进入社区进行访谈时，认真向访谈老师把你认为目前学校存在的最突出的问题向老师讲明，并与老师一起分析产生这些问题的原因、后果、解决这些问题的途径、方法等，我们的教师将会忠实地把您的见解记录并带回学校，学校将通过召开社区大会的形式，确定这些问题的轻重缓急，优先次序，定出学校未来三年的发展目标。

学校发展计划的实施将会为那坡中心小学开辟出一条学校可持续发展的光明大道，为孩子全面的发展提供保障，学校的发展就是社区的发展，我们期待各位乡亲的积极参与。

那坡中心小学

2006 年 6 月 16 日

2. 利用大众传播工具来宣传学校。学校可以利用报纸、广播、电台、电视、网络等，报告学校的状况和活动，宣传学校所取得的成绩。

3. 邀请社区成员参观学校，参与学校活动。

邀请社区成员参观学校，参与学校教育教学活动能使社区对学校状况有真实体验，使社区对学校获得更为直观的认识，对增进社区对学校的了解特别重要。

4. 充分利用师生的力量。

学生是联系学校与家庭的纽带，是学校的形象代表，学生在家庭、社区中的表现成为家长、社区了解学校的一个重要途径，因此，利用好学生的力量是非常重要的。学生可以是学校的宣传员，学校可以让学生多了解学校的要求、学校的实际、学校的发展、学校的活动等，通过学生与家长的沟通交流，让家长更多地了解学校；学生是展示者，学生在公众面前的表现体现了学生的素养，同时也展示了学校的教育教学质量。

教师作为家长、社区和学校的沟通者可以通过家访、社区访谈、电话、信件、家校联系卡、网络等方式，与家长、社区成员联系，让社区了解学校。

（三）设立组织机构，保证社区参与学校管理

设立学校发展计划管理委员会、家长委员会、学校社区教育委员会，这些机构是由学校、社区、家长三方组成的。这些组织机构与成员都有明确的职责。社区教育委员会成员由社区行政领导、社区内各企事业单位领导、各居委会主任和党委书记、学校领导以及部分居民组成，涵盖了社区各个层面、各个级别的人员代表。主要负责学校和社区沟通的理论指导、资源优化整合、有效利用，协调学校与社区内各个层面的关系等。学校发展计划管理委员会主要的职责是参与学校发展计划的制订和实施，对学校发展计划的实施进行监督、检查、指导和评估。委员会成员的职责有所不同，其中，委员会主任的职责主要包括定期召开会议、汇报学校实施计划的情况、听取其他成员的意见和建议、执行委员会表决通过的各项内容以及对学校发展计划制订与实施过程进行监测和评估；副主任的职责是协助、协调主任完成委员会的各项工作；委员会其他成员的职责是听取校长对学校发展计划实行情况的汇报，并提出相应的意见和建议，对学校发展的重大决策具有表决权，对学校发展计划的制订与执行进行监督与评估。家长委员会的委员具有对学校的教育教学管理提出看法及修改、完善的建议的权利。

（四）开展活动，为学校与社区的融合搭建平台

活动是学校与社区融合的载体，只有在活动中，组织机构才能行使其职责，社区成员才能了解学校，参与学校发展计划的制订、实施、评估，对教师师德与教学质量的评议、监督、反馈，对学生校外活动的组织、管理和督促，为学校的管理及教育教学献力献策。

活动的内容丰富多彩，活动的方式多种多样。例如，开放周、开放日活动把社区的成员和学生家长请进学校，请进课堂，参与听课、评课，大大促进了教师与家长、家长与学校、社区与学校间的互动，也有效促进了学校师资水平和办学水平的提高；家校互访活动，学校与家长协商教育孩子的内容、方式、方法；社区大会、家长会，让社区成员、家长了解学校，为学校的发展出谋划策；学生成果展示会、文艺活动、体育活动科技活动等，让参与活动的社区成员了解学校、关心学校；社区成员的校内演讲与讲座，体现了社区对学校的人力支持；组织校外的参观、社会实践活动，使学校获得更多的社区资源的支持。

（五）灵活运用一些技巧和方法征求社区意见

社区的参与体现为学校在制订、实施、监测评估学校发展计划中征求社区的意见，反映社区的心声。学校发展计划项目注意运用一些技巧和方法，收集和整理社区的意见。常用的技巧和工具有：

1．访谈

访谈是一种有特定目的的会话，是二元的人群互动，主要包含语言和非语言符号系统交换意见、传达思想、表达感情和需要的交流过程。学校的访谈是在学校有目的的组织下开展的。要使访谈获得有用信息，学校要拟定好访谈的主要问题“清单”，选择好访谈的时间、地点和方式。

2．社区地图

社区图是通过参与方式（如由社区成员）所绘制的，反映一个社区基本情况的地图。它可以帮助学校获得基本信息，更为重要的是它可以探究社区成员对教育的看法和见解。由于它纯粹是一种视觉活动，对社区成员的文化程度要求不高，画社区图可以促使社区不同层次的成员参与讨论教育问题。

3．问题树

问题树是用来分析问题的一种方法。通过画问题树，可以帮助学校与社区成员一道分析造成某个问题的原因，深入准确地了解问题之所在，并帮助发现解决问题的办法；可以通过分析问题带来的影响，引起学校和社

区对问题的重视。

4. 排序

排序是对所获得的信息进行处理的一种方法，它是把同类事物（比如学校面临的问题或解决某个问题的措施等）让学校成员与社区成员通过相互之间的比较，区分出优先次序的方法。

5. 社区大会

社区大会可以营造出一种社区参与的氛围，拉近学校与社区的关系，同时它还可以进一步获得社区成员对学校的意见和建议，并对从社区成员中获得的教育信息进行整理和反馈。学校召开社区大会要选择好场地和时间，并做好内容、人员、物质等方面的准备；组织好社区大会的进程；社区大会结束后，注意把社区大会的内容通过不同的方式反馈给社区群众。

此外，学校还可以通过头脑风暴、问卷调查等方法征求社区意见。在运用的过程中注意多种方面的结合使用。

（六）建设校外教育基地，挖掘社区资源

建立一批稳定的有实力的社区教育基地，是巩固发展社会实践活动、开发利用社区教育资源的重要基础。校外教育基地的建立，有利于学生开阔视野，陶冶情操，培养审美情趣，并树立正确的人生观、价值观、世界观。

阅读资料：

调查报告

广西学校发展计划项目

学校实施学校发展计划后

学校与社区关系变化的调查报告

学校属于社区的重要组成部分，与社区有着不可分割的联系。其一，学校融入社区，赢得社区的支持、协作和帮助是学校获得良好发展的保证；其二，学校主动了解社区、创设让社区组织和个人了解学校的机会、向社区提供服务是学校存在的价值体现。但是，长期以来，学校似乎并没有成为社区发展的重要力量，社区也没有为学校的发展提供有力的支持，学校与社区之间并没有构建起有效的互动渠道。“学校发展计划”项目最终目的是实现学校、社区全员参与，共同努力，为学校发展群策群力，提高学校教育质量，改善师生关系，保护处境不利儿童的权利，促进该地区儿童的发展。项目的实施是否能如愿以偿呢？为此，我们对广西参与“学校发展计划”项目的贫困地区的农村中小学校进行调查研究，了解这些中小学校与其所隶属的社区的互动关系，一方面为项目的开展提供基线数据，另一方面也可以为新课改背景下的教育理论与实践提供实证数据。

（一）研究方法

1. 调查对象

调查样本从参与项目的广西18个项目县的项目学校中随机抽取，项目县主要分布在广西的中部和西部的贫困地区。由于项目的开展时间有先后，有的学校开展了多年，有的学校则刚刚起步。以“已开展项目”和“未开展项目”为标准，对参与项目的中小学校随机抽样。调查“已开展项目”的学校70所，发放问卷70份，收回有效问卷65份，总有效率92.9%；调查“未开展项目”的学校62所，发放问卷62份，收回有效问卷55份，总有效率88.7%。问卷均由学校的校长或副校长填写。

2. 工具及数据分析

编制基线调查问卷，共有26个项目，每个项目均为单选。对回收的问卷采用SPSS对调查数据进行统计分析。

（二）结果与分析

以“学校属于：县级学校、镇级中学、镇中心校、村校”为自变量，对26个项目作方差分析，结果显示，只有4个项目呈差异显著性，即“学校召开由社区群众、社区干部、村民、家长、学生、弱势群体共同参与的社区大会”，F（3，119）=2.942，P=0.036；“学校召开家长座谈会”，F（3，119）=3.117，P=0.029；“学校发展计划的制订吸收了来自社区的意见”，F（3，119）=2.940，P=0.036；“学校发展计划的制订有考虑弱势群体的意见（如老人、妇女、小孩、残疾人等）”，F（3，119）=3.107，P=0.029。其他项目均不呈显著性差异。

以“实施‘学校发展计划’工作年限：没有实施、1~2年、3~5年、5年以上”为自变量，对26个项目作方差分析，结果显示，有19个项目呈差异显著性；以“实施情况：已实施、未实施”为自变量，对26个项目作方差分析，结果显示，有21个项目呈差异显著性。结果见下表。

26个项目的方差分析结果（*N*=120）

序号	项目内容	以实施“学校发展计划”工作年限为自变量		以实施情况为自变量	
		F（3，119）	P	F（3，119）	P
1	学校召开由社区群众、社区干部、村民、家长、学生、弱势群体共同参与的社区大会	14.373***	.000	40.582***	.000
2	学校召开家长座谈会	3.874*	.011	9.724**	.002
3	社区人士参与学校的校务管理	6.721***	.000	18.264***	.000
4	学校依靠社区的帮助改善了校容校貌	2.985*	.034	7.283**	.008
5	学校的教学设备有来自社区的赞助	4.839**	.003	8.366**	.005
6	学校的建设和发展问题听取社区的意见	5.723**	.001	15.742***	.000
7	社区的群众可以任意来学校听课	2.038	.112	3.255	.074
8	学校组织学生参与社区的实践活动	6.773***	.000	16.371***	.000
9	学校老师有进行家访	.709	.548	.878	.351
10	社区有监督指导机构对学校的管理、教学等工作进行指导	6.190**	.001	13.847***	.000
11	学校发展计划的制订吸收了来自社区的意见	7.985***	.000	23.394***	.000
12	学校发展计划的制订有考虑弱势群体的意见（如老人、妇女、小孩、残疾人等）	7.521***	.000	22.394***	.000
13	学校对社区感到满意	3.022*	.033	8.460**	.004
14	学校与社区领导有往来	5.528**	.001	12.909***	.000
15	社区帮助学校提高入学率	3.270*	.024	9.756**	.002
16	学校在社区举行过宣传活动	4.514**	.005	13.502***	.000
17	学校与社区有合作的项目	2.262	.085	6.021*	.016
18	学校与社区有冲突	1.675	.176	1.336	.250
19	家长过问学生的学习情况	4.722**	.004	10.657**	.001

续　表

序号	项目内容	以实施“学校发展计划”工作年限为自变量		以实施情况为自变量	
		F (3, 119)	P	F (3, 119)	P
20	为防止学生辍学，社区与学校共同合作	5.417**	.002	14.141***	.000
21	社区主动邀请学校参与社区活动	5.586**	.001	16.892***	.000
22	社区清楚了解学校发展的进程	10.168***	.000	30.783***	.000
23	社区帮助学校向有关部门反映过学校的情况	2.467	.066	7.027**	.009
24	学校与社区建立了教育支持网络	1.450	.232	3.861	.052
25	社区对学校的发展和建设有人力、物力、财力上的投入	.824	.483	.003	.958
26	社区参与学校发展和建设的程度	2.790*	.044	5.183*	.025

（注：$^{*}P<.05$，$^{**}P<.01$，$^{***}P<.001$。）

结果表明，是否已经实施“学校发展计划”，以及实施年限的长短，学校与社区的互动关系存在着较显著的差异。

（三）讨论

社区包含着学校，学校存在于社区中。学校和社区各自所拥有的教育和教学资源本可以相互借用，学校不仅可以为社区提供教育服务，而且可以通过为社区服务获得资源。尽管如此，长期以来，我国的中小学校与社区的关系较疏离，学校既少有接受社区监督的观念，也少有与社区沟通的愿望，更说不上向社区的机构、民众寻求理解和帮助。这种相互隔离的关系使学校很难从社区获取更多的动力和资源。

学校与其所隶属的社区的双向互动有其地缘优势，这种地缘关系使学校与社区之间的合作与互动成为可能。学校的文化环境可以向社区开放，如学校的体育场地、设施、图书馆等可以向社区开放，良好的校园文化和环境对社区文化建设有积极的促进作用；学校的发展与建设，所开展的教育教学活动也可以吸引社区成员参加，一方面社区成员可以为学校的发展、教育教学献计献策，另一方面还可以促进社区内成员素质的提高，如开办家长学校等。同时，社区中蕴涵着丰富的教育资源，比如社区内文化景观、图书馆、公园、文化活动等，学校都可以利用来促进学校的教育教学活动。

调查结果显示，有少数的中小学校原先就与社区建立了良好的关系，但对大多数的学校调查表明，若不是因为项目的原因，许多中小学校与社区的互动关系并不紧密。较之关系松散的社区，作为法人主体的学校，更负有改善与社区关系的责任。鉴于此，可以采取以下策略改善学校与社区的关系。

1. 做好宣传活动

可以通过发行学校刊物、宣传单、社区广播、口头传达等方式把学校的发展计划、愿景、对社区的期待等，在社区的各类人群中广泛宣传，使社区群众了解学校发展的需要，并唤起社区群众对学校的建设和发展提供支持和帮助的愿望。让社区群众产生这样的意识，即学校是社区的一面旗帜，它的兴衰繁荣是社区成员的责任，社区成员有义务和责任为学校的发展、建设献计献策，添砖加瓦。

2. 开好社区大会

学校召开由社区群众、社区干部、村民、家长、学生，尤其是弱势群体共同参与的社区大会。其目的在于：(1) 向社区群众广泛宣传制订学校发展计划的意义；(2) 与群众讨论他们对教育的看法，特别是提高他们对子女接受教育的认识水平；(3) 明确学校面临的主要问题和原因；(4) 听取他们对学校今后几年发展的意见和建议并探讨解决问题的方法；(5) 加强学校与社区的联系和沟通等。

在具体组织和召开社区大会时，可能会碰到很多困难，比如群众居住分散、路途遥远、农活忙或外出打工、没有合适的会场等。针对这些可能的困难，学校的校长要有充分的思想准备，并事先做大量的工作，如依靠村干部的力量来动员群众参加大会，选择合适的时间，如不选择在农忙时节，可以选择在赶集日、社区的节日、宗教活动日等，也可以通过学校和社区共同举办文艺会演等形式来吸引群众参加会议。大会地点可以安排在学校、社区广场，也可以借用政府场所等。要尽可能地发动社区成员参加大会，尤其是弱势群体，如失学儿童家庭、残疾人家庭、单亲家庭、少数民族、妇女等，社区大会要充分征求不同人群的意见，并做好大会记录。

3. 创建良好的人际关系

有几个方面的人际关系要建设好：(1) 学校内部建立良好的人际关系是学校与社区关系建设的基础，而学校内部人际关系的改善，校长是重要的协调人之一。(2) 学校良好形象和公共关系的获得有赖于学校组织能否被社会公众所承认，因此，学校要与社区内的各种机构、各类人群搞好关系，包括各类政府机构、民间组织、社区群众等。(3) 与上级教育行政机关建立良好关系是学校开展各项工作的保证。学校要认真贯彻执行教育行政部门的路线、方针、政策，通过多种方式获得各级政府和教育行政部门的资讯，努力获得上级教育行政机关对学校发展的认可和支持。

4. 加强家校合作

心理学的研究表明，家庭直接或者间接地影响着学生的认知、情感和行为态度的形成与发展。同时，家长又是学校与社区联系的重要环节。家长与学校关系的改善对于学生的发展和学校良好形象的建立有着至关重要的作用。家校合作的途径有多种：（1）通过与家长建立多样化的沟通方式，如家长会、家访、电话联络、互联网方式以及散发书面材料诸如家长联系手册、学生成绩册等进行联系。(2) 提供家长成长培训课程，对家长进行培训，提高家长的素质，使家长认识到学校的作用和意义，并对学校的教育工作起到辅助的作用。(3) 建立家长学校或家长委员会、学校管理委员会等组织，并定期开展活动扩大家长的参与，使家长对学校的发展和建设有真正的关注和支持。

总之，学校、家庭、社区及整个社会，需要建立良好的互动关系，只有当所有的成员都把学校教育教学视为己任，把学校发展、建设看作是一种包括所有公民在内的社会责任，学校的发展就有了希望，学校的教育才能更好地培养出适应现代社会需要的有用人才。

第四节　现代学校发展中学校文化的生成

每一次学校管理的转型，都会引发学校文化生态的变化。学校发展计划不仅仅是一个机械的学校管理工具，更承载着丰富的管理文化。由于学校发展计划对学校工作具有全方位的影响力，因此，随着学校发展计划在学校的全面运作，带来的不仅是全新的学校管理技术，当中包含的新理念、思想和价值取向更会在运作过程中给原有的文化状态带来全新的冲击，引发一场学校文化生态的深刻变革。而学校文化的管理作用是隐性的，它对学校发展的推动作用是持久、强大而深刻的。

一、学校文化的深层关注

在我国，广大的农村学校在管理上还停留在比较低的水平上，几乎还没有什么学校文化的概念，即使有，对学校文化概念的理解也停留在比较肤浅层面上。最先在学校开展的文化建设，大多都是从校园环境开始的。一般是进行学校外观的美化，比如草地、雕塑、墙报、标语图画上墙等。显然，这样理解学校文化概念是不到位的。而当学校发展计划进入学校管理过程的时候，学校文化的概念就悄然发生变化了。因为学校发展计划虽然是一个管理的手段，但它是以学校核心精神为依托的，并非一个无灵魂无思想的简单工具。这就是一种体现核心灵魂的管理文化。由此延伸开来，会影响到学校的全局，改变学校的整个生态。使得人们对学校文化的理解走向深层，即学校文化是指以中小学校园为地理环境圈、以社会文化为背景，以学校管理者和全体师生员工组成的校园人为主体，在长期的学校教育、学习、生活、管理过程中积淀出来和创造出来的，并为主体成员所认同和遵循的价值观念体系、行为规范准则和物化环境风貌以及这三者的整合和结晶。这样的学校文化就不是仅仅停留在表层、外观上，而是强调由里及外的内在释放。学校的外显的建筑、环境、活动、作品等都应该是学校的灵魂、气质、精神的寄托和体现。过去的学校因为没有这样的文化概念，很少去关注学校底蕴的积淀，不注意学校价值观的建设，因此，学校给人缺乏内涵的感觉，也就失去了自身独特的色彩。学校发展计划的文本撰写之前要求必须先形成学校的共同价值观以及学校的共同愿景（学校发展展望），这就使得学校最内核的文化要素得以诞生。从而使学校文化的建设是从内在的深刻层面开始，以此为方向去制订具体的计划，使得学校发展计划里从问题到目标到措施都能充分蕴涵着学校的共同理念与思想，一旦学校计划开始实施后，就会通过其中的每项措施的实施把学校文化的内涵逐步释放在学校的各个空间里，彰显学校的文化。

二、学校文化主体（人）的生存状态关注

过去的学校管理运作过程中，学校领导眼里是没有“人”的，只有自上而下层层下达的指令和约束人的烦琐制度。在那样的管理环境下，学校的文化主体（人）是得不到充分关注的，更不用说能有更多的主体性发挥。当学校发展计划进入学校以后，学校管理的环境发生比较大的转向。学校发展计划管理模式需要广大的社区成员、师生员工广泛地参与到学校管理的全过程当中来，为了实现共同的价值观和学校愿景，为了实现大家

共同确认的学校发展目标，以主人翁的姿态积极地投身到学校的各项工作中去。与此相应的学校文化必然会把学校的文化主体（人）作为关注的重心，关注其在学校发展过程当中的个人生存和发展状态，将每一个学校成员的生存与发展与学校的发展融为一体。此时的学校文化应该是一所学校中人的生存方式与思维方式，它是学校中的人浸润于其中、获得滋养，并同时在学校生活中体现、为着人的生命质量的提升而存在着的一种内在基质。学校文化的存在，就在学校中人的生活中，就在人的思维方式、人心取向和行为方式中。而校园人的生命实践、思维方式与行为方式恰恰就是学校发展计划模式下学校管理过程的最重要的力量。校长、领导层开始把尊重人、服务于人的主动发展意识贯穿到管理措施中去，努力营造教师、学生、管理者、社区人员合作的空间，形成相互支持的团体态度，形成相互之间的伙伴和同盟者般的关系，产生广泛的共识和目标感。学校会努力改善原有的管理情景，创设更多的参与和发展的条件和政策，使教师形成对学校教育、学生和变革的积极态度，提高学生的学习兴趣和参与的程度，充分体现人文关怀的渗透和民主参与意识的增强。

任何一所学校，教师与学生、管理人员都以其特有的方式生存着，其内涵着的对人生、教育事业、学校的发展的理解，直接汇聚到他的行为方式中，体现出特有的行为方式特征：或自主，或被动，或开放，或封闭。而在其思维方式层面，也有着不同的思维方式特征。在学校发展计划的制订和实施过程中，当富有生命气息的个体介入后，学校成员追求什么，看重的是什么，用什么标准来看待自己的工作价值等等，都会集中地折射出这所学校的核心价值，每一个学校成员会在这一追求共同核心价值过程当中自觉地调整自身的思想和行为，并以自己的具体思想和动作去执行和实现这一共同价值。在学校发展计划的管理情景里，你可以看到包含校内外的所有利益相关者都以前所未有的姿态进入学校的管理程序当中，从学校发展展望的确认，到学校发展问题的思考，到学校目标的确定，到学校发展目标实现措施的寻找，到学校发展计划的执行落实以及监测评估，自下而上，广泛参与，每一位学生，每一位教师，每一位学校管理人员，当然包括校长在内，都以不同的角色成为学校发展的策划者、推进者、参与者，呈现多元主体共同投入、多层面有效互动的文化生态良性局面。

在这样的文化生态下，各种角色都会对原有的状态与新的环境要求产生的冲突进行调适，从心态到姿态以及角色间的关系都与以往有很大的变化。首先是大家都以平等姿态出现。校长转变了过去居高临下的作风，其他学校成员改变了过去事不关己的状态，大家不分你我，都以学校主人的身份平等地参与学校管理过程，学校形成一个和谐的共生的支持性的安全环境。其次是都能以主体姿态参与，在他们心中，学校再不是校长一个人的事情了，而是自己的事情。自己就是学校的主人，学校的发展匹夫有责，因此，他们会在不同的岗位上，以积极自觉主动的姿态去投入，创造性地开展工作，既发展了自身，更发展了学校。最后是多元主体互动形成学校团队。学校发展计划很强调学校价值的认同和形成共同愿景，在学校发展计划制订和实施的过程中比较容易让大家心往一处想，劲往一处使，达成共识，形成合力，经过一定的时间后，学校的团队会慢慢建立起来，到那时候，以学校的价值观为核心的个体与团队共生的学校生态就会产生。

三、学校文化的系统建立

尽管各所学校的实际情况不同，导致不同学校校园文化的具体的目标、体系的内容不尽相同，但是学校文化发展人的目标是一样的，而且校园文化的体系基本结构也应该是一致的。其结构分为四层：

第一，表层——物质文化层。物质文化层也可以叫载体文化层，是校园文化最基本的物质载体和外在标志。包括校园所处的地理位置、自然环境、规划格局以及校园建筑、活动场所、雕塑、绿化和文化传媒设施等校园校貌各个方面所形成的文化环境。物质文化尽管是校园文化的表层，却是一个学校师生员工价值观和精神风貌的具体体现，集中体现着的文化内涵，是一个学校校园形象和精神风貌的物质依托，对学生陶冶情操、享受美感、营造良好心态、促进全面素质提高有重要作用。同时它也是学校对社会外在的形象展示，因此，是社会对学校给出第一印象和作出总体评价的起点。

第二，浅层——行为文化。浅层的行为文化，是由校园活动中发生和进行的人际交往而产生的文化。主要是通过校园人外在的言谈举止，来表现内在的校园人际关系等心理环境。比如积极热情、乐观向上、和睦融洽、文明礼貌等。校园人际关系实质上是校园内部的心理环境，这个环境对人的影响是巨大的。重视并不断优化这一环境，就能在学校内部形成强大的凝聚力，促进学生身心健康发展，激发师生高度的学习工作的热情，从而促使学校各项工作取得最佳效果。

第三，中层——制度文化。制度文化是学校在法令、行政、道德层面上建立起来的，与学校价值观念、管理理念相适应的学校规章制度、公约守则、道德约束等规章规范和行为准则的总和。这是学校教育教学育人工作得以正常有序进行的重要保证。制度文化作为规范人们行为的手段，无论他律还是自律，都带有一定的强制性，但是它所体现出的精神，却有重要的教育感化和约束功能，客观上发挥着管理育人的积极作用。通过奖惩等手段进行政策导向和教育引导，对促进良好校风的形成也是非常必要的。

第四，深层——精神文化。深层的精神文化是校园文化的核心和灵魂。它是学校理想追求、价值观念、培养目标、道德情感和行为准则在师生身上的具体体现。精神文化集个人、集体和学校意识于一体，集中体现了师生员工的思想政治倾向、人生价值追求、人才培养观念、职业道德教育和科学民主精神。精神文化是校园文化内在的和最本质的东西，是学生内心的理想家园和精神依托。这种精神的积淀具有承上启下的意义，对学生的作用和影响也是非常深远的。

校园文化的以上层面，由表及里，层层深入。物质文化看得见摸得着，最为具体实在，构成校园文化的硬外壳；行为文化作为一种浅层文化，成为校园文化的软外壳；制度文化是学校观念形态的转化，成为校园文化软硬外壳之间的联系和支撑；而精神文化则是观念形态和文化心理的总和，是校园文化表现在内外软硬及其相互联系方面的渊源，是校园文化的核心和精髓。学校文化的构建必须表里一致，由内生发，以外养内，不断充实发展和张扬。

在学校发展计划下的学校管理模式是完全有可能通过核心价值观和学校发展愿景的统合下，把上述学校文化系统建立起来。因为学校发展计划制订前是首先要建立起学校的核心价值观，形成学校发展愿景的，这就等于确立了学校文化的内核，学校有了核心文化。在此基础上，每三年制订一个学校发展计划。每一个学校发展计划都必须充分反映学校的核心文化。为了实现这样的计划，学校必须制定对应的活动、措施、办法和相关机制，逐渐形成与核心文化一致的制度文化。在人们按照学校发展计划去实施的过程中，就会诞生许多与制度文化一致的主流行为，会在那样的制度下形成稳定的人际关系，会感觉到学校有一种独特的风尚、一种风范、一种风气，一种风貌，比如学校的校风、班风、教风、学风等，这就是学校的行为文化。每一次的活动过程和行为的结果，都会给学校留下不同形式的产品、作品等物化了的东西，这些东西都会蕴涵和体现着学校的核心追求，成为学校的物质文化。

四、学校文化力量的诞生

学校文化建设不是最终目的，真正的目的是通过建设学校文化去形成学校文化力，通过这样的力量去管理学校。学校引进学校发展计划，导致学校原有的文化生态受到干预，发生变化。但是，如果不注意把学校发展计划的运作过程与学校文化生态的建设有机结合起来，那么一方面随着学校发展计划的运作而自然改变的学校文化生态会比较紊乱，另一方面，所形成的紊乱的学校文化不仅没有反过来对学校管理产生正面力量，还有可能带来负面影响。因此，如何配合学校发展计划的推进更有效地建设学校文化，并最终形成学校文化力成为学校变革发展的力量，是学校校长必须思考的问题。有两个方向的策略是应该要考虑的，一是学校文化的内化策略，另一个是学校文化的外化策略。内化强调的是要让学校的灵魂、精神蕴藏其中，外化强调的是让学校的个性、气质得以张扬。其实两个策略本来就应该是融合一体的，思维方向不同，但殊途同归，那就是在学校发展计划运作的过程中要有意识地去培训相应文化，促进文化的形成；同时，在学校文化建设的过程中必须有意识地通过学校管理变革过程来影响学校文化的方向。通过这两方面融合在一起，加速形成学校文化力量，反过来加强学校的管理。

首先要将学校文化设计内化到学校的组织制度中去，使制度上升为制度文化。制度文化与一般的制度不同，制度是有形的，往往以责任制、规章、条例、标准、纪律、指标等形式表现出来。制度文化是在有形的制度中渗透的文化，通过有形的制度载体表现出无形文化，使制度能体现和实现学校的共同价值取向。当制度内涵未被员工心理认同时，制度只是管理者的“文化”，至多只是反映了管理规律和管理规范，对员工只是外在的约束；当制度内涵已被员工心理接受、并自觉遵守时，制度就变成了一种文化。比如，学校鼓励员工提合理化建议，可以先制定一项制度，时间长了，员工心理接受了这一制度的内涵，制度变成了空壳，留下的就是参与这种制度文化。

由于学校员工普遍认同一种精神文化一般需要经过较长时间，而把精神文化“装进”制度，则会加速这种认同过程。当科学的学校制度逐渐成为一种优秀的制度文化时，学校就获得了长期的生命力。

其次，学校文化设计要内化到人的生存方式与行为方式中去。也就是必须使学校文化深入到人心里，真正认同了，接纳了，从而从根本上改变自身的生命状态。在学校发展计划的管理环境中，文化的内化体现在学校生活中学生生存方式的转变，具体化为学生文化的更新，比如：学生参与了学校的管理过程中，自主管理，课堂中广泛的参与式教学的开展，使得学生学习快乐主动，自得其乐；体现在教师的日常生活方式的转变，具体化为教师文化的更新，比如：教师以主人翁姿态进入学校管理过程，学校形成了一个和谐、安全、平等、宽容的氛围，在这样的环境下，教师能畅所欲言，创造性空前高涨。同样体现为学校管理者生存方式的转变，具体化为学校管理文化的更新，比如：计划的制订是自下而上，社区参与，广大的教师、学生共同参与，管理不是校长或领导层的事情了，是大家的事情。

最后，学校文化设计要外化到学校的环境和活动中去。简单的物质环境或活动不能等同学校文化，只有装载着学校文化元素，尤其是学校文化核心元素的才被认为是学校的物质文化。由于学校发展计划的每一个目标都是遵循学校的价值观和学校发展愿景的，因此，当按照学校发展计划去执行的时候，就会在不同的活动上体现出来，不同的活动的结果也就装载着学校文化的内涵。

附件一

广西天等县都康乡安康小学三年发展计划文本(第一学年)

中英西南基础教育项目

学校发展计划文本

（2007. 9——2010. 8 年）

第一学年

学校名称： 天等县都康乡安康小学

学校代码： 451425006002

学校类型： 全日制公办农村小学

校长姓名： 言光文

中英西南基础教育项目天等县项目办公室

目　录

学校发展委员会组成人员名单

职　务	姓　名	性　别	民　族	文化程度	职　业
主　任	言光文	男	壮	在读本科	校　长
副主任	张世浩	男	壮	高　中	村主任
	李　锋	男	壮	在读本科	副校长
成　员	黄肖锋	男	壮	在读本科	派出所副所长
	陆芳菲	女	壮	本　科	教导主任
	唐日旺	男	壮	中　师	退休干部
	莫洪民	男	壮	初　中	个体商人
	冯爱清	女	壮	高　中	社区妇女代表
	隆大茂	男	壮	大　专	教师代表
	陆东华	女	壮	大　专	教师代表

第一部分　社区概况及变化

社区概况：

广西天等县都康乡安康村地处天等县中西部，距离县城6公里，交通十分便利。服务范围内有13个自然屯，最远的离校约有3公里。安康村共有居民1036余户，人口4649人，都是壮族人。其中适龄儿童约300人，残疾儿童3人（分布在龙美屯、百念屯、巴二屯）。安康小学地处政府所在地，是都康乡政治、经济、文化活动中心。

社区以种植水稻、玉米、黄豆等为主，以种蔗、养猪、外出务工为辅，其中安康街的个别群众主要靠做小买卖、个体经商等为生，社区的人均收入每月只在400元左右。

社区群众中小学、初中文化程度占多数，群众除了看电视、聊天外，无其他娱乐活动，所以甲地、百念、街上等屯，时有聚众赌博的现象。安康街上，距学校300米远的街头还开了一家网吧及三家游戏厅，给学校的教育带来严峻的考验。

发生的变化：

青壮年外出打工的人数保持平稳状态，社区群众经济水平不断上升，初中毕业生毕业后考不上高中的很少放弃学业，大都选择职业学校继续学习。家长对子女的教育问题更加关注了，满3岁的儿童也基本能上幼儿园。

第二部分　学校概况

都康乡安康小学坐落在都康乡安康街上，始建于 1921 年，距离县城有 6 公里，东邻都康乡人民政府，西与松竹屯毗邻，南与都康乡粮所接壤，北与都康中学相邻。有 13 个自然屯内的适龄儿童和逐龙、教惠、把孔等村的部分儿童在本校就读，全乡六年级学生都集中在本校寄宿就读。学校现有教职工 37 人，其中大专以上学历 33 人，中师 4 人，还缺 1 名音乐专职教师和 1 名体育专业教师；学校现有教学班 17 个，学生 765 人（其中学前幼儿 168 人，小学生 597 人）。内宿生共 378 人。除此外，全校的贫困生 507 人中，有 30 位学生还没得到资助（不含学前幼儿）。有 535 个留守儿童。

学校占地面积 $14017m^2$，建筑面积 $3297m^2$，生均校舍面积 $5.77m^2$。目前学校已经拥有一栋能容纳近 200 个学生的宿舍楼和 3 栋一共 19 间教室的教学楼。一座学生饭堂，两个标准的厕所，图书室藏书 8966 册，生均 15.7 册，教学仪器设备总价值 6.5 万元，远程教育模式二总价 4.8 万元。学校目前尚缺 8 间功能室，4 间教室，12 间（共 144 个床位）宿舍。这也导致了部分学生只能住在瓦房宿舍里，存在安全隐患，影响学生学习。综上所述，学校目前急需建一栋综合楼和一栋学生宿舍楼，才能满足学生的学习和住宿需要。饭堂管理不到位，还有待完善。

近年来，学校在德育方面工作成效比较突出，1992 年荣获广西壮族自治区“文明学校”称号以来，学校又多次获得自治区、县“文明学校”、“德育工作先进单位”、“先进集体”、“先进党支部”等称号。

如今，学校有幸得到“中英西南基础教育项目”的支持，这将是学校全面发展最难得的机遇。

第三部分　过去三年学校发展的自我评估

参照《学校发展水平自我监测评估指标》，我校经全体教师集体操作，现评估如下：

（一）与社区儿童入学和巩固有关的指标

我校在这个方面都达到了各项指标的要求，得满分 4 分。

（二）与学生学业成就和综合发展有关的指标

此项得分 8 分（满分 11 分）。

存在的问题表现在：

1. 学生在校园内外行为举止不够文明，不习惯使用文明用语交流。

原因分析：由于农村习惯用土话进行交流，学生在校外也受到环境影响，特别是六年级男学生讲粗话、脏话的现象偶有出现。

续 表

2．学生没能养成良好的体育锻炼习惯。

原因分析：没有体育专业教师。男教师少，难于正常组织学生开展晨练、早操、课外活动等。

（三）与教师的教和学生的学有关的指标

此项得分15分（满分21分）。

存在的问题表现在：

1．部分教师很少接受专业培训，学习新的教学方法的机会较少。

原因分析：学校虽然每年都有机会参加培训，但由于名额有限以及受到经济等方面的制约，接受培训的教师较少。

2．学校配备教师业务学习资料并定期更新方面有欠缺。

例如：学校为教师征订有关教育教学方面的杂志、教育报刊物太少。

3．个别教师的教育教学方法不正确，侵犯了学生的某些权利。

（四）与办学条件和环境改善有关的指标

此项得分9分（满分16分）。

存在的问题表现在：

1．教室不够用，宿舍陈旧。

原因分析：全乡六年级在校寄宿，人数多，“普九”、“两基”工作又要求五室齐全，致使教室紧缺。部分学生到旧瓦房宿舍住。

2．食堂饭菜比较单一。

原因：寄宿生家庭经济收入低，物价上涨，学校收取菜金费少。

3．教师宿舍不够用，部分老师只能到校外租房。

4．学校周边有网吧、游戏厅，影响学校的管理。

5．寄宿生节约用水意识薄弱，浪费严重，导致有时候用水紧缺。

（五）与学生关爱有关的指标

此项得分8分（满分13分）。

存在的问题表现在：

“差生”的观点仍存在；教师没有为学生做体检、无健康记录，心理教育和生理卫生教育缺乏；以大欺小的事件还有发生，如抢水、插队等。

（六）与学校的领导和管理有关的指标

此项得分12分（满分19分）。

存在的问题表现在：

没有建立教师年度体检制度；学校与家长联系少，每学期只有一次家长会供双方互相沟通了解。

自评分：综合六大项85小项指标，我校自我监测评估结果得分是56分。

自评等级：A（　　）B（　　）C（ √ ）D（　　）

注：总分为85分，得分在45分以下表明学校发展较差，得分在46～60分表明学校发展水平一般，得分在61～75分表明学校发展水平良好，得分为76分以上（含76分）表明学校发展水平优秀。

第四部分　未来三年学校发展展望

通过征求教师、学生、家长以及社区各界人士的意见，针对我校实际情况，我们希望在未来三年内，我校达到：

1. 农村寄宿制办学条件得到完善：教室、宿舍足够，用水用电充足，五室齐全，有心理、生理教育，消除校内安全隐患，学生生活水平提高，留守儿童得到关爱。

2. 师资配备足；教师用参与式教学上课，公平对待每个学生；学生对学生积极主动，能团结协作，学习成绩稳步提高。

3. 学校领导班子健全，上下结合，团结合作，务实创新，民主管理，各职能部门正常开展工作，教师和学生积极主动参与学校的管理；学校与社区关系密切，学校管理工作得到社区群众的支持和学生家长的参与。

4. 校园文化活动丰富多彩。开创写作、音乐、舞蹈、美术、书法、手工、体育、英语等兴趣小组，满足学生的需求，使学生的个性得到发展，素质得到提高。

第五部分　本学年需优先解决的问题

类别二：与学业成绩和综合发展有关的问题

问题 1：学校以智育发展为主，近两年来，大型的文体活动被取消。

类别三：与教师的教和学生的学有关的问题

问题 1：缺 2 位专业教师（其中 1 位是音乐教师、1 位是体育教师）。

问题 2：有 4 位年老的教师还常用讲授式、灌输式教学，33 位中青年教师对参与式教学还处在学习、探索当中，课堂上还没有一位教师能全部使用参与式教学。

类别四：与办公条件和改善环境有关的问题

问题 1：缺 1 栋综合楼（其中 8 间功能室，4 间教室）和 1 栋学生宿舍楼（共 12 间，144 个床位）。

问题 2：学生生活用水（含开水）供应不足。

类别五：与学生关爱有关的问题

问题 1：家庭经济困难的学生有 507 人，已资助 477 人，还有 30 个学生未能享受资助待遇。

问题 2：对全校近 25 个思想、纪律较差的学生，教师采用漠视、心罚甚至是劝退等做法。

问题 3：对全校 535 个留守儿童的生活、心理健康方面的关注不到位。

类别六：与提高学校管理水平有关的问题

问题1：近300个学生对学校饭堂的伙食不满，比如：学生反映工人洗菜不够干净，不喜欢晚上吃南粉和黄豆等。 问题2：六年级有十几位男同学课间有时用土话交流，讲脏话的现象还常有发生。 问题3：学校有近10位男学生经常在星期日傍晚及放晚学时进入网吧上网。

第六部分　本学年学校发展的主要目标与具体措施

类别二：与学生的学业成就和综合发展有关的问题

问题1：学校以智育发展为主，近两年来，大型的文体活动被取消。					
解决该问题的主要目标：下学年开始至2008年7月，落实负责人员，做到：每个学期举办1台晚会或1届体育运动会，每周都有第二课堂及文体活动。					
具体措施	开始/结束时间	负责人	所需资源（资金/人力等）	进展情况记载	
				进展情况	记录人及时间
1. 每周正常开展第二课堂活动	下学年每周三的下午4：00~5：00	陆芳菲	10人	除活动冲突外都正常开展	罗彩秀 2008.7
2. 少总部每周安排1~2次班级之间的竞赛活动	2007.09 至2008.07	张元武	6人	√	罗彩秀 2008.7
3. 举行“元旦”晚会	2007.12.30 ~2008.1.2	李锋	全体教师经费（1000元）	第10周开始落实节目，2007.12.29举行，参加演出的还有县中队、安邦公司	罗彩秀 2007.12.29
4. 举行“六一”晚会	2008.6.1	李锋	全体教师经费（1000元）	改为经典诵读比赛	罗彩秀 2008.7.

续 表

具体措施	开始/结束时间	负责人	所需资源（资金/人力等）	进展情况记载	
				进展情况	记录人及时间
5. 每天正常开展课外活动	2007.09 至 2008.07	体育老师	10 人	六年级基本能开展，一至五年级缺少有组织地进行	罗彩秀 2008.7
6. 举行运动会	2007.12.30			临时根据乡的工作安排举行，参加对象为一至五年级（全乡），项目有跳绳、50 米跑、4＊50 米接力赛	罗彩秀 2007.12.30

类别三：与教师的教和学生的学有关的问题

问题 1：缺 2 位专业教师（其中 1 位是音乐教师、1 位是体育教师）。					
解决该问题的主要目标：到 2008 年 7 月，学校要有 1 名专职音乐教师和 1 名专职体育教师。保证音乐、体育课正常开展。					
具体措施	开始/结束时间	负责人	所需资源（资金/人力等）	进展情况记载	
				进展情况	记录人及时间
1. 向上级主管部门申请调配音乐、体育专业教师	2007.09	言光文		向中心校领导及教育局等部门申请至今未落实	罗彩秀 2007.11.27
2. 在新教师到位前物色擅长体育、音乐方面的教师，先期开展工作	2007.09	陆芳菲	2～3 人	√	罗彩秀 2007.9

续 表

具体措施	开始/结束时间	负责人	所需资源（资金/人力等）	进展情况记载	
				进展情况	记录人及时间
3. 进行文体学科任课教师课堂教学评比活动，提高音乐、美术、体育课的教学质量	2007.11	陆芳菲	200 元	11.27 已落实	罗彩秀 2007.11.27
问题 2：有 4 位年老的教师还常用讲授式、灌输式教学，33 位中青年教师对参与式教学还处在学习、探索当中，课堂上还没有一位教师能全部使用参与式教学。					
解决该问题的主要目标：下学年到 2008 年 7 月，每位教师要学会用参与式教学中的一种课型方式上课。10 位以上教师能用两种课型上课。					
具体措施	开始/结束时间	负责人	所需资源（资金/人力等）	进展情况记载	
				进展情况	记录人及时间
1. 组织全校教师参加县级中英西南基础教育项目“参与式教学”培训	2007.08 至 2007.09	陆芳菲		2007.7 至 2007.9 已全部参加培训	罗彩秀 2007.9
2. 建立参与式教学单元组，制订单元组活动计划，并严格按计划实施单元组活动（另有计划）	2007.09 至 2008.01	冯凤英	全体教师	√	罗彩秀 2008.7
3. 评选“学校十佳教学能手”和“最受学生喜爱的教师”	2008.06	言光文	500 元	√	罗彩秀 2008.6
4. 举行“参与式教学”课例观摩会	2007.11.23	陆芳菲		临时根据县教育局的安排举行	罗彩秀 2007.11.23

类别四：与办学条件和环境改善有关的问题

<table>
<tr><td colspan="6">问题1：缺1栋综合楼（其中8间功能室，4间教室）和1栋学生宿舍楼（共12间，144个床位）。</td></tr>
<tr><td colspan="6">解决该问题的主要目标：下学年至2008年4月，需建好一栋综合楼和一栋学生宿舍楼。</td></tr>
<tr><td rowspan="2">具体措施</td><td rowspan="2">开始/结束时间</td><td rowspan="2">负责人</td><td rowspan="2">所需资源（资金/人力等）</td><td colspan="2">进展情况记载</td></tr>
<tr><td>进展情况</td><td>记录人及时间</td></tr>
<tr><td>1. 积极联系上级有关部门，跑项目、找资金</td><td>2007.09至2008.04</td><td>言光文</td><td>2000元</td><td>12月新建的综合楼及学生宿舍楼竣工</td><td>罗彩秀
2007.12.30</td></tr>
<tr><td>2. 在项目还没落实之前，小班、中班共用一个教室，自然实验室当教室用</td><td>2007.09</td><td>言光文</td><td>6人</td><td>√</td><td>罗彩秀
2007.9.2</td></tr>
<tr><td>3. 部分教师到外租房住，腾出地方做学生宿舍。不够的学生合铺睡</td><td>2007.09</td><td>言光文</td><td>房租5000元</td><td>√</td><td>罗彩秀
2007.9.2</td></tr>
<tr><td>4. 腾出少先队活动室、阅览室等功能室暂时当学生宿舍</td><td>2007.09</td><td>言光文</td><td></td><td>√</td><td>罗彩秀
2007.9.2</td></tr>
</table>

问题2：学生的生活用水（含开水）供应不足。					
解决该问题的主要目标：保证让学生每一天时时都能喝到水，有水用。					
具体措施	开始/结束时间	负责人	所需资源（资金/人力等）	进展情况记载	
				进展情况	记录人及时间
1. 学校自己抽水与引进外来水相结合	2007年9月开始	言光文	1000元/每月水费2人	√	罗彩秀 2008.5
2. 饭堂工人早、中、晚各烧两锅开水	2007年9月开始	农大勇	30元/每天（柴火）	√	罗彩秀 2007.12
3. 通过国旗下讲话、晨会等形式，增强学生节约用水的意识	2007年9月开始	李锋	全体师生	√	罗彩秀 2008.2

类别五：与学生关爱有关的问题

问题1：家庭经济困难的学生有507人，已资助477人，还有30个学生未能享受资助待遇。					
解决该问题的主要目标：至2007年9月，让家庭经济困难的学生都能得到资助，不因交不起学费而辍学。					
具体措施	开始/结束时间	负责人	所需资源（资金/人力等）	进展情况记载	
				进展情况	记录人及时间
1. 做好受资助学生的前期申请、摸清、调查工作	2007.09至2007.10	班主任	全体教师	√	罗彩秀 2007.11
2. 学前、幼儿等不属于受助条件的困难户，学校可采取减免部分收费的办法	2007.09至2007.10	言光文		如大班黄玉颌免除学杂费265元	罗彩秀 2007.9.12

<table>
<tr><td colspan="6">问题 2：对全校近 25 个思想、纪律较差的学生，教师采用漠视、心罚甚至是劝退等做法。</td></tr>
<tr><td colspan="6">解决该问题的主要目标：至 2008 年 7 月，让每个学生能真正得到公平的对待，享有应有的权利。</td></tr>
<tr><td rowspan="2">具体措施</td><td rowspan="2">开始/结束时间</td><td rowspan="2">负责人</td><td rowspan="2">所需资源（资金/人力等）</td><td colspan="2">进展情况记载</td></tr>
<tr><td>进展情况</td><td>记录人及时间</td></tr>
<tr><td>1. 通过中英西南基础教育项目的县级培训，学习有关公平教育的理念，转变教师的观念</td><td>2007. 08 至 2007. 09</td><td>陆芳菲</td><td>5～10 人</td><td>冯兰慧老师进行班主任培训</td><td>罗彩秀 2007. 9. 13</td></tr>
<tr><td>2. 加强班主任建设，提高班主任对班级的管理水平</td><td>2007. 09 至 2008. 07</td><td>陆芳菲</td><td>5～8 人</td><td>√</td><td>罗彩秀 2008. 7. 13</td></tr>
<tr><td>3. 通过家访工作，与家长交流、沟通，共同教育好“问题生”</td><td>2007. 09 至 2008. 07</td><td>班主任</td><td>5～10 人</td><td>√</td><td>罗彩秀 2008. 7. 12</td></tr>
</table>

<table>
<tr><td colspan="6">问题 3：对全校 535 个留守儿童的生活、心理健康方面关注不到位。</td></tr>
<tr><td colspan="6">解决该问题的主要目标：至 2008 年 7 月止，让每一个单亲孩子、留守儿童在学校里都能感受到家庭的温暖，使之健康快乐地成长。</td></tr>
<tr><td rowspan="2">具体措施</td><td rowspan="2">开始/结束时间</td><td rowspan="2">负责人</td><td rowspan="2">所需资源（资金/人力等）</td><td colspan="2">进展情况记载</td></tr>
<tr><td>进展情况</td><td>记录人及时间</td></tr>
<tr><td>1. 建立单亲孩子、留守儿童档案</td><td>2007. 09</td><td>各班班主任</td><td>10 人</td><td>√</td><td>罗彩秀 2007. 9. 12</td></tr>
</table>

续 表

具体措施	开始/结束时间	负责人	所需资源（资金/人力等）	进展情况记载	
				进展情况	记录人及时间
2. 开设心理健康课	2007.09 至 2008.07	陆芳菲	2～3人	2008.5.12 由莫忠伟老师进行培训	罗彩秀 2008.05.14
3. 学校、科任教师平均每天至少找一个孩子谈心，并做记录	2007.09 至 2008.07	陆芳菲	全体教师	√	罗彩秀 2008.7.15
4. 为单亲孩子、留守儿童开展各种活动（比如：给同月份出生的孩子过集体生日）	2007.09 至 2008.07	班主任	全体教师	√	罗彩秀 2008.7.15
5. 发慰问品	每逢大的节假日	言光文	1000元	√	罗彩秀 2008.7.15

类别六：与学校领导和管理有关的问题

问题1：近300个学生对学校饭堂的伙食不满，比如：学生反映工人洗菜不够干净，不喜欢晚上吃南粉和黄豆等。					
解决该问题的主要目标：下学年始，让学校饭堂的伙食、卫生等的满意度达90%以上。					
具体措施	开始/结束时间	负责人	所需资源（资金/人力等）	进展情况记载	
				进展情况	记录人及时间
1. 在学校内广泛征求师生的意见，从实际出发，锁定适合的菜谱	2007年9月开学初	农大勇	10人	√	罗彩秀 2007.9.12

续 表

具体措施	开始/结束时间	负责人	所需资源（资金/人力等）	进展情况记载	
				进展情况	记录人及时间
2. 加强领导的卫生监督，定期进行食堂卫生大排查	2007.09 至 2008.07	农大勇	1 人	√	罗彩秀 2008.7.13
3. 落实责任制，加强饭堂工人的责任感。制定奖惩机制	2007.09 至 2008.07	言光文		√	罗彩秀 2007.9.12
问题 2：六年级有十几位男同学课间有时用土话交流，讲脏话的现象还常有发生。					
解决该问题的主要目标：下学年，让普通话成为学校的语言，使讲土话、脏话的人数减少到 5 个以下。					
具体措施	开始/结束时间	负责人	所需资源（资金/人力等）	进展情况记载	
				进展情况	记录人及时间
1. 不管课内外，要求教师严格用普通话开展教学活动	2007.09 至 2008.07	李锋	全体教师	√	罗彩秀 2008.2
2. 教师与教师、教师与学生、学生与学生之间建立互相监督机制	2007.09 至 2008.07	李锋	全体师生	√	罗彩秀 2007.9.12
3. 坚决杜绝学生讲粗话、脏话的现象，将开展普通话文明语列入量化评比活动中	2007.09 至 2008.07	李锋	5～10 人	√	罗彩秀 2008.7.12

<table>
<tr><td colspan="6">问题 3：学校有近 10 位男生经常在星期日傍晚及放晚学时进入网吧上网。</td></tr>
<tr><td colspan="6">解决该问题的主要目标：到 2008 年 7 月，经过开展教育活动，使上网的男同学减少到 5 个以下。</td></tr>
<tr><th rowspan="2">具体措施</th><th rowspan="2">开始/结束时间</th><th rowspan="2">负责人</th><th rowspan="2">所需资源（资金/人力等）</th><th colspan="2">进展情况记载</th></tr>
<tr><th>进展情况</th><th>记录人及时间</th></tr>
<tr><td>1. 在校内展开远离网吧的宣传教育活动，让学生认识网瘾的严重危害性</td><td>2007. 09 至 2008. 07</td><td>李锋</td><td>10 人</td><td>利用星期一国旗下讲话</td><td>罗彩秀 2007. 10</td></tr>
<tr><td>2. 值班老师每天加强防守，并落实责任制，防止学生在住校期间上网</td><td>2007. 09 至 2008. 07</td><td>李锋</td><td>2～3 人</td><td>√</td><td>罗彩秀 2007. 10. 13</td></tr>
<tr><td>3. 联系政府有关部门，加强整治网吧无序经营状态，禁止未成年人进入网吧</td><td>2007. 09 至 2008. 01</td><td>言光文</td><td>2～3 人</td><td>√</td><td>罗彩秀 2007. 11</td></tr>
<tr><td>4. 致社区群众一封信，呼吁社会共同关注，让青少年远离网吧</td><td>2007. 09 至 2008. 01</td><td>言光文</td><td>宣传费：100 元</td><td>已发放并进行签名活动</td><td>罗彩秀 2007. 12</td></tr>
<tr><td>5. 结合类别二问题 1 的活动措施，开展丰富多彩的校内活动，留住学生的心</td><td>2007. 09 至 2008. 01</td><td>张元武</td><td>10 人</td><td>举行元旦晚会</td><td>罗彩秀 2008. 1. 23</td></tr>
</table>

第七部分　学校周历表（第一学期）

周次	时　段	工作内容	负责人	完成情况	备　注
一	2007. 9. 3至9. 7	1. 学生报到注册	全体教师	√	全体教师提前3天到校整理校园，做好开学初准备工作
		2. 全校师生劳动，整理校园	全体教师		
		3. 召开全校教师会议，布置教学工作安排	言光文	√	
		4. 广泛征求意见，拟订学生菜谱	农大勇		
		5. 建立参与式教学备课单元组，制订单元组活动计划	陆芳菲 冯凤英	√	
二	2007. 9. 10至9. 14	1. 庆祝教师节	言光文		军训由县中队组织，乡领导、村委到校庆祝教师节
		2. 六年级进行一周的军训	言光文	√	
		3. 学前、一至五年级正常上课	陆芳菲	√	
三	2007. 9. 17至9. 21	1. 组织教师学习学校发展计划文本	言光文	√	
		2. 出台各学科计划	科任教师	√	
		3. 第二课堂活动、广播室正常启动	张元武	√	
		4. 在县级专家小组的指导下，有计划地开展参与式教学备课单元组活动	陆芳菲 冯凤英		
四	2007. 9. 24至9. 30	1. 大力推广使用普通话，使用文明语	李　锋	√	
		2. 举行学校第三届讲故事比赛	陆芳菲	√	
五	2007. 10. 1至10. 7	国庆长假			
六	2007. 10. 8至10. 12	班主任工作经验培训与交流	冯兰慧	√	

续 表

周次	时　段	工作内容	负责人	完成情况	备　注
七	2007.10.15至10.19	第一次教案、作业的阶段评估	陆芳菲		10月14日已开展作业评比
八	2007.10.22至10.26	举行第一次月检测	陆莲碧 农日红	√	
九	2007.10.29至11.2	幼儿教师每人上一节教研	陆东华		
十	2007.11.5至11.9	1. 组织期中检测	陆莲碧 闭英姬	√	2007.11.6 已召开
		2. 召开家长会	言光文	√	
十一	2007.11.12至11.16	1. 期中检测情况总结	陆芳菲	√	
		2. 开展班级各项活动	张元武 班主任	√	
十二	2007.11.19至11.23	1. 学生书画、手工作品展	张元武	√	11.20开展书画展
		2. 组织家访	言光文		
十三	2007.11.26至11.30	1. 举行远离网吧宣传及签名仪式	言光文	√	11.27进行签名活动
		2. 致社区群众的一封信，共同抵制未成年人进入网吧			
十四	2007.12.3至12.7	1. 出台元旦晚会的各项事宜	言光文	√	
		2. 举行第二次月检测	冯凤英 闭英姬		
十五	2007.12.12至12.16	各班排练元旦文艺节目	张元武	√	
十六	2007.12.19至12.23	第二次教案、作业检查、评估	陆芳菲	√	
十七	2007.12.26至12.30	元旦文艺晚会	张元武	√	县中队、安邦公司来参加

续 表

周次	时 段	工作内容	负责人	完成情况	备 注
十八	2008.1.2 至 1.6	组织期末复习研讨	陆芳菲	√	
十九	2008.1.9 至 1.13	1. 组织期末文化检查	冯凤英 农日红	√	
		2. 召开散学典礼	言光文		
二十	2008.1.16 至 1.20	1. 优秀教案，教学随笔，论文的征集	陆芳菲	√	
		2. 总结	陆芳菲	√	

第七部分　学校周历表（第二学期）

周次	时 段	工作内容	负责人	完成情况	备 注
一	2008 年 3 月 1 日至 2 日	安排开学初的准备工作	言光文	√	
二	3 月 3 日 至 7 日	1. 注册收费	班主任	√	
		2. 整理校园	全体教师		
三	3 月 10 日 至 14 日	1. 宣传学校学期工作计划行动	言光文	√	
		2. 毕业班学生家长会	李　锋		
四	3 月 17 日 至 21 日	1. 节约用水宣传活动	李　锋	√	
		2. 班主任工作座谈	教务处		
		3. 开展第二课堂活动	张元武		
五	3 月 24 日 至 28 日	修订、完善各种工作制度	言光文	√	
六	3 月 31 日 至 4 月 4 日	1. 业务学习、校本研修 2. 参与式教学活动研讨会	冯凤英	√	3.31 由冯老师进行培训

续 表

周次	时 段	工作内容	负责人	完成情况	备 注
七	4月7日至11日	音乐、体育、美术等专业教师课堂评比	教导处	√	
八	4月14日至18日	学校常规管理材料整理	陆芳菲	√	
九	4月21日至30日	1. 班级“学习园地”评比	张元武	√	4.23开展评比
		2. 毕业班师生会议	教务处		
十	5月1日至7日	“五一”长假		√	国家调整政策变为3天
十一	5月8日至9日	落实“六一”晚会有关节目	言光文	√	调整为筹备经典诵读
十二	5月12日至16日	1. 举行期中检测及总结表彰	陆芳菲	√	
		2. 召开一至五年级学生家长会	言光文		
十三	5月19至23日	1. 排练“六一”节目	全体教师	√	
		2. 毕业班教师复习研讨会	陆芳菲		
十四	5月26日至5月30日	庆“六一”文艺晚会	言光文	√	改为经典诵读比赛
十五	6月2日至6日	学生学习方式的检验	陆芳菲 冯凤英	√	6月3－4日由单元组长到各班检查
十六	6月9日至13日	毕业班学生复习研讨会	陆芳菲	√	
十七	6月16日至20日	1. 教师教案、听课笔记、学生作业检查	陆芳菲	√	6月9日已上交检查情况
		2. 给花草培土、施肥	李 锋		
十八	6月23日至27日	1. 组织学生学习有关党的知识 2. 党员开展活动庆“七一”	言光文	√	

续 表

周次	时 段	工作内容	负责人	完成情况	备 注
十九	6月30日至7月4日	集中全力进入复习阶段	全体教师	√	
二十	7月7日至11日	1. 举行期末检测 2. 教学及各项工作总结	陆芳菲	√	
二十一	7月14日至16日	1. 召开散学典礼 2. 学期工作回顾	言光文	√	

附件二

广西都安县吉隆小学
督导纪实与督导报告

都安县中英西南基础教育项目下坳乡吉隆小学督导试点活动纪实

都安县职教中心　蓝鹏、罗增游供稿

根据广西中英西南基础教育项目办的安排，都安县项目办于2008年12月14日~18日选派了唐文敏、罗增游、黄有平、黄家富、蓝鹏、王崇理、黄俊、崖炳灿、卢柳荣、蒙红湘等十位同志参加区级项目学校督导培训班，培训结束后，经县项目办研究决定，组建产出三学校督导团队，结合我县具体情况，在下坳乡吉隆小学开展学校督导试点活动。

2008年12月20日，项目负责人根据《广西中英西南基础教育项目2008年行动计划及预算》3.3.5文件精神，制定了《下坳乡吉隆小学学校督导活动（试点）方案》并提交县教育局、项目办领导通过审核实施。

2008年12月22日，由县项目办和县教育督导室同意组建以产出三负责人罗增游为组长的十人督导组开展对下坳吉隆小学的督导试点活动，并向吉隆小学下达了督导通知书，明确督导依据、目的、内容、时间安排及督导组的联系方式等。

2008年12月23日，教育局项目协调员唐毓勇和督导组组长罗增游率员到吉隆小学检查学校准备工作，明确学校需要准备的材料，与校长协商督导工作的计划、安排等，并取回学校提供的部分督前材料。

2008年12月24日，县项目办召开督导小组督前准备会议。会上，县教育局梁仁国局长、唐孟副局长分别做重要讲话，强调此次督导活动的重要意义、注意事项和督导试点活动的重要性，要求督导组认真完成督导试点任务，要求全体督导员高度重视此次督导试点工作，发扬团队精神，出色完成督导各项工作任务。随后，督导组组长罗增游继续召开督导团队会议，商讨、拟定试点督导的行动计划，并对各督导员明确了督导活动的职责分工，发放各种评估工具，包括课堂观察表、课堂之外的证据收集表、学校环境收集表、督导整体评价表等，要求每个督导员在督导过程中充分收集各种证据，填写好表格。强调每个督导员都要准备访谈提纲，各行其责、相互配合，完成督导工作任务。

2008年12月25日上午7点30分，督导组一行十人来到吉隆小学，开始了为期一天紧张的督导活动。

上午7点35分，督导组成员进入吉隆小学校园，与吉隆小学全体教师召开了一个简短的见面会，会上双方互相介绍认识，并由督导组组长罗增游简单介绍督导工作基本流程，简要地阐释了新模式督导的理念，希望能得到全体教师的支持与配合。会后，督导组随即开展督导活动。

在督导活动中，各督导员按照督导计划安排，都深入到课堂听课，在听课过程中对教师的教学环节及学生的学习活动状况在《课堂观察表》上认真做了记录，并挖掘出每一节课具有的优点及找出存在的问题，对存在的问题提出改进建议，参照教与学的评估指标作出等级评判。在每听完一节课后，督导员都能及时利用课间休息的时间，以伙伴式的关系主动与任课教师交流，在交流中，督导员就本节课的质量如何进行反馈，存在的优点及问题与该节课的任课教师交换看法，并对如何改进提出自己的一些建议或想法。教师们普遍对这一及时反馈做法积极配合并表示认可，认为对他们的教学水平的提高很有帮助。在督导活动中，督导组共听课33节，涉及1至6年级七个教学班的语文、数学、英语、品德、自然、音乐、体育等7门课程。听课面达教师的100%，学科的88%，基本上掌握了该校教与学的效果程度。

在学校午间休息时，督导组安排召开全体教师座谈会，会议期间，全体督导员与教师们杂坐在一起，以平等的伙伴关系与教师们进行交谈，努力营造出轻松和谐的氛围，使教师们消除了心理隔阂及紧张感，当督导员提出一系列有关问题时，教师们畅所欲言，气氛活跃，效果良好。接下来督导组分成两组分别召开社区家长座谈会、学生代表座谈会。在社区家长座谈会上，为了消除家长的拘束感，督导员先与学生家长们拉家常，谈风俗，讲笑话，逐渐使气氛活跃起来，家长们终于敞开心扉你一言我一语地与督导员交谈起来，使督导员获得了不少真实有效的信息。在学生代表座谈会上，督导员不断鼓励学生代表们多发言，始终以微笑面对学生，以和蔼的语言与学生代表交谈，使座谈会顺利进行。

在座谈会后，各督导员在学校档案室、办公室认真查阅各种档案材料、教师教案、学生作业等。累计查阅学生作业130本，教师教学计划及教案8本，学校发展计划、学校各项规章制度及各种资料、记录38盒。在查阅资料过程中，对所获取的相关信息和证据进行了记录，通过查阅相关资料，了解了学校常规管理和教学的基本情况。

在督导活动中，各督导员还通过浏览教室、各功能室、教师学生宿舍、学校食堂、各办公室，漫步校园等方式，全面观察了吉隆小学校园各种设施及活动，随机与个别教师或学生进行访谈，课余时间和学生一起活动与沟通，从不同角度、多渠道获取各种有效、有价值的信息，并就收集到的信息认真填写了有关的证据收集表，获取了督导评估的第一手材料。

下午 15：50～17：00，督导组组长罗增游召集全体督导员进行信息汇总。每个督导员认真细致地按照督导评估指标体系收集到的信息进行分析、处理、汇总，按照等级描述对学校各方面的工作作出个人的等级评判。在个人评判的基础上，通过召开督导组会议，形成初步的集体评判。

最后，督导组组长罗增游代表督导组向吉隆小学卢宝钻校长初步反馈了督导意见。至此，为期一天的督导活动基本结束。

2008 年 12 月 26 日，督导员集中县项目办举行会议，按技术要求归类整理督导中获取的信息和证据，并进行讨论研究，形成初步的评判意见，归纳提出了建议吉隆小学整改的问题，主要有以下 12 个：（1）学生在外有观赌现象；（2）学校体育器材没有充分利用；（3）中老年教师教学方法陈旧；（4）内宿生住宿条件没有得到重视；（5）内宿生无洗凉房和公用水龙头；（6）内宿生无热水和饮用水供应；（7）学校民主化管理程度不高；（8）没有校本教材，建议学校开发校本教材；（9）课外活动内容单调；（10）校门口乒乓球桌一带的场地凹凸不平，建议平整、绿化；（11）校路泥泞不堪；（12）校园文化氛围不够浓。

2008 年 12 月 27 日，督导组分组起草督导报告，然后进行汇总，并集体进行多次讨论、修正，督导组按照集体讨论形成的评判意见，分工撰写了《关于对都安县下坳乡吉隆小学督导评估的报告》。

2009 年 1 月 10 日督导组向县督导室提交了督导报告，经项目办领导和督导室审核后并反馈给吉隆小学。

在此次督导过程中，督导组团结协作，严格按照督导评估流程展开工作，能把新督导理念变为实际的督导行为，督导过程中熟练地运用各种技能开展活动，积累了不少的工作经验，为项目更大面积地推广学校督导新模式打下基础。

都安县中英西南项目下坳乡吉隆小学督导报告

都安县职教中心　蓝鹏、罗增游供稿

根据广西中英西南基础教育项目办公室2008年12月3日文件要求，依据项目产出三《学校督导指南》，经县项目办批准，2008年12月24日至27日由督导组长罗增游，督导员崖炳灿、黄友平、黄家富、黄俊、蓝鹏、王崇理、唐文敏、蒙红湘、卢柳荣等10人组成督导小组，对都安县下坳乡吉隆小学进行了试点督导评估，现将督导情况报告如下：

一、督导工作的基本情况

根据区项目办督导试点的安排，督导小组于12月25日上午进入吉隆小学，开展了为期一天的督导活动，通过听课、观察校园、查看学校发展计划（SDP）、教案、作业、学校其他有关档案资料，访谈学校领导、师生，并召开社区家长、教师、学生代表座谈会等形式，全面收集学校发展和工作的各种信息，共听课33节，涉及1至6年级7个教学班的语文、数学、英语、品德、自然、音乐、体育等7门课程。听课面分别达到教师的100%，学科的88%，查阅学生作业130本、教师教学计划及教案8本、学校发展计划（SDP）文本、学校各项规章制度及各种资料、记录38盒。督导小组通过信息收集，进行了一天的充分讨论及集体评判，经与学校校长教师的沟通，形成了以下督导评估意见。

二、整体评价

督导组认为，下坳乡吉隆小学近三年来特别是2007年实施中英西南基础教育项目以来，学校领导班子的领导与管理水平有所提高，学校的办学条件和环境的改善较为明显，学生的学业成绩及进步居全乡同类学校的中上水平，日常行为规范和发展也发生了一定的变化，教师专业发展有所收获。总的看来，学校取得了一定的发展成效，学生的基础性发展和学业成绩进步较为稳定，学生辍学率得到有效控制。但也存在许多困难和问题，许多方面需要进一步的改进。具体情况报告如下：

三、对三个主要领域的分析评价

第一，在学生发展领域。

1. 主要成绩及经验

（1）三年来，毕业班的语文、数学双科及格率有所进步。依次为83.3%、93%、100%，和全乡同级同类学校相比居于中上水平，基本完成SDP制定的目标，教学质量稳步提高，没有明显偏科现象。2008年，五年级（2）班卢金梅同学被评为市级“三好”学生，赢得了社会各界群众的信任和上级教育管理部门的肯定。

（2）学生讲文明、有礼貌。如学生与学生之间团结友爱，互相关心，互相帮助。大部分学生见了老师和长辈主动问好、行礼、让路等。

（3）大部分学生学习态度端正，对自己的将来有美好的理想和愿望，学生对生活、学习有自信心。整个校园生活健康、活泼、有序。

（4）学生喜欢体育锻炼，积极参加早操，学校有完善的卫生制度，校园卫生状况基本良好。

（5）学校能定期开展文艺活动，如每年的“六一”节活动，各班都有学生作品展示园地，学生具有一定的文艺鉴赏和表现能力。

（6）学校设立了少先队活动室，组建各类兴趣小组，促进学生全面发展。

2. 需要改进的工作

（1）应教学生学会做眼保健操和坚持做课间操。

（2）学生分辨是非和抵触不良行为有待提高，有些学生在校外观看社会上一些赌博活动。建议学校加强法律知识的宣传。

（3）学校要有计划有目的地结合本校实际组织学生出版一些有针对性的黑板报宣传。

（4）学校体育器材要正常开放，要有专人专管，并制定体育器材管理制度。

（5）学校要采取措施对特殊群体的学生给予人文关怀。

第二，关于学校提供的服务质量。

（一）教与学的质量

1. 主要成绩及经验：

（1）全体教师都制订了学期教学计划和课时教学计划，教学目标明确，时间安排合理，教案在备课中都有针对性的教学活动设计，能精心准备教具，指导学生制作学具，教、学具在教学过程中发挥了一定的作用。

（2）教师普遍重视学生课堂上学习习惯的培养，学生能大胆发言，发表不同看法，并能在小组中有序地完成小组学习任务。

（3）平等参与的新理念已开始渗透，全体教师基本上接受新的教学方法，能把新理念贯穿于课堂教学中，教师能充分发扬民主，为全体学生创设平等参与的机会，教学方法还比较灵活，同时也能及时地对学生表现作出评价，并能用激励的语言，培养学生学习兴趣。同时，绝大多数教师做到了熟悉教材，基本功扎实，对教材的重、难点把握得准并完成教学任务。

（4）从学生能当堂消化知识、完成作业情况的主动性和准确性看，学生乐学、爱学的学风已初步形成。学生对参与式教学提供机会都很珍惜，学生能有条不紊、活而不乱地参与到学习活动中，体现了学生的主体地位。

（5）学校比较重视各年级的教学工作和学生掌握的知识。体现在教室里的学习园地和我的乐园等方面来激励学生写好作文，爱写作文，提高写作水平和口语表达能力以及绘画水平，这种方法也成为学校教学工作的一个亮点。

（6）学校比较重视提高教学质量。在 2005 ~ 2006 学年度，学校获得教育教学质量优秀奖；在 2006 年毕业班教学质量评估活动中，荣获市教育局教学成绩合格率超标奖；在 2007 年毕业班教学质量评估活动中，荣获市教育局教学成绩合格率超标奖；在普九工作中，获得下坳乡“两基”攻坚档案建设三等奖。校长崖炳灿同志在都安县校长建设年北部片论文评比中，《敬岗爱业规范，学校管理是校长的天职》一文被评为二等奖。

2．需要改进的工作：

（1）教学活动中，学生间、小组间的相互评价，提问的内容少。在活动中对学生的分析、对比、评价能力的培养不够。从真正意义上发挥参与式教学的激励机制的作用有待于进一步探索和加强。

（2）要坚持贯彻新课程标准，合理配备除语文、数学外其他学科师资，钻研教学方法，提高学生学习兴趣。

（3）给学生布置的作业次数少，批改作业也不够细致，致使部分学生成绩偏差。因此要从素质教育的要求出发，注意学生作业的数量和质量。

（二）课程实施

1．主要成绩及经验：

（1）按课程计划开足开齐课程。

（2）能开展课外活动。

（3）师生均配学科教材。

（4）师生按课程表设置进行合作学习、活动。

2. 需要改进的地方：

（1）应配有相应学科专业的教师（图、音、体）。

（2）根据学校的实际，加强校本教材的开发与应用。

（3）课外活动内容应丰富多彩，形式多样化，可开设体育、文艺、故事会、体操、书法美术等活动，增强技能，满足师生身心发展需要。

（三）对学生的支持与关爱

1. 主要成绩及经验

（1）家校联系紧密，有利于对孩子的共同教育。

（2）学校集体讨论了留守儿童厌学问题，对留守儿童厌学问题有一定认识。

2. 需要改进的工作

（1）学生住宿条件简陋，在学校住房条件允许的情况下，要重新安排学生宿舍。

（2）上午上学时间太早，学生上学路上存在安全隐患。可以考虑把冬季作息时间进行调整，上午上学时间往后推迟 20～30 分钟。

（3）对学生心理健康关注不够，无学生心理健康辅导案例记录。建议学校加强关注学生心理健康，特别是留守儿童和学困生。

（4）加强安全教育，特别是交通安全和消防安全教育。

（四）学校环境与条件

1. 主要成绩及经验

（1）学校普通教室、阅览室、实验室、体育室能基本满足教育教学需要，校园设施基本完好，楼道、厕所、食堂等安全通道畅通。

（2）校园在“三化”即绿化、美化、净化方面取得一定的成效。校园内有几株高大树木和无数低矮的树，几个花圃。教室、办公室、实验室、图书室卫生干净、整洁，墙壁无污染，环境优美，为全体师生提供了安全、舒适、温馨的学习和生活空间。

（3）学校比较重视校园文化建设，学校教学楼前“团结守纪、求实奋进，刻苦学习、文明向上，学会探索求知、享受成功快乐”的校训醒目。有很长的文化长廊，里面设置了学校发展计划（SDP）阶段性发展展示栏、活动图片宣传栏、各项制度宣传栏等。教室内都设有学习园地或成长的乐园专栏，都是由学生亲手创办，内容丰富，有作文、绘画、书法等学生作品，记录着学生成长的足迹。墙面上还贴有名人警句，催人奋进；有“我参与，我自信，我成长”，“我自信、我努力、我成功”，“课堂大跳舞台，人人展风采”，“学生动起来，课堂活起来，效果好起来”等参与式教学理念；有马克思、列宁、毛泽东、周恩来等伟人图像；有《小学生素质基本要求》、《课堂纪律》、《文明班标准》等制度以及各种校纪班规。楼梯口、楼道上都有内容丰富的标语和口号，体现了浓厚的人文关怀，营造了优美和谐的育人环境。

（4）学校有比较规范的安全卫生管理制度，如《门卫工作职责》、《卫生保健及安全条例》、《食堂管理条例》、《宿舍安全管理条例》、《学生午休晚睡制度》等，为确保学生的安全及健康发展提供基本保障和服务。

2．需要改进的工作：

（1）建议修建男、女生洗澡房各一间。

（2）公用厕所应经常检修，以防瓦片掉落伤害学生，另外厕所外应安装一个水龙头，供学生便后洗手，安装路灯，方便学生夜间入厕。

（3）学校的文化长廊应多丰富些内容。

（4）个别教室门板已坏，应及时维修。

（5）绿化门口两个已建好的花圃。

第三，关于领导与管理。

1．主要成绩及经验

（1）学校的《学校发展计划》（SDP）文本中办学方向较为明确，各项年度计划能围绕办学目标，本年度部分计划目标得以实现，并能争取到社区群众对学校发展的支持。

（2）学校领导班子能带领全校教师努力工作，正常开展教育教学活动，并且取得较好的效果。领导和大部分教师有较强的事业心和责任心。

（3）学校建立了各项管理制度，保证了学校工作规范的开展，如教师按周轮流管理内宿生的工作制度，使内宿生的日常生活得到具体的管理和支持。

（4）学校重视对教师队伍的提高培训，每学期都能派出教师参加各类培训，并且安排足够的经费支持。参与式教学方法已在学校课堂中得到尝试运用。

（5）学校环境和办学条件有所改善。

2．需要改进的工作：

（1）要坚持以 SDP 的理念加强对学校的民主管理，以“自下而上”的形式充分调动教职工参与学校管理工作。

（2）要注意对学生的具体关爱和帮助。

四、存在的主要问题及改进建议

通过对学校全面督导与评估，督导组认为下列问题影响了学校的进一步发展，应引起高度重视。

1. 学生在校外有观赌现象，建议学校加强对学生进行法制教育。

2. 学校体育器材没有充分利用，建议专人专管，制定体育器材管理制度。

3. 中老年教师教学方法陈旧，建议学校优先安排中老年教师多参加培训，在校内多开展教研活动。

4. 内宿生住宿条件没有得到重视，建议把内宿生宿舍搬迁到学校新楼空余的房间。

5. 内宿生无洗凉房和公用水龙头，建议修建男、女生洗凉房各一间，并安装几个水龙头。

6. 内宿生无热水和饮用水供应，建议学校为内宿生供应热水和饮用水。

7. 学校民主化管理程度不高，建议按“自下而上”的形式充分调动教职工参与学校管理工作。

8. 没有校本教材，建议学校开发校本教材。

9. 课外活动内容单调，建议丰富课外活动内容，形式多样化。

10. 校门口乒乓球桌一带的场地凹凸不平，建议平整、绿化。

•主要参考文献

1. 吴遵民、李家成:《学校转型中的管理变革——21世纪中国新型学校管理理论的构建》，北京，教育科学出版社，2007。

2. 叶澜主编:《“新基础教育”探索性研究报告集》，上海，上海三联书店，1999。

3. 杨小微:《全球化进程中的学校变革》，上海，华东师范大学出版社，2004。

4. 蒲蕊:《当代学校自主发展》，广州，广东高等教育出版社，2005。

5. 陈向阳:《学校发展计划基本原理与操作规程》，桂林，广西师范大学出版社，2009。

6. 成大如:《学校管理的人本意蕴》，北京，北京大学出版社，2002。

7. 黄林芳:《教育发展机制论》，上海，上海财经大学出版社，2006。

8. 郑燕祥著，陈国萍译:《学校效能与校本管理》，上海，上海教育出版社，2002。

9. 范国睿主编:《多元与融合：多维视野中的学校发展》，北京，教育科学出版社，2002。

10. 宋永刚主编:《管理创新与学校发展》，西安，陕西师范大学出版社，2004。

11. 胡锦芳主编: 《学校督导指南》，北京，中国财政经济出版社，2009。

12. ［美］托马斯·萨乔万尼著，冯大鸣译:《道德领导：抵及学校改善的核心》，上海，上海教育出版社，2002。

13. 胡文斌、郑新蓉:《乡村学校发展计划的制定与实施》，载《福建教育》，2005（4）。

14. 蒲蕊:《认识学校的自主性 提高学校的自主性》，载《宁波大学学报（教育科学版）》，2003（5）。

15. 穆岚:《我国教育督导制度存在的问题与改革对策》，载《教育探索》，2006（12）。

16. 周国华:《教育改革的政策反思：历史、成败与方向》，载《教育管理研究》，2007（1）。

17. 吴维富:《以价值为本的领导行为和团队有效性在中国的实证研究》，载《管理世界》，2002（8）。

18. 陶剑灵:《英国学校发展计划的发展历程和运行模式》，载《甘肃教育》，2006（5）。

19. 杨润勇:《关于构建我国教育督导政策体系的思考》，载《教育研究》，2007（8）。

•后　记

本书的编写是在广西壮族自治区教育厅领导的关心下，在广西“中英西南基础项目”项目办公室的支持指导下，在广西“中英西南基础项目”产出三区、县级专家的共同努力下，把英国学校管理的先进理念和技术与我国的农村学校实际相结合，历经5年的研究与实践，在反复的梳理、提炼的基础上编写出来的。可以说凝聚了广西专家队伍和一线校长、教师多年的心血和智慧。

本书的特点是：1. 以学校发展主题谋篇，主题突出和鲜明。2. 以现代教育思想与现代管理理念为理论支持，具有很强的理论性与时代性。3. 在关于学校发展、领导力、学校计划和学校督导等方面突破了许多传统概念，为学校办学提供了全新的学校管理策略与技术，具有创新性。4. 各章的论述都是在深厚的实践根基基础上建立起来的，理论与实践相结合，有显著的实践性。

本书主要由广西教育学院教育管理系的老师编写，项目县的部分专家也参与了相关过程。其中，广西教育学院教育管理系主任陈向阳教授负责全书的总设计和策划，并负责全书的统稿和审查，第一章、第二章、第三章由陈向阳、张曦艳、陈丽萍和蒲雯编写，第四章由张旭、陈向阳负责编写，第五章由李文红、陈向阳编写。附件一“广西天等县都康乡安康小学三年发展计划文本（第一学年）”是由广西天等县陆继攀、言光文编写供稿，附件二“广西都安县吉隆小学督导纪实与督导报告”是由广西都安县罗增游、蓝鹏等编写供稿。书中部分阅读材料由部分项目县的专家和校长提供，书中已经有所署名，在这就不一一提及。

最后，要特别说明的是在本书编写过程中引用了大量资料，未能一一指明出处，在深表感谢的同时希望得到原作者的理解。再次感谢上述为本书撰写作出贡献的教育厅领导、各县专家和项目学校的校长、教师们。

编　者

2010 年 12 月 8 日